马小琪 著

图书馆
情景规划理论、方法与应用

TUSHUGUAN
QINGJING GUIHUA LILUN FANGFA YU YINGYONG

知识产权出版社
全国百佳图书出版单位
—北京—

图书在版编目（CIP）数据

图书馆情景规划理论、方法与应用 / 马小琪著 . —北京：知识产权出版社，2019.8
ISBN 978-7-5130-6403-3

Ⅰ . ①图… Ⅱ . ①马… Ⅲ . ①图书馆工作—研究 Ⅳ . ① G25

中国版本图书馆 CIP 数据核字（2019）第 171166 号

内容简介

本书以图书馆面临的不确定性未来为研究起点，在归纳整理国内外研究成果的基础上，系统地介绍了图书馆情景规划理论、方法与应用领域。本书将情景规划理论构建于不确定性理论、复杂性理论、演化理论、行动理论等理论之上，深入分析了图书馆情景规划的基础、前提与核心，构建了图书馆情景规划模型。在理论分析的基础上，本书探究了情景规划方法的运用原理、实施流程与注意事项等内容，并应用案例，对三个主要图书馆类型的情景规划实践案例进行了梳理与分析，深化了理论与方法的应用研究。

责任编辑：许　波　　　　**责任印制：**孙婷婷

图书馆情景规划理论、方法与应用

TUSHUGUAN QINGJING GUIHUA LILUN FANGFA YU YINGYONG

马小琪　著

出版发行：知识产权出版社有限责任公司	**网　　址：**http://www.ipph.cn http://www.laichushu.com
电　　话：010-82004826	
社　　址：北京市海淀区气象路 50 号院	**邮　　编：**100081
责编电话：010-82000860 转 8380	**责编邮箱：**xubo@cnipr.com
发行电话：010-82000860 转 8101/8029	**发行传真：**010-82000893/82003279
印　　刷：北京虎彩文化传播有限公司	**经　　销：**各大网上书店、新华书店及相关专业书店
开　　本：720mm × 1000mm　1/16	**印　　张：**14.75
版　　次：2019 年 8 月第 1 版	**印　　次：**2019 年 8 月第 1 次印刷
字　　数：252 千字	**定　　价：**66.00 元

ISBN 978-7-5130-6403-3

PREFACE

前言

图书馆是纸质与数字资源的免费存贮之地。在颠覆性技术不断出现、图书馆经费预算紧缩、数字资源开放存取，以及信息用户需求变化等不确定因素驱动下，图书馆战略规划制定成为图书馆能否适应未来环境变化、得到存续发展的关键。目前，为突破图书馆被替代、被边缘化的趋向，图书馆正不断地根据社区的需求与期望，塑造新的复杂性服务枢纽角色，提高其在信息交流与学术交流链条的领导力，以期实现图书馆公共价值的提升。

作为一预测方法，情景规划已经应用于高校图书馆、公共图书馆、特殊类型图书馆等各类图书馆，在图书馆战略规划、政策分析、组织变革、空间优化等管理决策支持等多个领域有着广泛的应用空间。

近年来，国内外图书馆与图书馆馆员日渐重视战略规划的作用，意识到不确定性环境对图书馆内外部环境的影响，提出应用适应不确定性的情景规划法替代传统的战略规划方法。然而，目前国内外在情景规划理论、方法与应用方面的研究还缺乏整体性、系统性、深入性，特别是对最新理论研究及应用成果关注不够。本书在参阅大量国内外相关研究文献与案例的基础上，系统分析了图书馆情景规划理论与方法，并选择典型案例进行分析，为我国图书馆适应不确定性未来环境、缩小国内外图书馆的差距提供了有意义、有价值的研究。

本书具有以下几个方面的特点：

一是视角创新。战略规划是在商业中提升竞争力时经常探讨的议题，但在图书馆领域，战略规划则是一个新议题。在图书馆战略这一新议题中，图书馆情景规划则义是一个更为崭新的研究领域。本书将研究视角置于面向不确定性未来的图书馆情景规划，以期为图书馆在构建未来情景过程中，能够运用批判性、创新性、系统性思考模式，充分认知具有高风险与高不确定性未来，增强组织学习能力，为战略决策与政策选择提供支持。

二是理论创新。本书借鉴未来学、不确定性理论、批判理论、复杂理论、演化理论、风险理论等理论要义，探讨面向未来情景的图书馆战略规划理论及其实践，在理论上进行了一定意义的开辟。

三是方法创新。情景规划法不同于传统的预测方法，它借鉴其他学科的相关理论，目前已经开发出很多情景分析方法。具体实施步骤从三步到十多步不等。本书在系统归纳分析国内外情景规划方法的基础上，对情景规划方法进行创新，形成了情景规划方法的实施模型。

四是案例应用。本书在对情景规划理论与方法进行创新基础上，构建具有一定创新性的情景分析方法，并选择典型案例进行应用分析，以检验方法的可行性与可靠性，规避应用中常见的陷阱与风险。

由于时间与能力有限，书中肯定存在一些瑕疵与不足之处，敬请读者批评指正。

马小琪

2019 年 4 月

CONTENTS

目录

第一章 绪 论

第二章 相关理论概述

第三章 图书馆情景规划理论

第四章　图书馆情景规划方法与实施流程

第五章　图书馆情景规划实施保障与注意事项

第六章　案例分析

第一章

绪论

一、图书馆的类型、本质与价值提升

1. 图书馆类型

图书馆是系统搜集、整理、保存、传播和利用书刊资料，为一定社会的政治、经济和文化服务的科学、教育、文化机构，是社区知识、信息、文化的记忆装置与扩散装置。作为社区经济基础设施的重要组成部分，图书馆是人类社会机构建制方面的重要创新，它支撑与促进着个人与社区的终身学习和发展。

（1）国内外图书馆类型

在我国，图书馆按主管部门划分成不同的类型，如国家图书馆、高等院校图书馆、公共图书馆、专业图书馆、非专业图书馆、学校图书馆。其中，公共图书馆（如各省市，地区及社区图书馆等），科学图书馆（如医疗健康图书馆、矿业图书馆等）、高等院校图书馆（如各高校的图书馆）构成图书馆的主体。具体来说，我国各种类型图书馆下有以下具体构成。

①文化系统的公共图书馆。包括国家图书馆；省、市，自治区图书馆；区（市）、县图书馆及文化馆图书室；儿童图书馆；乡镇街道图书室等。

②教育系统的学校图书馆。包括高等学校、专科学校图书馆；中小学图书馆（室）等。

③科学院系统图书馆及科研机构图书馆。包括科学院及其分院图书馆；政府部门、各部所属研究机构的专业图书馆；机关团体图书馆（室）等。

④工会系统的工会图书馆。包括厂矿、企业等所属工会图书馆（室）等；工矿企业的技术图书情报图书馆。

在国外，图书馆一般有如下类型：公共图书馆、高校（大学）图书馆、研究型图书馆及社区图书馆等。

①研究型图书馆。这类图书馆主要服务于大专院校的学生、员工与学院。较大型的研究机构在校园内会有很多专业性的图书馆。比如专门的法律图书馆，科学图书馆等。一些研究型图书馆员实际上在学院有一定学术地位的某一领域的专家。

②公共图书馆。这类图书馆主要为各具有不同规模与不同类型的社区提供服务。公共图书馆服务于大众，为公众提供从“摇篮”到“坟墓”的信息服务。公共图书馆各部门关注的服务范畴包含青年、少年与成年人。

③学校图书馆。学校图书馆是学校体系的一部分，致力于向幼儿园至 12 年级之间的学生提供服务，常被称为媒介中心。学校图书馆通常要求其图书馆员具有教育学第二学位或新闻媒体证书。

④特殊图书馆。这类图书馆向公司、医院、军队、博物馆、私人企业与政府提供特别服务。特殊图书馆有其特定的服务人群，如盲人、残障人士等。

（2）类型比较与侧重

在如上国内外图书馆类型中，由于高校（大学）图书馆与研究型图书馆两在如上国内外图书馆类型中，高校（大学）图书馆与研究型图书馆两者在服务内容、服务范畴、面临的外界环境等方面具有交叉性，因此有必要分析两者之间的联系与差异。

首先，高校图书馆与研究型图书馆都是为某一系列学科或某一学科提供或收藏所需文献资料的图书馆，以大专院校的学生、员工与学院为主要服务对象，两者服务对象跨越的层次差异较大（本科、硕士、博士、教师与科研人员）、资源内容要求专业化而非大众化，资源形式繁多（学术报告、学术期刊与论文、数据等)、用户需求要求高于其他类型的图书馆。

其次，研究型图书馆所收集的文献资料一般比较专、深，其图书馆馆员往往是在某一领域具有一定学术地位的专家，因而可以为研究者提供相关学科的文献信息，开展相关资讯服务工作。应当指出，世界一流大学图书馆的本质特征就是研究型图书馆。

再次，规模较大的高校或研究机构在校园内有很多图书馆，比如专门的法律图书馆，科学图书馆等，从而使高校图书馆、研究型图书馆与专门图书馆的服务范畴与内容得到统一。

最后，图书馆虽类型多样，但高校图书馆与研究型图书馆是图书馆类型的主体，两者与公共图书馆、学校、企业、厂矿图书馆有着巨大差异（如要求资源内容的专业性、资源形式多样性、服务对象的多元性与层次性、服务技术支持、服务质量要求等方面)，因而面临的环境挑战最大，对图书馆战略管理需求最迫切，要求也最高。

目前，在图书馆财务压力不断加大、用户需求异质性程度日益增强、技术持续发生颠覆性变化及馆藏文献资源数字化发展的环境背景下，图书馆战略是事关图书馆能否适应未来环境变化，得以生存与发展的关键问题。战略源于未来环境的变化，环境变化驱动战略的生成与适时调整。基于此，本书虽然以图书馆为标题，但在论述的过程中，按照一般性原则，对高校（大学）图书馆与研究型图书馆不加严格区分，并以高校（大学）图书馆为主要研究对象，兼顾论述其他类型的图书馆，进行面向未来情景的图书馆战略规划的论述。这种界定的原因在于以下三个方面：

①代表性。高校图书馆隶属于高校，其服务目标及其实现手段与其他类型图书馆基本类同。高校图书馆在服务内容、用户、应用技术、外部环境等方面具有更新速度快、更多元、更前沿的特点，这些特点为引领各类图书馆情景规划提供了基础。

②巨变性。图书馆的外在环境正发生巨变，图书馆工作可能被自动化取代的预测。尤其是数据、计算时代的到来及开放获取的迅猛发展，给高校图书馆带来了颠覆性影响。这一背景要求重新审视（高校）图书馆服务，推动人们从基于未来情景的战略规划视角管理图书馆，洞察行业本质及其服务形态，发挥其

在科学研究、技术创新、教学生产等知识密集型思考中的作用，主动前置变革措施，展开创新研究。

③业务丰富性。高校图书馆开展了诸多业务，如与版权、开放获取学术资源、电子馆藏与特殊馆藏维护、为研究人员解惑答疑等。高校图书馆服务业务的丰富性与复杂性要求高校图书馆在战略高度与未来远景的基点上简化工作流程，推进学术研究。

2. 图书馆的本质

图书馆是一种为个人和社区营造积极的社会经济环境、实现公共价值的组织。为适应不断变化的社区需求，图书馆不应再被视为存放旧书的仓库，而是连接社区、创新文化和经济基础设施的主体。世界各地的图书馆应重新思考图书馆的服务目的，为每个人创造持久的公共价值。

（1）公共机构与公共价值

在探索图书馆独特的公共价值之前，首先要理解公共机构的作用，以及公共价值的概念。

世界经济论坛认为公共机构有两个特征。第一，机构设置正式的、具有法律约束力的约束，如规则、法律及其相关的执行机制。第二，机构设置非正式制度，如行为规范和自我约束的行为准则。公共机构是指由公共资源支持的、享有公共职能执行方式的机构。世界银行将公共机构定义为来自正式法律、非正式规范和实践的组织结构。公共机构与政府部门有重叠，但并非等同：公共机构受政策设计影响，但与大多数政策框架相比，前者范围更广，且较少受到频繁更改。

公共价值是指对社会、经济、环境和社区做出的积极贡献。哈佛大学肯尼迪政府学院教授马克·摩尔（Mark Moore）是研究和倡导公共价值的学术运动先驱之一，他将公共价值定义为公共管理中类似股东价值的等价物，即公共价值组织以集体利益最大化行事。马克.摩尔的“战略三角”（图 1-1）解释了创造公共价值所必需的三个要素：合法性和支撑性（来自社区的支持和适当的授权环境）、运作能力（有效实施战略的人力和资源）、公共价值成果。战略三角为公共机构提供了一种处理政策问题并创造公共价值的方法。

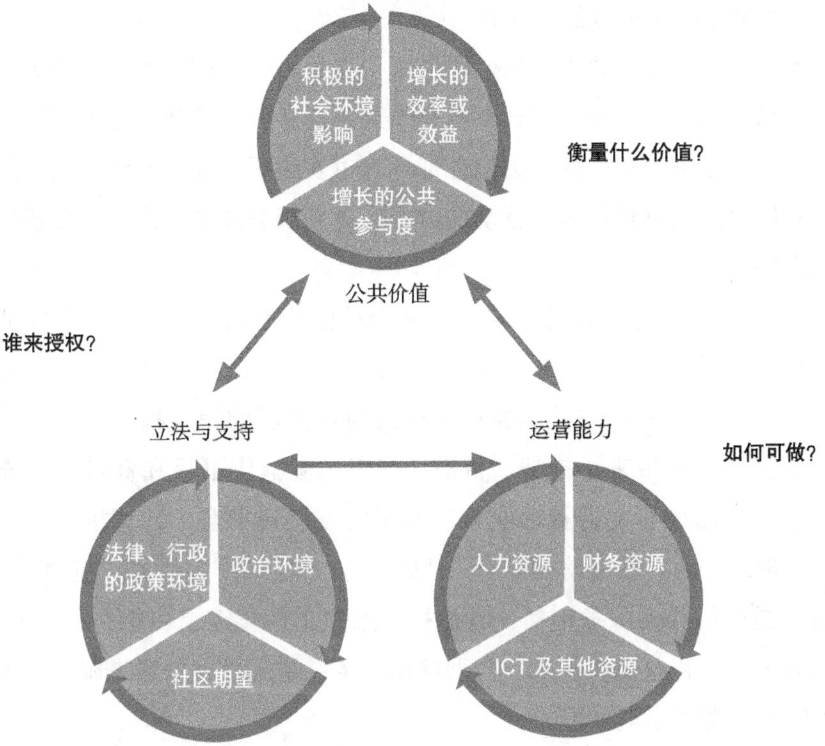

图 1-1　公共价值的战略三角形

马克·摩尔定义的公共价值组织包括致力于在公共运行环境中提供公共价值的公共机构。每一个公共价值组织都扮演着独特的角色，无论是教育学生的学校，保护生命财产的紧急服务组织，还是保护自然环境的环境机构。

良好的公共价值组织会对社会产生积极影响，如提高可持续性、生产力和可居住性。经济理论家认为，公共机构对工作经济的重要性，可能与古典经济理论中的三个因素（金钱、人力和资源）一样重要。例如，在司法部门，研究人员在发达国家和发展中国家探讨了知识产权案件的有效司法管理与技术转让，以及直接投资的数量与质量之间的联系。司法部门的研究表明，司法制度的绩效对国民经济整体绩效的影响显著。研究人员、政策制定者及国际机构（如世界银行（World Bank）和亚太经合组织（Asia Pacific Economic Cooperation））的实证证据也表明，管理良好、透明和负责任的公共价值组织有助于宏观经济稳定与经济增长，为个人、社区、企业和社会创造公共价值。

（2）图书馆的作用与公共价值

①图书馆的作用。数千年来，图书馆一直致力于为用户获取、组织、保存与利用信息资源。随着时代变迁与社会发展，信息资源的载体与表现形式发生了质的变化，图书馆功能发挥的内外部环境也发生了巨变。与此相应，图书馆需要不断地改进图书馆与客户互动的方式、更新服务理念与内容、重新思考图书馆的战略发展架构。

19 世纪图书馆的发展是建立在为某个社区所有成员（许多社区成员往往受教育程度较低，收入较低）提供书籍、报纸和印刷材料的基础之上。自互联网出现以来，不断调整的社会经济结构及快速更新的信息技术，不仅给图书馆带来了机遇，也带来了挑战。目前，图书馆除提供书籍和资料等传统服务项目之外，业已成为支持社区会议、儿童游戏、读书会、计算机使用、交流思想与讨论的场所。图书馆被称为“社区中心”“公共广场”或“智囊团”。图书馆目前提供的具体服务包括：满足社区用户个性化需求、建立“创客空间”（Makerspaces）、普及新兴技术、自助签出服务、访问数字信息来源、将藏书预算再投资于新媒体等。

与服务项目相适应，近现代图书馆对所处的物理环境也进行了重新思考。比如，19 世纪 80 年代早期卡内基梅隆大学图书馆的建筑内建有游泳池、公共浴池、保龄球场和台球室。再比如，出于位置、美学和建筑方面的考虑，卡尔加里市图书馆、墨尔本市图书馆、澳大利亚吉隆（Geelong）图书馆等“现代图书馆”创造了令人惊叹的建筑奇迹，以迎合新一代用户需求，为越来越多的居民提供当代建筑空间、从事社会活动和社区服务。

目前，在智能手机、防火墙、数字用户权利和实时数据相交融的时代，在大型网络书店（如亚马逊）和独立的实体书店、谷歌图书和谷歌检索并存的时代，在经济差距和公共空间和服务继续私有化、富媒体与充满活力的 DIY 文化不断产生、媒体素养成为处理日常任务的核心能力的时代——图书馆可以作为媒介者、推动者和连接器发挥关键作用。

②图书馆的公共价值。图书馆是社区与经济基础设施的重要组成部分，由地方或区域实体以资源资助，可以为用户提供一系列的借阅服务（如书籍、杂志）、数字服务（如计算机知识培训和互联网接入）、社会活动和事项（如学校

假期计划，作者演讲)，以及经济活动单元服务（如社区活动场所和会议室)。通过这些服务，图书馆向用户提供了教育和学习工具的获取途径，培养了社区应对当前与未来挑战的能力，通过帮助人们与社区建立链接促进社会凝聚力。

Cube Group 开发了公共价值图谱（图 1–2)。通过该图谱，个人和组织可以思考如何创造与提升公共价值。依图所见，图书馆服务的贡献主要体现于“健康、福祉和成就”“连通性和包容性”“独立性和机会”。

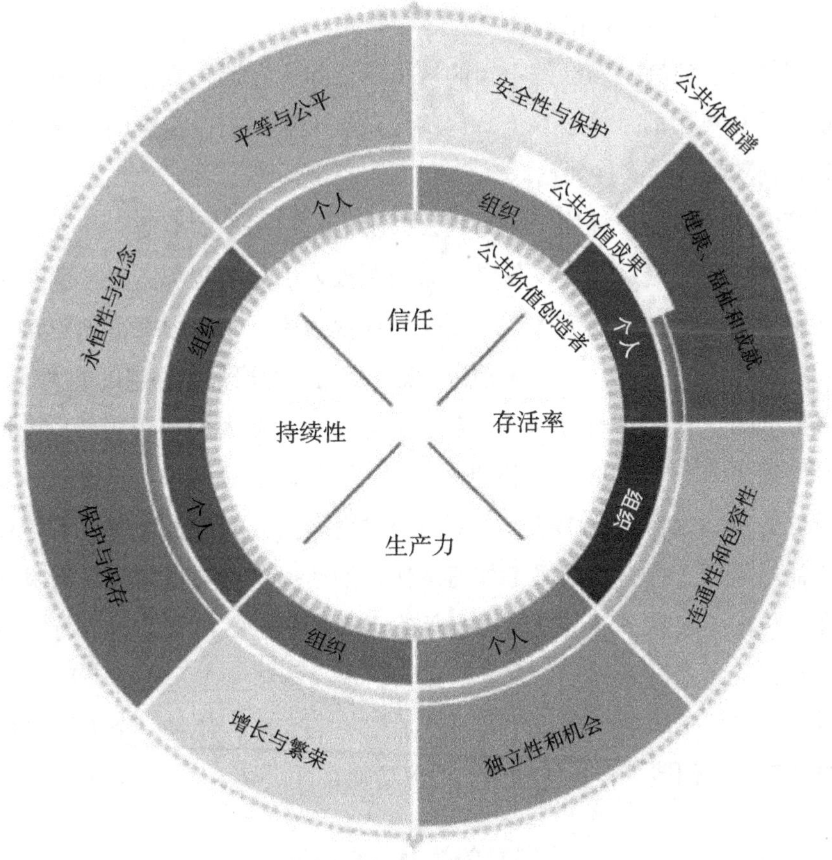

图 1–2　团队的公共价值图谱

图书馆公共价值的广度与适用性要依据其服务性质。比如，地方图书馆不同于国家图书馆。地方图书馆对社区的社会和经济基础设施的贡献等同，但国家图书馆是国家基础设施的重要组成部分。国家图书馆除了创造知识、建立社区联系和支持终身学习之外，还在保护和促进国家遗产方面发挥着重要的作用。例如，澳大利亚国家图书馆的发展目标是“收集、保存和开放与澳大利亚和澳大利亚人民相关的、具有国家意义的文献资源；收集、保存和开放具有重大意义的非澳大利亚图书馆资料”。再比如，南澳大利亚公共图书馆网络（The South Australian Public Library Network，SAPLN）指出，图书馆是民主社会的基石。SAPLN 的愿景为：“图书馆是公民和社区广泛参与的机构，是知识、创造力和创新的中心。图书馆把物质世界和数字世界联系在一起，把南澳大利亚人民联系在一起，也把世界联系在一起”。

英国的一项研究显示，图书馆的价值不仅体现在用户直接访问图书馆馆藏上，也体现在英国的全体公众上。这些公众从大英图书馆提供的世界一流的科学研究和创新中获得间接利益。

尽管图书馆为用户提供了一系列公共价值，但用户的期望往往更高。公共价值链强调的是结果，而不仅仅是公共资源投入和公共服务产出。英国一项关于社区对图书馆的期望研究表明，图书馆被视为博物馆、图书馆和档案馆等公共空间的社会连接点，图书馆的使用者很重视把人们聚集在一起的能力。

一般而言，人们对政府部门、图书馆等公共机构的期望较高（尤其在向个人和社区提供服务方面），如期待更高质量、更及时、更紧密、更便捷的行政与图书馆服务等。人们希望看到公共部门提供更多的人本服务，围绕多样和复杂的个人需求展开工作，重新思考如何运作、如何提供服务及如何评估服务效果等问题。例如，公共交通部门不再仅仅确保火车和公共汽车准时运行，还要将人们与社区、企业联系起来；女子监狱不再仅仅提供惩教服务，还要鼓励女子充分挖掘自身潜能；图书馆也不再是存放旧书的仓库，还是一个为用户提供文化或教育功能、创造更连贯信息体验的多功能社区设施。

3. 图书馆公共价值整体提升的战略规划框架

图书馆公共价值的创造与提升需要建立在战略规划的基点上。Cube Group 的 PACE（Purpose（目标））、Authorization（授权）、Channel（渠道）、Engine（引擎））方法是一种战略规划框架，它允许公共机构（如图书馆）深入研究其公共价值实现目标、授权环境、程序和动力。通过应用PACE方法，公共机构能够将其行动与战略结果联系起来，成为敏捷性组织。

①目标。目标是阐明图书馆独特的公共价值贡献及其实现的结果。一般而言，公共价值组织的存续主旨体现为：为个人和社区带来积极的社会、经济和环境成果。例如，安全和保护可能是司法部门的一种公共价值贡献，该公共价值组织致力于确保社区成员的日常安全，相信自己和当局保持独立、能够保护社区价值。图书馆不再是书籍的储存库，而是促进社区交互和信息交换的重要社区中心。在图书馆环境下，相应的战略性成果包括：形成更文明的社会、增强社会凝聚力和宽容、构建可持续的社区基础设施、改善就业前景和生产力、建设充满活力的城镇。展望未来，图书馆需要清楚地了解和传达其宗旨，并有意识地在运作方式上实现其公共价值目标。

②授权。扫描公共价值组织运作的授权环境是让组织理解、预测和影响其所处环境的机会和挑战。目前，图书馆已经认识到内外部环境发生了巨大变化，如用户需求偏好转变、公共资金预算紧缩等，图书馆正迎合用户的不同需求，探究诸如政策和战略、社会和环境压力、经济和就业趋势等影响因素，力求使图书馆更好地把握外部环境，以便为未来作出规划。

与关键利益相关者形成伙伴关系是组织授权环境的重要组成部分。目前，图书馆正不断地强化与政府、社区组织及教育服务机构的伙伴关系，努力提供联合服务以便将图书馆服务与地方建设目标结合起来，并在不同部门和各级政府之间分享经验，实现更大影响力。此外，通过图书馆馆际资源共享创建伙伴关系成为一种趋势，这一趋势要求在两个或多个不同的信息服务提供者之间开发图书馆共享服务。例如，图书馆之间进行业务合作或形成战略联盟，以联合使用或共享地点的方式向学生和社区用户提供联合图书馆服务，提高服务绩效。

③渠道。渠道表示组织的输出，即组织提供公共价值的程序和服务。图书馆在重新设计产出和服务时，应始终把服务宗旨和服务意识放在首位。在遵从用户需求的基础上，图书馆为需要创作和创新的用户提供空间（包括3D打印机）、互动工作坊或会议室、电子书阅读器、教育课程和教程等服务内容。通过明晰自身可以向用户提供的服务内容与类型，图书馆能够依此设计程序和服务，进而充分利用机会或化解风险。

④引擎。引擎组件包含成为现代、敏捷和高绩效组织的输入要素。它包括治理结构、流程、沟通和协议、资产和基础设施、财务和商业投入，以及组织能力。为了实现以上引擎组件要素的各个目标，图书馆需具有敏捷化的组织结构。目前，图书馆应在资源约束条件下不断创新，努力成为充满活力、拥有领导能力的创新型组织。

与许多公共部门一样，图书馆正力求提高其公共价值，促使图书馆成为社区基础设施的重要组成部分。例如，南澳大利亚（South Australia，SA）的所有公共图书馆已经实施了统一的图书馆管理系统，实行“一卡通”制度。图书馆用户可以使用统一平台，查阅南澳大利亚任何公共图书馆的目录和藏书，访问全州各图书馆数以百万计的书籍、DVD 和其他资源。在该系统实施之前，当地居民很难在其他渠道获得资源，导致许多用户需要使用和维护多个图书馆账户。

图书馆公共价值服务宗旨为南澳大利亚州带来三方面积极影响。第一，“一卡通”制度产生了积极的社会影响。图书馆用户可以使用全州范围内的三百八十多万册图书、DVD 和杂志，实现在线预订系统和更快的文献传送。其结果是改善了图书馆服务，为所有南澳大利亚人提供了公平获取信息、文化和学习的机会。第二，“一卡通”系统提高了全州图书馆服务的效率。全州大约 70% 的图书馆实现了更有效的编目，和更多获取资源数据的途径。“一卡通”制度也促进了图书馆网络之间更多的合作，使它们可以共同解决难题。第三，“一卡通”制度促使图书馆更频繁地与公众和社区接触。藏书管理效率的提高，使图书馆工作人员有更多的时间与读者接触。

南澳大利亚公共图书馆网络让人们得以一窥图书馆在传递公共价值方面的方向，认识到图书馆的未来在于为学习、参与、创造及创新提供服务平台，通过人、地点、知识和技术的联系创造公共价值。

4. 提升公共价值的具体方法

提升图书馆公共价值的传统与现代方法有运营与服务方式的改进、基于地点和集体影响的方法。

（1）运营与服务方式

公共价值组织会以不同的方式运营和提供服务。它们将持续整合制度、摆脱传统架构，强化政策制定和服务设计。传统的行政结构与运作方式会使行政工作居于中心地位，容易导致政策制定和服务实践脱节、服务内容支离破碎、各行政部门之间的服务无法协调一致。通常而言，当出现“严重问题”时（“严重问题”通常是多个相互重叠和相互关联问题的子集，是跨越多个政策领域和行政级别的棘手问题，其背后复杂的相互依赖关系会导致人们在试图解决其中一部分问题时，其他问题将浮出水面），行政工作问题遂变得越发明显。

对复杂问题的解决方案往往超越了单个行政部门的能力。例如，旨在解决某地区长期不佳的政策和服务，需要考虑服务可及性、经济重组、就业趋势、教育和卫生等有关问题。打击家庭暴力的战略需要考虑妇女儿童服务、法律服务、司法系统、教育项目等相关因素。因此，复杂社会和经济问题的交互性和相互依赖性需要人们运用系统方法，围绕系统而不是部门设计策略和服务。据此，图书馆等公共服务部门要转变思维，根据用户和社区需求构建系统。系统思维可以帮助组织和个人识别隐藏的成因和意想不到的结果，并使组织与个人能够对复杂系统进行更深入和更广泛的思考。

目前，各国都在努力进行公共机构改革，加强公共部门治理及体制改革。公共部门改革旨在改变行政结构和系统的运作方式，探索新的运营方式与战略规划。其中，行政战略规划运用系统方法提供服务和基础设施，使行政系统更加集成和高效。

（2）基于地点和集体影响的方法

目前，很多公共价值组织正尝试使用基于地点和集体影响的方法，努力改进服务方式，解决复杂和根深蒂固的问题。基于地点的方法能够因地制宜利用当地资产、人力资源、金融资本和社会资本。该方法是在具体社区、泛化社区和城镇层面上提出的，其目的是协调和灵活运用地方资源与资本，在满足当地社区需求的基础上连接社区中的人和组织，系统地协调政策和服务，制定问题解决方案。集体影响是基于地点的方法的一个子集，是一种精诚合作的框架，旨在通过跨部门协作来设计和交付一组共享成果。支撑集体影响框架的五个条件为：达成共同协议、开发资源共享的度量方法、在强化部门互动的基础上利用资源、持续沟通、构建集体行动框架。

基于地点和集体影响行动的主要目标并非为目标社区带来新的资金和资源，而是将现有的分散的资金、资源、政策和项目汇集在一起，为社区提供更全面和协调的服务。基于地点和集体影响的办法已经在一些国家试行了若干年，目前已成为一种独特的政策设计办法。

图书馆作为社区经济基础设施的主体，可以在基于地点与集体影响的活动中发挥独特作用。例如，图书馆可以发挥社区纽带作用——一个连接政府机构、社区组织和教育部门的中心机构，使它们能够共同努力，实现共同目标。在教育部门，图书馆可以与教育机构合作，促进课外活动，为学生提供宝贵的教育资源，使图书馆成为强大的学习生态系统的基石。

总之，图书馆可以成为公共价值体系的一部分，用以解决复杂的社会问题，打破根深蒂固的恶性循环，并将人们与重要的教育和社会资源联系起来。从提升公共价值的方法与工具角度，图书馆应在战略高度采用适应未来的分析工具，为个人与社会持续创造价值。在战略分析工具中，情景规划方法有助于图书馆面向不确定性未来，以跨职能部门及前瞻性动态视角，进行情景战略学习与相关利益者分析，在适应未来情景的基础上提升图书馆公共价值。

二、论题的研究背景、目的与意义

1. 研究背景

情景规划是一种基于未来不确定条件来预测组织或行业环境中长期变化的、强有力的新兴战略管理工具。它不仅将未来思考与战略行动联系起来，也将创新性、新颖性、想象的未来与更具操控的战略规划联系起来。目前国外许多图书馆、图书馆联盟与协会等机构积极开展情景规划理论与应用研究，以期适应不确定性环境，使战略制定与实施具有动态灵活性与稳定适应性。

（1）图书馆面临颠覆性环境变化

早在 1931 年，印度图书馆学大师阮冈纳赞（Ranganathan）在他的《图书馆科学五定律》中就指出“图书馆是一个不断增长的有机体（A library is a growing organism）”。事实上，这一有机体是由存在差异但相互依赖的因素共同作用的系统，旨在实现图书馆任务和角色。作为一种生长着的有机体，图书馆是由藏书、读者和馆员三个生长着的有机部分构成的结合体。

阮冈纳赞指出："人们无法完全预料图书馆这个生长着的有机体还将经历哪些阶段，也无法预言图书馆传播知识这一重要功能是否能以印刷图书之外的手段实现，但至少人们已经看到了这一有机体已分化出各种类型的图书馆。人们也有理由相信，作为全球性知识传播工具的图书馆，其基本原则一定会贯穿于图书馆未来发展过程中"。

与此相似，大英图书馆在2008—2011年发展战略中提出："人们所处的环境在过去二十年里发生的变化超过了过去二百年的变化，特别是技术发展的驱动"。随着大数据、云计算、数字人文、开放科学、智库等新理念与实践的到来，中国科学院国家科学图书馆馆长张晓林指出，图书馆为适应面向未来的超竞争、边缘竞争环境，要采取驾驭'破坏与颠覆'的态度、观念，预测可能的战略发展方向……不同的图书馆在寻求'破坏与颠覆'时应有不同的战略方向，通过战略创新实现知识服务模式的进一步转变与突破。

（2）图书馆需要制定战略规划适应不确定性变化

战略源于未来环境变化，环境变化驱动战略的生成与适时调整。未来图书馆要生存与发展，须按照环境变化趋势不断地校正战略方向。目前，战略规划已成为现代图书馆管理的核心。国内外许多学者开始探讨图书馆规划、组织战略、战略管理和战略计划等命题，以期帮助图书馆在主管单位（母机构）的各组织部门中保持战术性优势。

在制定战略规划的过程中，战略规划的成败主要依赖于环境。但传统战略规划往往以确定性环境为前提，计划制定年限少于5年或10年，不能适应复杂的不确定性环境。同时，由于环境变化的不确定性，战略规划亦常陷入迈克尔.雷纳所称的"战略悖论"（Strategy Paradox）。对此，雷纳指出，应突破以相对稳定、确定环境为假设前提，仅关注于单一未来预测的传统战略规划，使用适应复杂多变的不确定性环境的、能创建多个合理未来的情景规划（Scenario Planning，SP）方法。情景规划、应急规划与控制之间存在以下关系：

情景规划是确认可选择未来的图景以及为达到图景制定的计划；应急规划是当情况发生突然变化时，明确可使用的连续行动；控制是为确保理想后果而进行计量绩效与采取行动的过程。

图书馆用户需求和信息环境变化会影响图书馆的未来形态。同样，世界范围内的图书馆，对不断变化的趋势和范式转变也有了新的认知，能够预测未来公共图书馆与大学图书馆面临的问题。

图书馆是一个机构的心脏，是一所大学的中心。尤其对高校图书馆而言，它支持大学的三项使命为：①教学和学习；②研究和社区参与；③超越服务。高校图书馆对大学的运作和学术使命的发展是不可或缺的。因此，为建立适应性战略，应将高校图书馆纳入高等教育的发展目标之中。

2. 研究目的

图书馆正面临着高度复杂与充满不确定性的环境，在此背景下图书馆应建立基于未来情景的适应性战略规划。基于此，本书以图书馆为研究领域，从理论、方法与应用视角，系统地论述了图书馆情景规划理论、方法与实施流程、可行性与注意事项、情景规划法在各种类型图书馆及各种图书馆业务中的应用，以期为图书馆构建适应未来的战略性情景，提出具体措施和情景规划方法，提高图书馆服务能力与服务水平，提升图书馆公共价值。在论述过程中，本书将未来学、不确定性理论、战略管理、情景分析等相关概念与研究领域进行高度融合，运用理论构建模型、不确定性理论、风险管理理论、演化理论、行动理论等理论构建情景规划理论基础，以期促进图书馆员工与集体集思，提高个人与组织学习能力，打破传统惯性的心智模式，实现图书馆战略创新。

3. 研究意义

在理论意义层面，首先，本书以图书馆面临的不确定性未来为研究逻辑基点，全面、系统地剖析图书馆面临的未来情景，为图书馆战略规划研究提供新的视角；其次，本书将适用于不确定性分析的情景规划理论引入图书馆战略规划理论与实践研究中，有利于吸收国外先进思想，扩宽思路，完善图书馆学理论研究，弥补现有研究不足；最后，本书构建了图书馆情景规划实施模型，为各类图书馆开展战略管理提供理论依据。

在现实意义层面，本书将图书馆情景规划实施模型应用于实践，运用案例详细说明实施流程，有助于图书馆在明晰现状与不确定性未来的基础上，通过提高图书馆信息服务质量、完善服务体系和服务机制，有针对性地制定面向不确定性未来的图书馆发展战略，增强图书馆环境变化的适应性与竞争力。

三、国内外研究现状的知识图谱分析

1. 国内外信息科学与图书馆学情景规划研究数据来源及数据分析方法

（1）数据来源

为提高分析质量，选取 SCI–EXPANDED 和 SSCI 作为图情领域情景规划文献的数据检索源，构造检索式：TS =（scenario planning*OR scenario analysis*OR scenario construction），文献类型选择 Article（论文）和 Review（综述），时间跨度设定为所有年限，利用 Web of Science 分类设定 Information Science and Library Science（信息科学与图书馆学）对检索结果进行精炼。在此基础上，通过引文报告中的施引文献对该领域研究文献进行扩展，整合核心数据集与拓展集，得到包含 3172 篇文献的数据集全集，进而得到如下检索结果（表 1–1）：

表 1–1 文献数据及检索情况

研究内容	文献类型	检索结果（篇）
图情情景规划（核心）	论文（Article）	356
	综述（Review）	10
图情情景规划（扩展）	论文（Article）	2620
	综述（Review）	186

注：“研究领域”是围绕同一学科问题开展的一系列科学研究，表现为同领域具有相同或相似的文献计量单位。鉴于此，本研究以期刊作为计量单位。检索时间 2019 年 5 月 20 日。

（2）数据分析方法

CiteSpace 与 Map Equation 分别由美国德雷赛尔大学（Drexel University）陈超美学者与美国华盛顿大学（University of Washington）及瑞典于默奥大学（Umeå Universitet）学术团队联合开发，是具有呈现科学研究多元、分时和动态的可视化分析软件。本书使用 CiteSpace 软件对核心数据集予以分析，通过生成奠基性文献时间序列知识图谱和共被引聚类图谱，从引文视角揭示核心数据集下的图情领域情景规划研究脉络；通过统计部分突发性较强的文献，阐释该部分数据集所蕴含的规律。为了对图情领域情景规划研究有更全面的认知，本书在核心数据集基础上引入施引文献集进行扩展研究，分别以突现词和突发文献为分析指标，论述国际范围内图情情景规划研究的热点与发展历程；借助冲击流（Alluvial Flow）流带的长度与宽度，对上述结论进行补充。

（3）分析结果

①文量分布。图 1–3 所示，国际图情领域情景规划研究发文量在 2000 年之前增长缓慢，进入 21 世纪，该领域研究发文量开始有明显增长迹象。按此轨迹可以推断，2019 年针对情景规划理论应用于图情领域的研究成果将会在 2018 年的基础上有所增加。

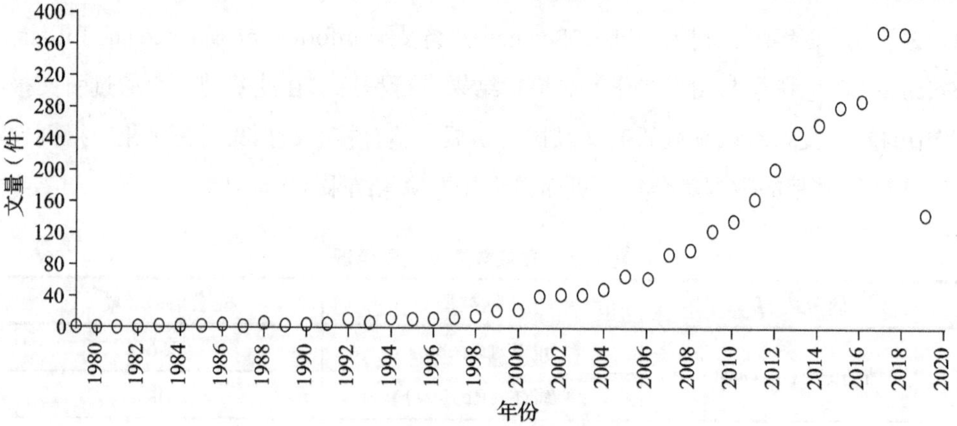

图 1–3　国内外图情领域情景规划发文分布图

②作者合作关系。将 Node Types 设置为 Reference，时间区间设置为 1979—2019 年，阈值设置为 T50，其余选择默认参数。通过运行 CiteSpace 软件得到作者合作关系知识图谱（图 1–4）。其中，节点越大对应作者发文量越高，因此可知 LI X、LIU XP、CHEN YM、COLOMO–PALACIOS R 等几位作者的研究成果颇丰，可被视为该领域的高被引作者。根据普赖斯定律，核心作者人数等于总发文作者人数的平方根，可以推知该领域的核心作者为 20 人，即对应发文量不少于 6 篇。据此，进一步绘制了核心作者图表，便于直观展现（表 1–2）。

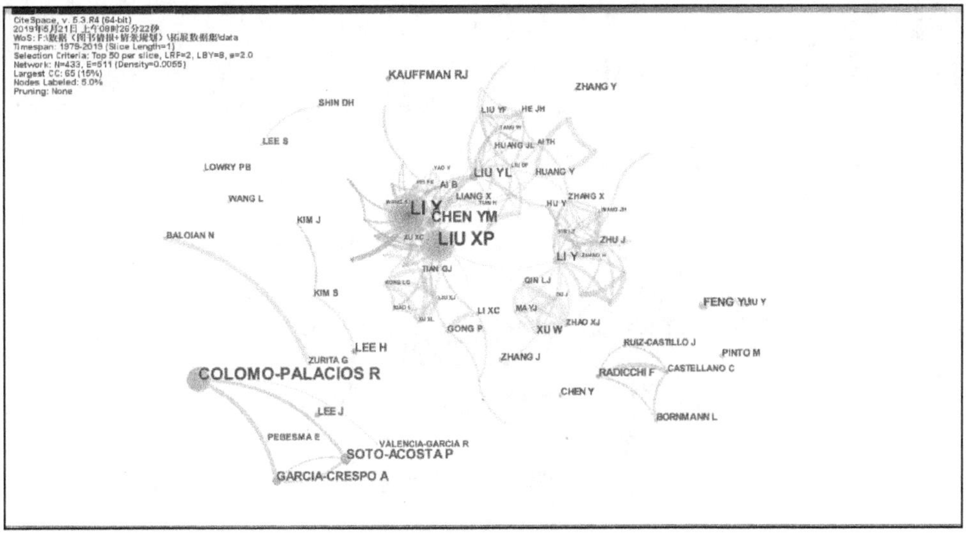

图 1–4　国内外图情领域情景规划作者合作关系

表 1–2　国内外图情领域情景规划核心作者概况

序号	作者	发文量（篇）	序号	作者	发文量（篇）	序号	作者	发文量（篇）
1	黎夏	52	8	加西亚－克雷斯平·安吉尔	10	15	博恩曼·鲁兹	6
2	刘小平	43	9	考夫曼·罗伯特	9	16	平托·玛利亚	6
3	科罗姆·帕拉科斯·里卡多	29	10	冯勇久	9	17	张茵	6
4	陈益民	21	11	李·西斯科	9	18	陈岩	6
5	索托·阿科斯塔·佩德罗	14	12	李忠秀	8	19	张锦	6
6	刘耀林	11	13	拉登齐	7	20	艾尔·艾曼·卡莱德	6
7	李毅	11	14	徐伟	7	—	—	—

③机构合作关系。将 Node Types 设置为 Institution，时间区间设置为 1979—2019 年，阈值设置为 T50，其余选择默认参数。通过运行 CiteSpace 软件得到研究机构合作关系知识图谱（图 1–5）。据图可以看出，国内的中科院、中山大学和武汉大学在该领域研究成果突出；国外的马德里卡洛斯三世大学、北卡莱罗纳大学、威斯康星大学发文量较高。

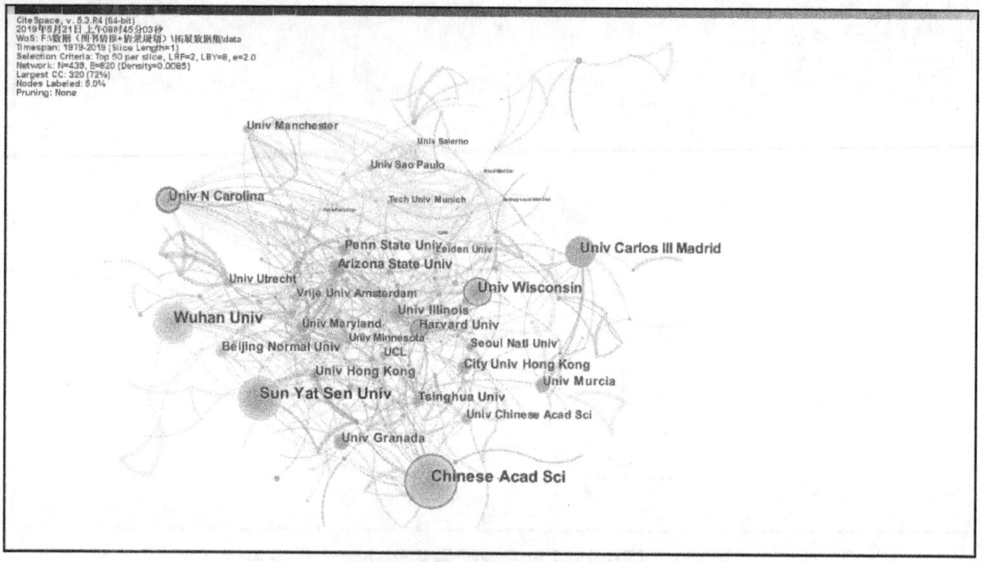

图 1–5　国内外图情领域情景规划研究机构合作关系

④国际分布。将 Node Types 设置为 Country，时间区间设置为 1979—2019 年，阈值设置为 T50，其余选择默认参数。通过运行 CiteSpace 软件得到图情情景规划国际（地区）分布知识图谱（图 1–6）。依图所见，情景规划在图情领域的研究成果主要来自美国、中国、英国、西班牙、德国等。

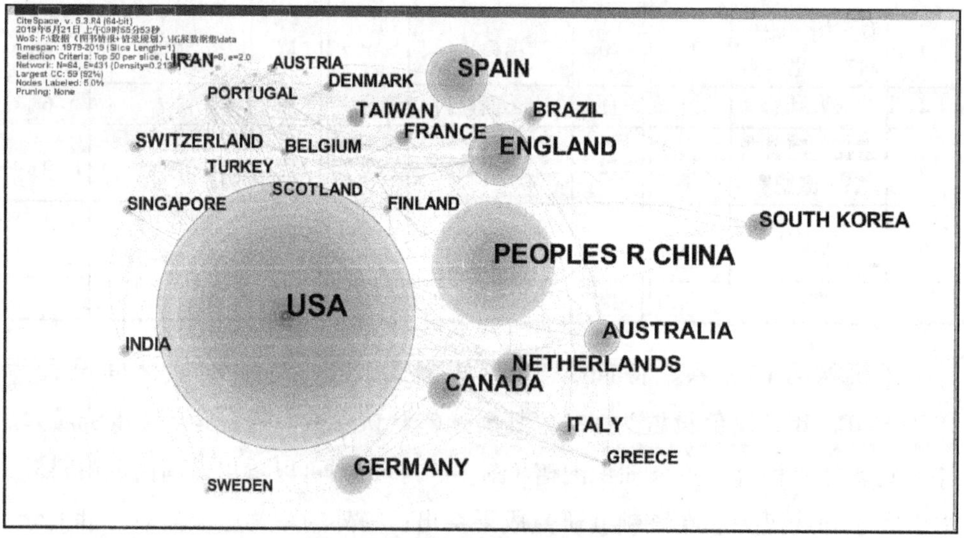

图 1–6　国内外图情领域情景规划国家（地区）分布

⑤文献研究。将 Node Types 设置为 Reference，时间区间设置为 1979—2019 年，阈值设置为 T50，其余选择默认参数。通过运行 CiteSpace 软件得到国内外图情领域情景规划奠基性文献（图 1-7）和文献共被引图谱（图 1-8）。

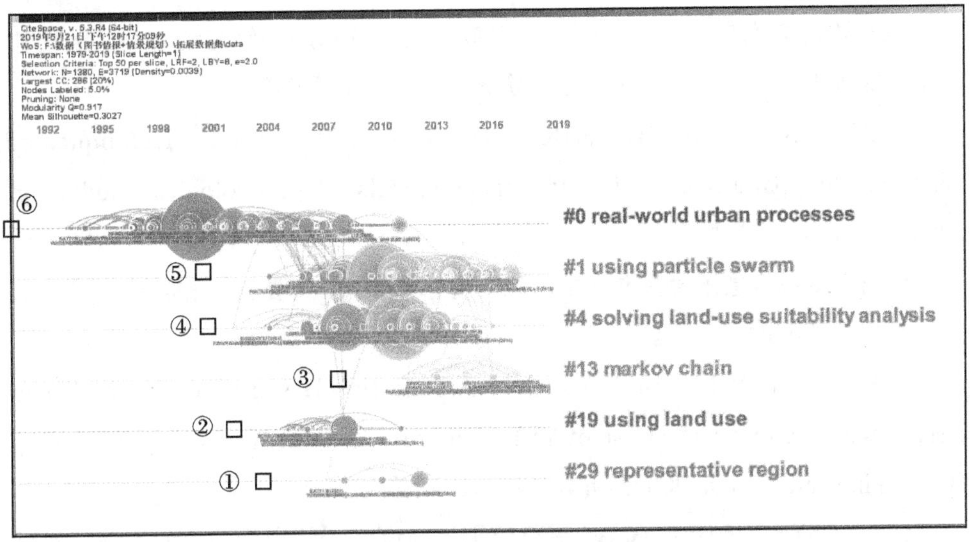

图 1-7　国内外图情领域情景规划奠基性文献

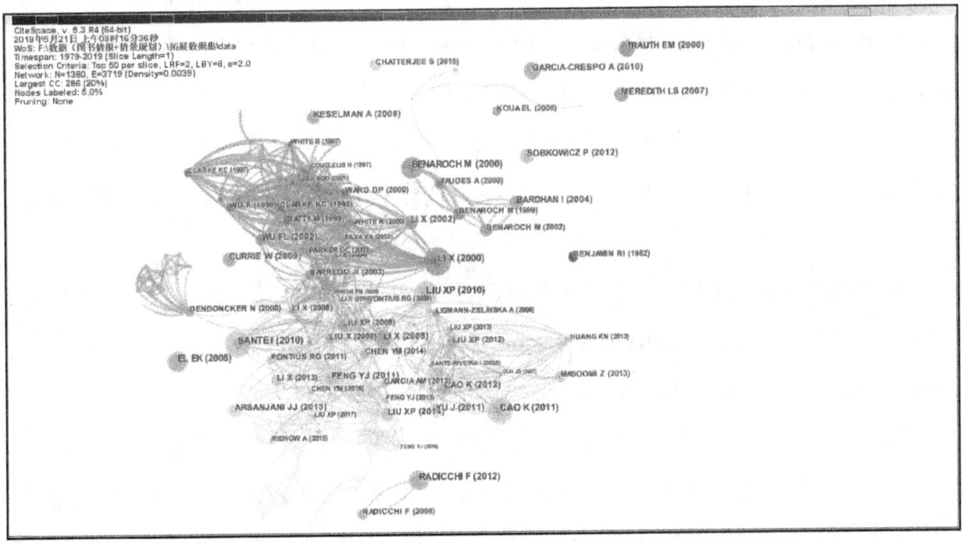

图 1-8　国内外图情领域情景规划研究文献共被引图谱

奠基性文献择取如下：

a. WHITE R., ENGELEN G. Cellular Automata and Fractal UrbanForm: A Cellular Modelling Approach to the Evolution of Urban Land-Use Patterns［J］. Environment and Planning A, 1993, 25(8), 1175-1199.

该文章将细胞自动机视为一系列离散的连接技术用于研究动力学、进化和自组织的基本原理，是模拟未来不确定状态的预测分析模型。

b. PONTIUS R. G., HUFFAKER D., DENMAN K. Useful techniques of validation for spatially explicit land-change models［J］. Ecological Modelling, 2004, 179(4), 445-461.

该篇文章将信息作为物质，并用于改进土地利用率和覆盖变化模型（LUCC)，提高其预测精准性的研究。

c. BENENSON I., OMER I., HATNA E. Entity-Based Modeling of Urban Residential Dynamics: The Case of Yaffo, Tel Aviv［J］. Environment and Planning B: Planning and Design, 2002, 29(4), 491-512.

该文章基于实体模型（EB）进行模拟，强调将个体视为独立的实体，对其行为进行定义，通过大量信息预测未来状态的演变路径。

d. PARK S., JEON S., KIM S., CHOI C. Prediction and comparison of urban growth by land suitability index mapping using GIS and RS in South Korea［J］. Landscape and Urban Planning, 2011, 99(2), 104-114.

该文章分别以层次分析法（AHP），逻辑回归（LR）和人工神经网络（ANN）为建模基础，通过大量数据对未来状态发生概率进行适度修正，进而完成预测过程。

e. ROUNSEVELL M. D. A., EWERT F., REGINSTER I., LEEMANS R., CARTER T. R. Future scenarios of European agricultural land use. Agriculture［J］, Ecosystems & Environment, 2005, 107(2-3), 117-135.

该文献是将情景规划理论用于实证分析的研究，验证了该理论的使用性。

⑥研究热点及其演进。将 Node Types 设置为 Keywords，时间区间设置为 1979—2019 年，阈值设置为 T50，其余选择默认参数。通过运行 CiteSpace 软件得到国际图情领域情景规划关键词共现图谱（图 1-9）。

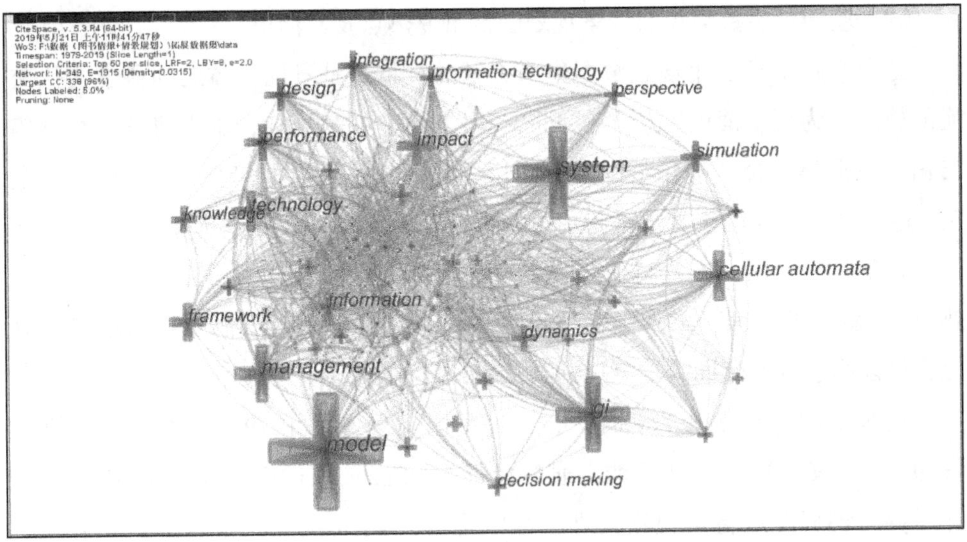

图 1-9 国内外图情领域情景规划研究热点

在此基础上，本文绘制冲击流图，通过代表性文献的冲击流的带长与带宽，展现该研究领域的研究演进（图 1-10）。以 5 年为一个周期，依图所见，该研究领域仅在 2015 年后形成代表性文献，分别由 FENG YJ 于 2011 年、SANTE I 于 2010 年和 LIU XP 于 2010 年发表的 3 篇文献。且流带较短且窄，表明关注度不强且关注持续性较弱，侧面反映了该领域研究思路较发散。其中，FENG YJ 撰写的论文为 2019 年代表性论文，以情景规划理论为思想基础，建立细胞自动机和粒子群优化规律的动态预测研究，该研究范式有望引领接下来一段时期的图情情景规划学科发展。

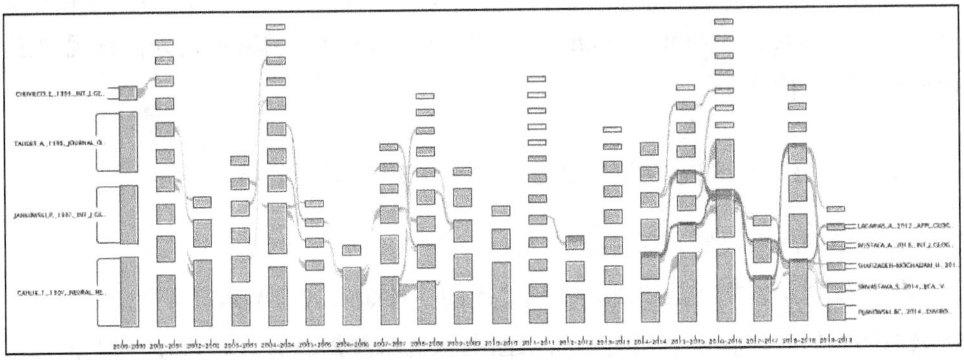

图 1-10 国内外图情领域情景规划研究热点演化进程

（4）基于扩展数据集的情景规划图情研究热点及其演进

施引文献是指引用核心数据集中文献的文献，是不同主体之间科学文化交流的轨迹。为更全面的剖析学科发展与科学研究文献规律，本书将核心数据集与拓展数据集整合，构建了国内外图情领域情景规划数据集全集（简称数据全集）进行分析，意在落实该研究主题的热点分析，揭示研究热点的演化规律。

在某段时间内，围绕科研工作者所关注的问题而展开的研究被称为“研究热点”。就一般而言，常伴随关联性的关键词词频或参考文献被引量激增。对此，可以称这些关键词为“突现词”，高被引文献为“突发文献”。

将 Node Types 设置为 Keyword，时间区间设置为 1979—2019 年，阈值设置为 T50，其余选择默认参数。通过运行 CiteSpace 软件得到突现词 65 个，并针对突现词概况进行可视化处理。可以看出，“management（管理）”“system（系统）”“methodology（方法论）”等关键词突现时间为 20 世纪末，这些关键词词义较笼统且为管理学研究常规性词汇，表明初期情景规划理论在图情领域的研究仅仅是简单的“挪用”，未能实现紧密嵌入。进入 21 世纪后，关键词种类趋于多元化，表明情景规划理论正慢慢与图情学科融合。2000—2005 年间，突现词有“real option（实物期权）”“information retrieval（信息检索）”“decision support

（决策支持）”“market（市场）”“business（商业）”“integration（集成）”及“IT investment（互联网技术投入）”等。其中，60% 以上的词汇围绕商业与决策展开，这些词与情报学较为密切，说明情景规划率先与情报学融合，将情报视为物质基础，完成了从“对未来不确定环境的预测”到“对未来不确定环境的决策支持”的转化；“integration”和“IT investment”的突现则为情景规划技术分支埋下了伏笔。

2. 国内图书馆战略规划与情景规划研究知识图谱分析

（1）国内战略规划研究简析

情景规划是建立在战略规划基础之上的一种面向未来不确定性的规划方法。在国内图书馆领域，虽然已有学者对图书馆战略规划研究日渐重视，但相比国外研究，其数量、研究视角与丰裕程度都比较欠缺。基于此，本书在分析情景规划知识图谱分析之前，首先进行图书馆战略规划分析，以对比文献发文数量、作者、机构等相关内容。

依据2002—2018年中国知网的中国期刊全文数据库、中国博硕学位论文数据库及中国重要会议论文全文数据库，在软件CiteSpace Ⅲ中运行可得到图1-12所示的高产作者知识图谱，在软件CiteSpace Ⅲ可视化图中可以清晰地看出：共有521个节点，181个链接，网络密度为0.0013。从图1-11中可以看出，发文量越高的作者，其所在的节点的面积越大，显示出的字体也越大，从图谱中可以看出作者的发文量前十名（表1-3）。

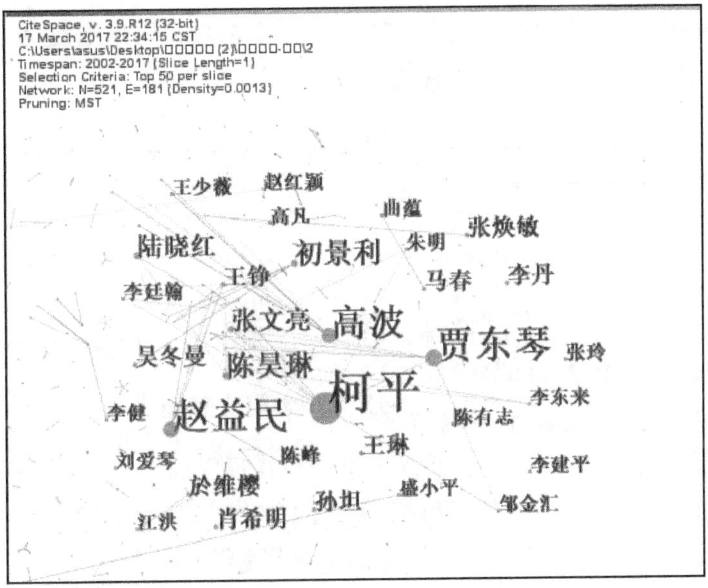

图1-11 我国图书馆战略规划研究文献作者分布知识图谱

表1-3 我国图书馆战略规划研究文献作者分布

排名	姓名	发文量（篇）	百分比（%）
1	柯平	27	3.87
2	贾冬琴	14	2.01
3	赵益民	13	1.87
4	高波	12	1.72
5	初景利	6	0.86

续表

排名	姓名	发文量（篇）	百分比（%）
6	陈昊琳	6	0.86
7	张文亮	5	0.72
8	陆晓红	5	0.72
9	张焕民	4	0.57
10	李丹	4	0.57

从CNKI中获取的697条数据在CiteSpace Ⅲ中运行后，得到文献研究机构的知识图谱图1–12所示：节点有373个，83个链接，网络密度为0.0012，因篇幅有限，表1–4中截取了部分数据。

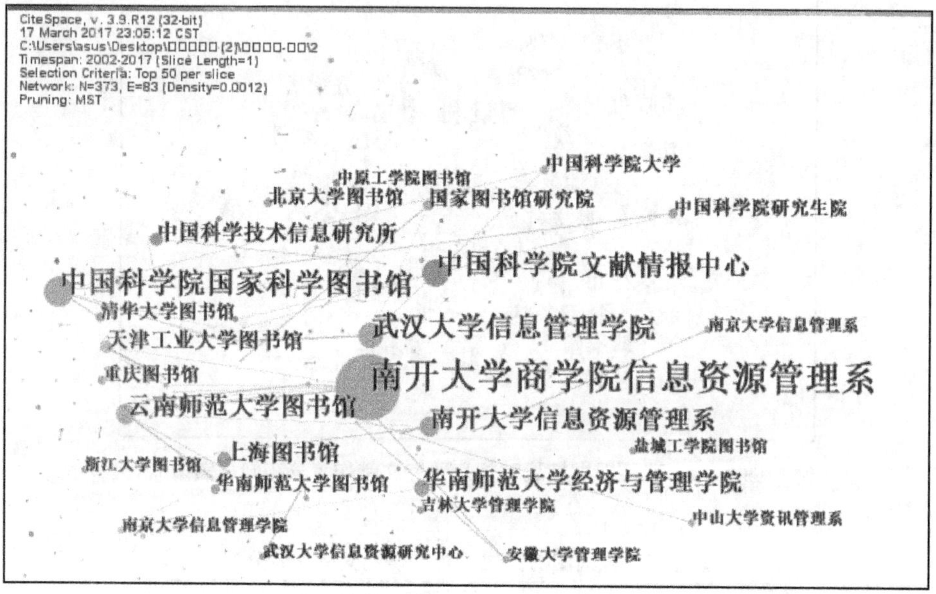

图1–12　我国图书馆战略规划研究文献机构分布知识图谱

表1–4　我国图书馆战略规划研究文献机构分布排名

排名	机构名	发文量（篇）	百分比（%）
1	南开大学商学院信息资源管理系	37	5.31
2	中国科学院国家科学图书馆	17	2.44

续表

排名	机构名	发文量（篇）	百分比（%）
3	中国科学院文献情报中心	15	2.15
4	武汉大学信息管理学院	14	2.01
5	云南师范大学图书馆	11	1.58
6	南开大学信息资源管理系	11	1.58
7	华南师范大学经济与管理学院	9	1.29
8	上海图书馆	8	1.15
9	中国科学技术信息研究所	7	1.00
10	天津工业大学图书馆	7	1.00

（2）国内图书馆情景规划知识图谱分析

在中国知网获取文献，采用高级检索方式，选取“图书情报和数字图书馆领域”，输入“主题＝情景规划 or 主题＝情景分析（精确匹配）”，时间为2002—2017年，得到的文献来源于数据库：中国期刊全文数据库、中国博硕学位论文数据库及中国重要会议论文全文数据库，检索得到26篇文献。

①文献出版年度分布（图1–13）。

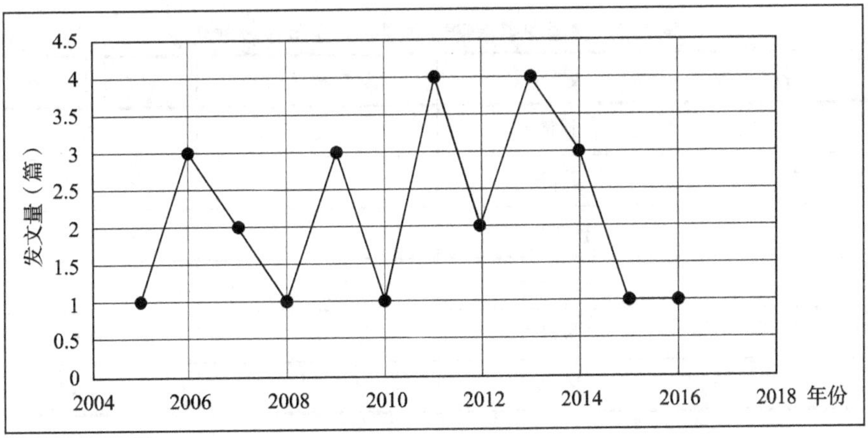

图1–13 我国图书馆情景规划研究文献出版年度走势

②文献作者分布。从CNKI中获取的26条数据在CiteSpace Ⅲ中运行后，

得到文献作者分布知识图谱（图 1-14）：节点有 45 个，21 个链接，网络密度为 0.0212。作者分布排名见表 1-5。

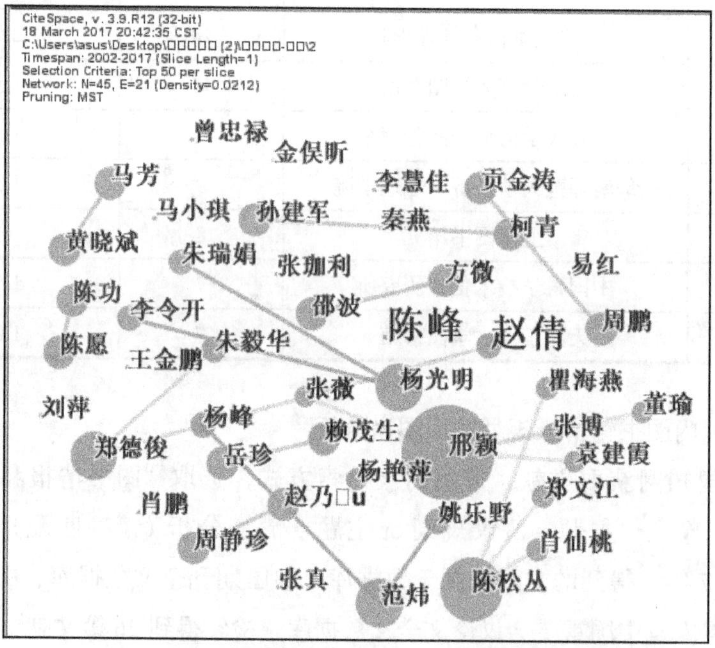

图 1-14　我国图书馆情景规划研究文献作者知识图谱

表 1-5　我国图书馆情景规划研究文献作者排名

排名	姓名	发文量（篇）	百分比（%）
1	赵倩	2	7.69
2	陈峰	2	7.69
3	杨光明	1	3.85
4	姚乐野	1	3.85
5	杨峰	1	3.85
6	陈功	1	3.85

③文献机构分布。从 CNKI 中获取的 26 篇文献在 CiteSpace Ⅲ 中运行后，

得到文献研究机构的知识图谱图 1–15 所示：节点有 24 个，4 个链接，网络密度为 0.0145。文献机构分布排名见表 1–6。

④文献关键词知识图谱。从 CNKI 中获取的 26 篇文献在 CiteSpace Ⅲ中运行后，得到文献关键词的知识图谱图 1–16 所示：节点有 81 个，82 个链接，网络密度为 0.0253。关键词的影响力越大，中心性就越高，表 1–7 所示，关键词中心性大于 0.1 的统计结果。

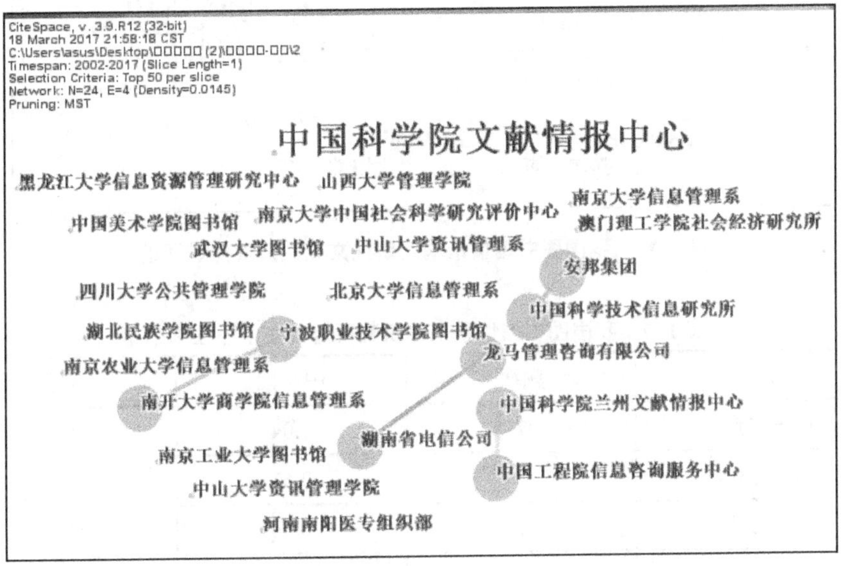

图 1–15 我国图书馆情景规划研究文献机构知识图谱

表 1–6 我国图书馆情景规划研究文献机构排名

排名	机构名	发文量	百分比（%）
1	中国科学院文献情报中心	3	11.54
2	中山大学资讯管理学院	1	3.85
3	中国美术学院图书馆	1	3.85
4	宁波职业技术学院图书馆	1	3.85
5	黑龙江大学信息资源管理研究中心	1	3.85

图 1–16 我国图书馆情景规划研究文献关键词知识图谱

表 1–7 我国图书馆情景规划研究关键词按中心性排序

关键词	频次	中心性	年份
竞争情报	7	1.04	2005
情景分析	7	0.67	2006
战争游戏	1	0.64	2006
情景规划	4	0.37	2005
情景分析法	6	0.34	2007
危机预警	2	0.19	2011
预警分析	1	0.16	2011
技术预见	3	0.15	2006
战略规划	1	0.12	2015
科学计量	1	0.12	2011
预警管理	1	0.12	2012
粮食安全	1	0.12	2014
趋势分析	1	0.12	2013
突发事件	1	0.12	2016

四、国内外图书馆情景规划的研究综述与评述

目前，国内外许多文章，研究报告已使用情景来表达学术图书馆与公共图书馆的未来方向。这些成果代表了一个学术图书馆可能采取的方向，如重新定义未来的图书馆参考咨询台服务、将情景描述为图书馆的规划工具或鼓励研究型图书馆协会（如美国研究图书馆协会）对图书馆的未来进行思考。

1. 理论研究综述

在理论研究方面，学者们尝试将情景规划方法应用于各类图书馆（如公共图书馆、健康科学图书馆、大学图书馆）及各种图书馆服务（如文献服务、参考咨询服务）之中，探讨应用情景规划法以使大学图书馆获得可持续发展。英国图书馆与信息专业特许核准机构（CILIP）在 2009 年首次开设了持续性的、题为“情景规划：掌控未来”的职业发展课程。

目前，情景规划已经用于学术与公共图书馆。约恩 · 吉塞克（Jone Giesecke）描述了情景规划如何帮助学术图书馆成为学习型组织，重新设计公共图书馆战略规划以及表述战略性的广泛议题，如未来图书馆职业的角色等。

赫农与桑德斯（Hernon and Saunders）开发了一些情景，探索到 2023 年美国政府知识库项目和研究型大学之间可能存在的关系。赫农与马修斯（Hernon and Matthews）提出转变学术图书馆的途径，并邀请图书馆管理者阐述对情景的看法。研究发现，当将情景运用于学术图书馆时，图书馆领导者可以更好地描绘未来。当情景在学术图书馆中的使用愈加频繁与广泛时，需要图书馆全体员工参到情景工作之中，以防止极端未来主义的出现，避免情景工作无法与当前图书馆工作相融合。麦兰芬特（Malenfant）在图书馆战略规划过程中使用了情景，考察了学科教员的认知如何为设计面向未来的行动计划提供信息并扩展学术图书馆员的思维。

在 2011 年举办的一场研讨会中，世界著名未来学家、时任台湾淡江大学教授的苏美尔 · 伊尧托勒（Sohail Inayatallah）指出，图书馆的未来角色将从知识保存者转向知识创造者。苏美尔 . 伊尧托勒与参与研讨的图书馆员归纳出未来图

书馆的四种情景。

一是“数字恐龙”。其含义是，如果适应不了数字化潮流，图书馆就会像恐龙一样因适应不了变化了的环境而消亡。依据这一情景，今后的图书馆逐渐门可罗雀，上门借书的读者日渐减少。馆员平均年龄将越来越大，图书馆预算不断缩减。当然，在上网条件不好的农村地区与穷国，老式图书馆仍将存在。

二是“一站式商店”。随着图书馆功能的扩展，图书馆将成为社区中心。此时，虽然借书的人减少了，但访问图书馆的人会增多，图书馆员与社区百姓将共同创造信息与知识。未来图书馆将经常举办研讨班，讨论百姓关心的话题，如老年人如何做理财规划、如何利用 3D 打印技术和其他技术来生产交互式“可穿戴图书”，等等。基于这一情景，未来图书馆预算将与访问量（而不是图书流通量）挂钩。

三是“耳目一新的世界”。这是更遥远的展望。图书馆员将与人工智能技术公司合作，创造出虚拟现实的教育空间，提供五花八门、具有吸引力的信息内容（如重大历史事件的仿真重现与未来远景的逼真呈现等）。相比第一种情景，第二种与第三种情景的核心是“信任”——老百姓坚信，图书馆员会为百姓的利益而工作。即使在市场导向的现实世界，具有公益性质的图书馆仍能被保留下来。今后，慈善机构对于图书馆提供免费服务具有重要作用，因为图书馆一旦收费，公众之间的知识鸿沟就会扩大。

四是“图书馆成为出版社”。该情景是由澳大利亚图书馆创新团队提出的大胆设想。在这一情景下，图书馆将由采集、组织与保存别人生产的图书转变为自己出书。虽然业务转型艰难，但在跨国大型出版商和个人自助出版之间存在图书馆出版的生存空间。比如，作者可以先在图书馆出版图书，然后图书馆的社区用户通过“点赞”来宣传、推广这些新书。另外，在交互式和可穿戴图书“出版”方面，图书馆亦可成为先锋力量。

在一场聚焦战略制定和协调组织规划的 ARL 研讨会中，与会研究人员描述了各自所在的图书馆如何将情景引入图书馆，以及如何使用平衡计分卡来评估情景规划实施效果。2010 年，斯特里与麦兰芬特（Staley and Malenfant）开发了 26 个未来情景，内容涵盖高等教育、人口统计、远程教育、资金预算、全球化、基础设施、政治气候、出版业、社会价值观、学术图书馆技术应用等多个主题。为了使这些情景具有可操作性，需向图书馆馆长提出六个关键问题。

①如果目前已经存在这 26 种情景，学术图书馆是否能够利用它来为用户服务？

②是否有资源、人员配置、组织流程和策略来应用这些情景？

③如果这些情景已经存在，目前学术图书馆在哪些方面容易受到情景的影响？

④这些情景及其潜在价值在多大程度上使图书馆领导者未能做好准备或不能有效地响应情景？

⑤如果所有人员和资源都是可利用的，图书馆馆员如何应用情景以形成战略优势？

⑥要使情景成为现实，需要何种内部和外部环境？

2. 实践研究综述

在图书馆联盟与协会层面，1998 年美国图书馆联盟 ALA（American Library Association）出版了情景规划过程的指导手册，为图书馆书写情景情节提供建议。2010 年，美国研究型图书馆协会（Association of Research Libraries，ARL）发起了一项名为“展望研究型图书馆的未来”（Envisioning Research Library Futures）的情景规划项目，并在其 124 家会员单位中全面展开，同时还出版了应用情景规划过程的指导手册。按照 ARL 的要求，在 2010 年 9 月份以前，各会员单位把各自对 2030 年可能会遇到的情景（共四个情景：研究型企业、再回收与再利用、学院主管、全球追随者）进行详细的描述。规划的目标是希望找到那些可能对未来研究型图书馆生存和发展起到关键影响作用的潜在因素，并对它们进行详细的描述。美国大学与研究图书馆协会（ACRL）也于 2010 年应用情景规划法，展开对高校图书馆在 2025 年的未来思考。在评估当前趋势的前提下探讨未来 26 种可能的情境，情景中呈现诸多主题，如学术文化、人口、远程教育、资助、全球化、基础建设、图书馆、政治气氛、出版业、社会价值、学生 / 学习以及技术。这些情景都表现在可视化的情景空间工具之中，反映了 ACRL 成员的专家们对每一潜在情景的期望与认知概率、影响、变化速度、威胁与机会的判断。英国在 2011 年 5 月，发布了学术图书馆 2050 年未来情景

（三个情景：蛮荒西部、蜂巢以及围墙花园）。该计划由英国图书馆联合信息系统委员会（JISC）、研究信息网（RIN）、英国研究图书馆（RLUK）及英国国家和大学图书馆协会（SCONUL）共同发起。澳大利亚新南威尔士州图书馆协会也在2010年发起情景规划项目“图书终结时代”（The Bookends Scenarios），该项目企图描绘出么样的形象和方式出现在人们面前。

在高校图书馆层面，在各个学会、协会及联盟情景规划手册的指导下，各高校图书馆展开各自的情景规划，如美国堪萨斯大学图书馆和俄亥俄大学应用ARL指导手册展开具体的情景规划。美国内布拉斯加－林肯大学在塑造合理的情景过程中，为回答“在未来5年集成开发如何进行”这一问题，应用结构化与学科化技术开发了四个未来可能情景。英国牛津与剑桥大学发布了学术图书馆2050年三个未来情景，指导成员单位进行情景规划。澳大利亚新南威尔士大学图书馆应用情景规划模型技术进行了组织再造，包括员工发展、空间计划和客户服务。悉尼科技大学图书馆应用情景规划过程对图书馆未来发展方向有了统一认识。丹麦将“情景反应性战略对话”应用于三个公立图书馆发展项目之中。此外，悉尼科技大学图书馆应用情景规划流程对图书馆未来发展方向得出了统一认识；我国的香港大学与香港理工大学也进行了情景规划等实践。

3. 述评

首先，研究重在对情景“规划”“构建”“分析”或“思维”（“scenario planning”“scenario building”“scenario analysis” or “scenario thinking”）等方面的研究，揭示了如何根据规划方法的灵活性来适应不同的情景。在图书馆情景规划研究中，很多研究以各国图书馆协会、图书馆联盟为主导进行研究并形成指导性手册，但这些协会与联盟的成员单位主要为研究型图书馆，尤其是高校图书馆。其次，欧美等发达国家的许多图书馆，早在20世纪80年代就开始致力于制定图书馆战略规划，现已渐成体系，趋于完备。而我国图书馆（除香港大学、澳门科技大学等几所港澳特别行政区的大学外），通常注重制定馆藏计划，战略规划尚是一种新的理念。再次，情景规划法诞生于美国与法国，美国在图书馆情景规划领域的研究走在世界前列。欧洲各国（如法国、英国、德国等）及澳大利亚紧随其后，积极将其引入图书馆理论研究与实践探索之中。在我国，只有周静珍与赵乃瑄以南京工业大学为例，探讨了基于情景分析的高校低碳图书馆建设构想，情景规划之于我国大学图书馆，尚未真正企及。

考虑到高校图书馆在大学中的职能与地位的重要性，尤其是在适应科技发展、员工素质与培养心智模式、持续学习能力等方面具有核心优势，本书以图书馆情景规划为研究对象，试在阐释情景规划基本原理与实施步骤的基础上，构建实施模型，并应用案例说明具体实施过程，以期对我国大学及各类型图书馆开展战略规划与情景规划研究有所启示。

五、研究内容框架

本书主要由以下四部分内容组成。

（1）情景规划理论研究

第一，论证了情景规划理论在不确定性环境下的适用性。在不确定性环境下，面向未来的战略规划需要引入能适应动态、复杂、不确定性环境的情景分析工具。本书对未来学、不确定性理论、战略规划、情景进行了分析，试图找寻未来、不确定性、情景规划三者间的研究契合点，依此构筑本书研究的理论基础。第二，较详细地阐述了情景规划基本理论问题与理论基础问题。笔者在提炼情景内涵的基础上，对比了战略规划与情景规划、预测与情景分析、不确定性与情景分析之间的异同，以厘清情景规划与其他相近概念的界限。为夯实情景规划理论研究。本书还引入理论构建技术、批判理论、不确定性理论、复杂理论、演化理论等理论作为情景规划的理论基础。

（2）图书馆情景规划理论研究

第一，本书对国内外图书与信息情报领域的战略规划与情景规划领域的研究进行了知识图谱分析及理论研究综述与评述。第二，本书在图书馆与未来、图书馆与不确定性、图书馆与情景规划等相关文献分析的基础上，扫描当前图书馆环境，旨在识别图书馆未来环境变化的情景驱动力；阐述图书馆及图书馆馆员的未来角色、战略学习与领导力等议题，旨在打破惯性思维模式，形成面向未来环境的创新战略与战略反思。第三，本书构架了图书馆情景规划的理论模型。本书以图书馆面临的颠覆性环境为背景，以形成情景思维与共同认知为前提，构造图书馆情景规划模型。

（3）图书馆情景规划方法与实施流程研究

第一，本书论述了图书馆情景规划的方法。详细阐述了分析情景规划目标与方法的关系、情景规划方法特点、类型、适用前提假设、方法使用约束与注意事项、运作原理、使用领域等基本问题。第二，本书论述了图书馆情景规划的具体实施流程。情景规划有两大过程：情景生成或开发与情景展开。鉴于情景规划流程有不同的模型，本书以两个五阶段论模型为基础，说明情景规划流程的具体实施过程。在此基础上，阐述了具体实施步骤。

（4）可行性、保障措施、注意事项与案例分析

第一，本书对图书馆开展情景规划的可行性进行了分析。笔者认为，在人口趋势、经济定律、不可持续趋势的逆转、预定事件等共性因素的基础上，情景规划方法可以应用于图书馆情景规划之中。第二，情景规划是一种战略学习工具，可以帮助组织提升学习能力，形成适应不确定未来的有效战略。在图书馆情景规划中，情景讨论会、利益相关者分析及构建关系型领导力有助于识别趋势、信号与影响因素，是培养个人心智模式与学习型组织形成的重要保障。此外，情景规划需要避免陷入陷阱。第三，本书以国外大学图书馆情景规划案例为研究对象，兼顾公共图书馆情景规划实践，试在阐释情景规划基本原理与具体实施过程，以期对我国大学及各类型图书馆开展战略规划与情景规划研究有所启示。

六、研究方法

在研究方法上，本书应用了文献调研法、社会网络分析法、环境扫描分析法、情景分析法、案例分析法等研究方法。

首先，本书应用社会网络分析工具与文献调研法，对国内外图书馆战略规划与情景规划进行了知识图谱分析。应用归纳、演绎、对比分析法，探究了国内外图书馆情景规划进行了面临的情景与战略规划的研究现状并给出评述。

其次，本书运用环境扫描法，分别对国内外图书馆现状与未来趋向进行了

具体分析。从宏观的技术、生态、学术交流、开放获取、管理文化的兴起与问责制运动等环境，到中观的五力分析模型及微观的资源数量与质量、馆员专业性等方面进行了论述，旨在明确图书馆面临的不确定性。

最后，本书运用情景分析与案例实践相结合方法，阐释了图书馆情景规划原理方法和实施模型。在此基础上，本书应用国外大学图书馆、特色图书馆、公共图书馆等诸多代表性案例说明具体图书馆情景规划的实施过程，并对使用图书馆情景规划的可行性、实施保障、注意事项等问题进行了阐述。

参考文献

[1] World Economic Forum. Global competitiveness report 2015–2016 [R/OL]. [2019–05–06]. http://reports.weforum.org/global–competitiveness–report–2015–2016/institutions/.

[2] World Bank. 2000. Reforming public institutions and strengthening governance [EB/OL]. [2019–05–04]. http://www1.worldbank.org/publicsector/Reforming.pdf.

[3] MOORE M. Recognising public value [M]. Cambridge, Massachusetts: Harvard University Press, 2013: 8–25.

[4] VIRVE M. Redefining the library: Co–Designing for our future selves and sities [J]. Public Library Quarterly, 2018, 37(1): 8–20.

[5] NICK FIELD, ROSIETRAN. Reinventing the public value of libraries [J]. Public Library Quarterly, 2018, 37(2): 113–126.

[6] National Library of Australia. Corporate plan 2017–2018 [EB/OL]. [2019–05–06]. https://www.nla.gov.au/corporate–documents/corporate–plan–2017–2018.

[7] Museums libraries and archives. 2010. What do the public want from libraries? A practitioner guide [EB/OL]. [2019–05–06]. https://www.bl.uk/aboutus/stratpolprog/increasingvalue/publicvalue/value.pdf.

[8] MILLER R T, M. SCHWARTZ. 2014. Collective impact: Q&A with Susan H. Hildreth [J]. [2019–05–06]. http://lj.libraryjournal.com/2014/10/people/collective–impactqa–with–susan–h–hildreth/#_.

[9] 未来学. 百度百科 [EB/OL]. [2019–05–07]. https://baike.baidu.com/item/%E6%9C%AA

%E6%9D%A5%E5%AD%A6/2977890?fr=aladdin

[10] 初景利，吴冬曼。图书馆发展趋势调研报告（一）：环境分析与主要战略［J］. 国家图书馆学刊，2010(1): 3–11.

[11] 张晓林. 颠覆数字图书馆的大趋势［J］. 中国图书馆学报，2011(9): 4–12

[12] 盛小平. 大学图书馆战略规划的几个基本问题［J］. 大学图书馆学报，2009(2): 14–18

[13] STEVEN J BELL. Using the scenario approach for achieving sustainable development in academic libraries［J/OL］.［2018–04–08］. http://www.ala.org/ala/acrl/acrlevents/bell99.pdf.

[14] TORSTEN W，CHRISTIAN B，PHILIP M. A scenario–based approach to strategic planning［R］. working paper. Center for scenario planning–––Roland Berger Research Unit. 2011.5.

[15] SCOTT BENNETT. Designing for uncertainty: three approaches［J］. The Journal of Academic Librarianship, 2007, 33(2): 165–179.

[16] SMALL H.U., PHAM P. Citation structure of an emerging research area on the verge of Application［J］. Scientometrics, 2009, 79(2): 365–375.

[17] 周文杰，张彤彤，高冲. 共词分析聚合研究领域的表面效度研究：基于自然语言处理［J］. 高校图书馆工作，2018, 38(2): 12–16.

[18] 杨思洛. 中外图书情报学科知识图谱比较研究［M］. 北京：科学出版社，2017: 2.

[19] ROSVALL M., BERGSTROM C.T. Mapping Change in Large Networks. PLoS ONE. 2010, 5(1): e8694.

[20] 胡泽天，刘硕，冯睿，张小莱. 图书情报学领域施引文献特征的计量分析. 现代情报，2018, 38(11): 95–104.

[21] 金玉然，戢守峰，于江楠. 商业模式创新的研究热点及其演化可视化分析. 科研管理，2018, 39(7): 50–58.

[22] GRAHAM WALTON. Theory，research and practice in library management 6–––managing uncertainty through scenario planning［J］. Library Management, 2009(4/5): 334–341.

[23] ANNE MARIE CASEY, JONE E, CAWTHORNE, et al. Gazing into the crystal ball: using scenarios for future visioning of a distance learning library service［J］. Journal of Library & Information Services in Distance Learning, 2014(8): 181–203.

[24] LOHAN LUDWIG, JOAN GIESECKE, LINDA WALTON. Scenario planning: a tool for academic health sciences libraries [J] . Health Information &Libraries Journal, 2010(3): 28–36.

[25] JOAN GIESECKE. Scenario planning and vollection development [OL] . UNL Libraries Faculty Publications. [2018–04–08]. http://digitalcommons.unl.edu/libraryscience.

[26] SARAH BARBARA WATSTEIN. Scenario planning for the future of reference: five white papers posit the future and raise the bar for us all [J]. Reference Services Review, 2003(1): 36–38.

[27] 香港高等教育统计局 [OL]. [2018–07–13]. http://www.hesa.ac.uk .

[28] HERNON P, MATTHEWS J R. Reflecting on the future of academic and public libraries [R]. Chicago, IL: American Library Association.2014.

[29] HERNON P, SAUNDERS L. The federal depository library program in 2023: one perspective on the transition to the future [J]. College & Research Libraries, 2009, 70(4): 351–369.

[30] 未来学家谈未来的图书馆 [N/OL]. [2019.05.18]. http://tech.hexun.com/2015–01–16/172425931.html.

[31] DAVID J STALEY, KARA J MALENFANT. Alternative futures for academic libraries [J]. Journal of Futures Studies, 2010, 15(2): 173–188.

[32] WENDI ARANT–KASPAR, WYOMA VAN DEINKERKEN. Be the change: librarian as a learning organism [J]. The Journal of Academic Librarianship, 2012(7): 189–190.

[33] Library Council of NSW. Annual Report. State Library of T New South Wales. The Bookends Scenarios—A Project of the Library Council of New South Wales in association with the Neville Freedman Agency [R/OL]. Chemical Communications, 2009, 47(13): 256 . [2018–04–08] . http://sl.csw.gov.au/services/public_libraries/publications/docs/bookends scenarios..

[34] DAVID J STALEY, SCOTT SEAMAN, EILEEN THEODORE–SHUSTA. Futuring, strategic planning and shared awareness: An Ohio university libraries case study [J]. The Journal of Academic Librarianship, 2012(1): 1–5.

[35] Libraries future [OL]. [2017–12–13]. Infor/content/systems/files/LotFFinal Page7.

[36] STEVE O'CONNOR, PETER SIDORKO：Imagine your library's future:scenario planning for libraries and information organizations [M]. UK:Chandos Publishing, 2010: 77–110

[37] 张焕敏，陈良强. 国外知名高校图书馆使命、愿景、价值观研究 [J]. 图书馆建设，2010(9): 106–109.

[38] 周静珍，赵乃瑄. 基于情景分析的高校低碳图书馆建设构想 [J]. 图书情报研究，2011(2): 21–25.

[39] 吴建中. 国内外图书馆转型与创新动态 [J]. 大学图书情报学刊，2018, 36(1): 3–11.

[40] CELESTE A V, CARLA M. Directions in scenario planning literature–a review of the past decades [J]. Futures, 2010(42): 355–369.

[41] W. T. TSAI，C. FAN，Z. CAO，et al. A scenario–based service–oriented rapid multi-agent distributed modeling and simulation framework for SoS/SOA and its applications [OL][2017–09–02]. http://wenku.baidu.com/view/30265b7a 1711cc7931b71636.html.

[42] ALEXANDER FINK, OLIVER SCHLAKE. Scenario management—an approach for strategic foresight [J]. Competitive Intelligence Review, 2000(1): 37–45.

[43] STEVE O'CONNOR, LAI–CHONG AU. Steering a future through scenarios: into the academic library of the future [J]. The journal of academic librarianship, 2009(1): 57–64.

[44] WENDI ARANT–KASPAR, WYOMA VAN DEINKERKEN. Be the change: librarian as a learning organism [J]. The Journal of Academic Librarianship, 2012(7): 189–190.

[45] 柯平. 图书馆战略规划理论、模型与实证 [M]. 北京：国家图书馆出版社，2013: 28–48.

[46] 赵益民. 图书馆战略规划流程研究 [M]. 北京：国家图书馆出版社，2011: 20–31.

[47] 黄丽霞，马语谦. 国外公共图书馆小型创客空间模式对我国的启示 [J]. 情报资料工作，2018(5): 96–99.

[48] 孙瑞英. 我国高校智库联盟“共建共享，内聚外联”的博弈分析与激励路径研究 [J]. 情报理论与实践，2019, 42(6): 49–56.

[49] 孙瑞英，王浩. 面向“双创”实践的高校图书馆冗余资源开发与情报服务研究 [J]. 情报科学，2018(11): 48–53, 114.

第 二 章

相关理论概述

一、战略规划理论概述

1. 战略规划的含义与历史演进

《韦氏新国际英语大词典》对“战略”一词的解释是：军事指挥官克敌制胜的科学与艺术。可见，战略是一门引导军事行动方向、在与敌人实际作战前将部队置于最优状态的规划科学。目前，战略概念已从军事领域拓展至商业企业与公共组织。规划是整合决策系统以产生关联结果的程式化过程，是设定目标与明确如何实现目标的过程。管理未来的思想与努力是规划的重要组成部分。

战略规划有不同的定义，如一个计划、一个位置或一个策略等。战略规划常被描述为使组织发展目标与未来预期环境相匹配，是应对组织变化的复杂与持续过程，也是明确组织长期方向、形成组织认识、运行环境关系以及可能未来的过程。无论以何种方式定义战略，战略管理中的“战略”一般具有 7 个特征：战略涉及组织及其与其业务环境的关系；战略是复杂的；战略影响整个组织；战略包括所采取的行动和实施行动的过程；战略并非总是有意制定的，而是可以逐渐形成的；战略有层次性：既有指导方向的顶层策略，也有支撑性的底层策略；战略需要概念思维和分析思维。

战略规划的产生可以追溯到军事领域，因此战略规划的定义具有一定的军事色彩。战略规划纳入了很多战略管理定义、方法与工具。作为一种理论，战略规划最早出现于1950年左右，兴起繁荣于19世纪60–70年代，成熟于19世纪80年代。目前，美国、澳大利亚、加拿大、日本、新西兰、新加坡、英国、苏丹、阿拉伯联合酋长国等国家和各类组织都积极开展战略规划研究，将其应用于环境、建筑、能源、电力、大学、图书馆等领域，通过主动出击，以弥合组织当前现状与未来期望间差异的方式，将组织置于良好状态，以期增强组织的竞争力。

战略规划重在通过综合分析与系统流程来实施计划。早期战略规划模型反映了传统组织的差异化价值与线性系统。在组织高层实施卓越的规划职能，组织结构将是高度垂直与时间约束的。组织在局势分析的基础上，当所有工作准备就绪后遂开始实施独立、离散的行动过程；当未来局势需要与决策相匹配时，组织需要展开规划。传统的战略规划就像仪式上的一场秀，且在秀场中扮演着至关重要的角色，是“一种很少能达到预期效果、却会持续下去的活动”。传统的战略规划将重点放在2～5年可以控制和管理的变化上，组织不仅要考虑渐进式改变，还要找寻长期问题的解决方案。

2. 战略变化管理

世界上唯一不变的就是变化本身。变化的战略是战略规划的具体对象。从方法论角度，有四种对抗变化的思路：辩证的、技术的、激变的以及渐变的。战略应随环境变化而做出适应性变化与规划，它涉及组织范围、资源利用、竞争优势和整体变化。按照战略差异化程度与时间维度，人们对待战略的态度从清洁者到设计者逐步转换。这种转换过程包括清理尖锐问题、处理当前问题、预测未来需求及设计未来四个方面。

（1）战略变化管理的两种流派

战略变化管理理论分为两种彼此独立的流派：内容流派与过程流派。内容流派将战略变化视为一种实现组织绩效最大化的方式，也是一种明确问题并为其寻找最优解决方案的有计划性搜寻活动。战略变化管理的展开思路为：运用组织既定目标创建愿景，然后实施行动。

内容流派有两个缺陷：一是，从效果角度看，由于战略变化本身会对企业绩效产生影响，该流派无法确定管理层经验与主观认知的效果。二是，从方法论角度看，该流派需要对行业环境条件进行衡量，但研究中往往衡量的是组织层面的环境条件。

过程流派涉及组织层面的战略变化管理，虽然在实证方面不如内容流派，但它在组织战略变化过程中添加了与输入相关的管理信息，弥补了内容流派的不足。它的缺陷是：不能将影响环境及组织管理的行动与采用内容战略的行动相区别。

弥补两种流派不足的措施：要么将行业分析家们的意见作为环境前因，要么采用研究人员对行业的知识判断。

（2）战略变化管理中的环境分析技术

人们对战略变化管理一直存疑：组织究竟是环境适应的、还是惰性的？目前，战略变化研究已取得比较一致性的成果，很多研究成果表明，环境、战略、绩效之间的关系一定要包括业务范围与资源支撑变量。其他变量还包括服务质量、定价、产品依赖性与营销等。环境变化会影响组织绩效，组织对此常采用两种环境分析技术：第一种为 PESTEL 技术，第二种为情景规划技术。其中，PESTEL 技术可以用来分析总体环境，情景规划技术可应用于事前的情景构建，用以创建可能的环境模型。经过对比，作为环境适应性技术的情景规划更有助于提升组织竞争优势，因为它不仅能改善决策速度，还能分析各种情景对绩效的影响，提升决策效果。

目前，按照战略差异化程度与时间维度，人们对待战略的态度存在一个链条，即清理尖锐问题→处理当前问题→预测未来需求→设计未来。在这一链条中，从清洁者到设计者是逐步转换的。人们可以运用情景分析法，沿链条的逆序过程，反向设计战略，实现情景设计与适应性战略创新的融合。

3. 战略规划流派与学派

万・德・黑伊登（van der Heijden）划分了三个主要的战略管理与规划研究流派：理性主义者流派，演化论（者）流派以及程序论（者）流派。理性流派意味着组织的机器；演化流派意味着一个生态；程序流派意味着一个活的器官。

具体来说：理性流派论者认为战略规划只有一个最好的结果。决策者的工作就是生成最好结果（或最接近最好的结果）。演化论流派认为：赢得战略是在回顾中清晰起来的。人们相信，经过随机试验与滤出失败战略，系统能形成成功战略的记忆。程序流派认为，即使不能通过理性思考本身传递最优战略，组织成员依然能在组织内创建流程，使整个系统展开适应性学习。程序流派将变化管理概念结合到战略规划流程中，有助于程序流派分析并创建可选择的未来。

根据战略规划的意图与本质，可将其分为十个学派，即设计学派、计划学派、定位学派、企业家学派、认识学派、学习学派、权利学派、文化学派、环境学派、结构学派。这十个学派又可以分成三类，前三种属于说明性学派，他们关注的是应该如何明确表述战略，而不是关注战略形成过程中的一些必要工作。其中，设计学派是计划学派和定位学派的基本理论框架。其他六个学派属于描述性学派，侧重于战略描述、战略制定与执行过程。最后一组属于结构学派，是其他学派的综合。

从研究各学派所适应的环境来看，各战略规划学派逐渐从简单、静态环境向复杂、动态环境过渡；从研究内容来看，早期的战略规划学派把战略看成是一种说明与描述或是一种行为过程，之后将战略看成是计划与策略。组织环境研究方法逐步呈现多样化，将定性与定量法相结合，大量引入自然科学的方法，如混沌学、博弈论、演化理论等。

上述主要学派的要义如下：

①定位学派：战略退化为通过选择程式化的行业状况分析得到一般化定位，规划者成了分析家。

②认知学派：用认知图，心智表达，心智模式，及其他术语理解心智过程。

③学习学派：学习活动抛弃了未来可被预测的理念。通过回溯式感知，将战略模型视为一种学习开发模型。

④环境学派：应用应急理论，面对特定环境条件与人口生态做出应急反应。该学派提倡战略规划目标是尽可能多地准备环境状态，并对不同环境条件的间断式反应。

⑤结构（配置）学派：建议组织使用方法集合，并将该方法集合视为恰当的战略制定方法。该学派将组织视为配置特征的集合，因而更具学术性和描述性。

目前，以资源为基础的方法得以重生，因为外部环境方法不能紧跟顾客偏好变化与技术快速发展。但明茨伯格等人也指出，将以资源为基础的竞争优势观点作为外部环境分析矫正工具时，可能会偏离战略管理理论。因此，传统SWOT理念下的设计学派应该是最适用的学派，因为它强调外部与内部机构的平衡，对战略形成过程有很大影响。

二、未来不确定性与情景理论概述

1. 有关未来的基本理论问题

有关未来的理论问题包括未来学的研究范畴与研究方法，未来与情景的关系，情景、预测以及愿景之间的异同，未来研究的多重性及未来研究中的几个注意事项等内容。

（1）未来与未来学研究方法

未来是未来学的研究对象。未来思维根植于各种学科和领域——历史学、人类学、政治学、经济学和金融学等。未来学是探讨选择、控制甚至改变或创造未来的途径，由德国社会学家弗莱希特海姆于1943年在美国首创，在20世纪50年代后迅速发展，其研究范围涉及各个领域。狭义的未来学是探讨几十年后未来社会发展前景的学科，以世界性、高度综合性与远期战略性为特征。广义的未来学还包括预测研究，因而有人主张将广义的未来学称为“未来预测学”或“预测学”。在未来学流派范畴之外，赫尔曼·卡恩在美国国防部和兰德公司智囊团的工作，后来被荷兰皇家壳牌公司的皮埃尔·瓦克采用，拓展了未来学的研究。

由于未来学家的学科和实训背景各不相同，他们使用了多种技术收集当前数据并预测未来。这些技术和工具包括：监测、扫描、调查/专家意见汇总（如德尔菲法）、参与式研讨会、内容综合、历史分析、调查研究，民族志研究、可视化分析、博弈/模拟、因果分析、回溯分析、现场访问、田野研究、形态分析法、类推法、关联树法、交互影响矩阵分析、时向序列分析、输入输出法、问卷调查法、回归分析、系统动态分析、情景法（脚本法）、网络分析、历史类比等。

上述每种未来学研究工具都有各自的优点和局限性。例如，专家意见法有助于建立“官方的未来”，形成团队或组织的共同认知。很多未来学家会使用一种方法或一套工具，且在方法选择上非常务实（如侧重解决当前问题、强调用户及研究人员背景和能力的方法）。一些未来学家还建议使用普适性方法，试图在可能的情况下运用几种不同的方法来研究可替代未来（如采用复合方法、三角测量法等）。

（2）未来与情景法

情景是探索可能性的启发式表述。在未来学研究方法中，情景法能在开发政策方面提供丰富的理论及咨询服务。这是因为，情景工作是未来学的核心，情景分析法是应用最广泛的方法，是复杂与综合的方法体系的组成部分。情景法整合了如科学技术、评估技术、决策技术、塑造事件技术及参与技术等解决问题的方法。无论用什么工具来收集数据，未来研究人员通常将其呈现为情景，允许“演练未来”，避免发生不愉快的意外事件。在分析未来的过程中，情景设计人员类似于编剧，努力编写情景背后的规律。他们通过“扫描环境”，试图确定影响未来的“驱动力”，从现有证据得出推断并描述未来。

情景法是实施情景规划的思想与理论基础。情景规划是确认可选择未来的图景并为达到图景制定计划，是起源于管理现实的一门实践艺术。情景向组织和社区展示了变化管理的基础，多样化情景让人们接受多种可能性并挑战思维模式。一些学者进一步将代理与反思引入情景规划研究，指出未来思维和情景规划能够促进组织学习，形成集思。对未来学家戈登来说，预测或设想的价值在于如何为不确定性未来做好准备。在创建具有预测效果的情景时，一个人不能仅仅依靠经验证据和数据，还要具备解释、创造力和想象力等多种技能。

（3）未来情景的多重性

未来学家在发展情节线和情景数量上的认知有很大差异。康尼什（Cornish）提出了五种情景：无惊喜 / 延续、乐观、悲观、灾难和转变或奇迹。海恩斯与毕晓普（Hines & Bishop）划分了四种不同的未来情景：可能的、合理的、恰当的、更好的未来情景。斯特里（Staley）刻画了 3 ～ 4 个情景，指出某些情景反映了等可能出现的与“公认”背道而驰的情景。泰斯特（Textor）运用民族志未来研究方法，开发了三种情景——乐观的、悲观的和最可能的情景。雷纳（Raynor）

指出，“组织可以想象出无限多的情景，但没有一个组织能够为所有的情景做好准备”。舒瓦茨提醒道：“超过四种情景就会使分析变得异常复杂，因为人们很难在头脑中追踪情景的差异”。为减少人们对多个情景的模糊认识，斯特里（Staley）开发了一种名为“情景空间”的图形化工具，以便对情景排序和加权。

情景的多重性问题还将在后续的情景类型论述中得以体现。

（4）未来研究中的几个注意事项

在研究未来与未来情景时，需要关注思维同质性、目的性、研究性、替代性与有效性等四个方面。

思维同质性：在进行未来展望分析时，团队成员的思维可能是同质的，即囿于自己所在部门或行业的思维，无法考虑外围因素。尽管思维同质性发生的可能性很低，但会对工作实践产生巨大影响。因此，除收集信息的具体工具外，未来学家还建议团队成员要保持开放的心态以便更好地发展个人感知能力。“感知需要通过反思来了解表面背后的反应，观察到底发生了什么，或者探究其他人可能希望你相信正在发生什么。”

目的性：未来学家在实际工作中可能会有不同的意图。有些学者可能寻求未来以制定合理或可能的问题解决方案，而其他人则可能利用更可取或乐观的未来旨在规划未来。未来学家构造的未来情景不一定是幻想或虚构的。一方面，未来学家会借助想象力，根据已有证据推断未来。另一方面，未来学家能够意识到“克制想象力”的重要性，在设计、构造情景时将审慎地把证据和想象力结合在一起。

研究性：未来研究与其他领域的研究并没有太大区别，未来研究的本质不是预测，而是学术。因此，适用于任何非定量领域的一般规则也同样适用于未来，如论证的充分性、清晰性、结果性、适用性等。未来研究需要非常努力地工作、非常高的标准（清晰度、洞察力、关怀等）及认真仔细的表述。

替代性与有效性：期望和概率是评估可替代未来的两个主要标准，其他标准还包括一致性和质量。情景的有效性应强调情境来源的范围和质量、分析的说服力、推论的有效性及解释的价值。情景有效性还应具有其他五种形式特征：未来性、完整性、一致性、宽度和效用。

综上，未来研究应该考虑多种因素。对于每一个面向未来的主张，都应该有以下疑问：它有多可信？有多准确或有多少偏差？哪些部分值得融入思维框架？哪些部分应该成为组织规划的一部分，哪些部分可以忽略不计？人们可以利用这些知识来实现其所在机构的目标吗？能基于如上问题的解答自信地做出决策吗？

正如人们在阅读任何一篇研究文章时应该反思是谁进行了这项研究，为了什么受众，以及为什么一样，对于未来研究，人们该明确地问："关于未来的辩论是由什么组成的？原因何在？其目的是什么？哪些激励措施适用？预测将如何实现？谁的利益得到了满足，谁的业务得到了进一步发展？"

2. 有关不确定性的基本理论问题

（1）不确定性及其类型

不同领域有不同的不确定性概念，如物理学、经济学、管理学、心理学等。在战略管理中，不确定性主要指经济学与管理学意义上的不确定性，即指经济行为者在事先不能准确地知道自己的某种决策的结果。或者说，只要经济行为者的一种决策的可能结果不止一种，就会产生不确定性。不确定性产生的原因有信息不完全、来源不一致、表述不精确、内容具有变化性等，不确定性可以是某个量，某种结构等。

弗兰克·奈特在1921年将不确定性概念引入经济学理论中，打破了经济学研究中的确定环境假设前提。弗兰克·奈特的首要贡献是区分了风险与不确定性。之后，肯尼斯·阿罗指出，确定性有经济成本，因而不确定性的减少就是一项收益，可以把信息作为一种经济物品来加以分析。阿罗十分简洁而深刻地揭示了信息的经济性在于降低不确定性。

不确定性可以按照不同的标准进行类型划分。

①根据已经认识的可能经济环境状态的不同，可分为内生不确定性（Enogenous Uncertainty）和外生不确定性（Exogenous Uncertainty）。其中，内生不确定性，是指由于行为者自身（或系统内部）的原因产生的不确定性，与信息不对称分布有关。外生不确定性，是指与行为者本身无关的环境不确定性，对于行为者常常是无法抗拒的。

②根据经济活动中不确定性的性质不同，可分为随机不确定性、模糊不确

定性和灰黑不确定性。

③根据经济活动中不确定性的程度不同，可以分为完全不确定性和部分不确定性。

人们以战略角度思考不确定性议题，一般存在于公用事业行业、制造业与灾难管理之中。不确定性具有多面性，多层次性。布迪（Bodde）曾在探究公共事业行业时识别出形成不确定性的两个驱动力：技术与市场。技术方面，主要是通讯与信息。市场方面主要是用户需求变化，更快的送达服务，更具个性化与价值的产品。此外，还有诸如战争、疾病等人为或自然灾难等。科赫（Koh）与萨阿德（Saad）定义了制造业中的不确定性，是指干扰企业运作与绩效环境的不可预测的事件。对个人而言，不确定性是指不能精确地预测事物。从组织角度，如果组织没有评估好环境不确定性所带来的风险，则将影响组织进行有效运作的能力。不可预测事件或趋势的出现，会消除行业存在的目的与职能。

（2）应对不确定性的方法

①个人对不确定性的反应。不确定性首先是通过组织中的员工显现出来。在员工层面的不确定性与工作满意度、承诺、信任等快速转变的因素相关。在对不确定性缺少控制的氛围下，不确定性会导致员工焦虑，压力感增强，习得性无助及绩效低下。员工心理上的衰竭可归因于环境动态变化带来的不确定性。

领导者在应对不确定性挑战中起主要作用。其作用主要体现为确保战略灵活性、组织应对变化与不确定性的敏捷性与响应性。领导者的资源与努力能明确战略选择的范围，通过提出建议、解决办法或选择决策让组织处理不可预见的事件。此外，决策参与将降低不确定性与模糊性，因此领导者应将员工纳入决策形成过程之中，形成开放的文化环境，使各层面人员沟通顺畅。

②应对不确定性的理论性方法体系。依据不确定性的程度，可以形成不确定分析方法体系表（表 2–1）。由于不确定性具有结果的多重性特性，识别多重的不确定性需要遵循一定的原则与方法。在不确定性分析中，首先应遵循艾什比定律（Ashby’s Law）。艾什比定律也称为必要品种律，是控制论和系统论领域广为接受的规律。其要义为只有品种能够摧毁品种。品种指一个系统中所有可能的状态，它意味着灵活性（速度）与适应性。一个系统要保持稳定，控制机制中的品种必须等于或大于系统中的品种，即对于系统中每一个可能的状态，控

制机制至少有一个相机处理方法，由此达成的“稳定”即是“动态平衡”，而非高压统治下的死水一潭。

表 2–1　不确定性分析方法体系表

不确定性程度	
描述与分析方法	不确定性的来源举例
未来非常清晰：决策与预测十分接近 分析方法：传统的五力分析模型、SWOT 分析、DCF、敏感分析	如成熟稳定市场的普通投资收益；客户与竞争者对名牌产品战略重新定位的反映
未来交替出现：能定义可能未来结果的有限集合，其中之一将发生（情景获取交替范围—反对预测）。分析方法：传统方法（如上）；情景分析	潜在的规定、立法或司法变化；不可预测的竞争者变化；极端的产业标准竞争
未来的范围：能定义未来结果的可能范围（情景获取交替范围—反对预测） 分析方法：传统方法加上情景分析法与蒙特卡洛（Monte Carlo）仿真	对新产品或服务的需求； 新技术性能与采用比率；不确定的宏观条件
未来含混不清：不能限定未来结果的可能范围 分析方法：回溯分析法；传统后向方法	主要技术、经济或社会不连续性的结果；新兴市场的演变

③应对不确定性的实践性方法。在实际层面，应对不确定性的措施主要有保险、股权、补充信息。首先，保险是风险转移的一种最重要的制度。在现代经济体制的社会中，都存在着一个社会风险的代理机构，社会发展中出现的任何可以转移的风险首先由这个机构来承担，如专业性的保险公司。其次，股票市场也是企业转移风险的重要制度。通过股票市场，企业家可以在一定限度上从大量的不可保风险的可能陷阱中解脱出来。再次，信息的价值 L 等于经济行为主体在完全信息条件下决策期望值 L1 和不完全信息条件下决策所得到的期望值 L2 之差，也就是说 L=L1–L2，因此补充信息也可以减小不确定性。最后，除保险和股票市场这两种风险转移制度外，现代经济中还普遍存在成本保利合同、未来合同、破产法和有限责任法等风险转移制度。

3. 有关情景的基本理论问题

（1）历史背景

以“如果”作为叙事情景的开端来自赫尔曼·卡恩和兰德公司（RAND

Corporation)。第二次世界大战之后，兰德公司使用情景来研究新型武器技术。赫尔曼·卡恩开创了“未来—现在”思维的技术，即运用详细的分析与想象来书写一个神话或故事，帮助人们突破思维障碍，思考“不可想象”的未来。1947 年，斯坦福大学成立了斯坦福研究所（Stanford Research Institute，SRI），为商业组织提供长期规划，进行运筹学、经济学、政治策略与军事咨询。SRI 的“未来小组”将情景思维应用于各种学科的未来研究。这些问题涉及与军事和武器科学，并在 20 世纪 70 年代初拓展到大规模教育教学系统，预示了新产品与新技术的出现。例如，1977 年，低成本 3D 彩电问世，以核能为动力的海底汽车旅馆、工厂和娱乐中心出现；到 1980 年，商业载人火箭将登上月球。SRI 的未来研究始终走在同行前列，当其他公司的顶尖科学家询问未来 20 年世界想要什么和需要什么的问题时，SRI 已专注于线性数字预测，收集了科幻小说中关于乌托邦和反乌托邦的文献，不断创造可信的未来情景。

（2）情景的内涵

情景（scenario）源自拉丁词“scaena”，意味着场面、情景、景象、事件。它最早应用于剧场与电影艺术中，原意是指戏剧情节的大纲或摘要。在中国，一般译为“情景”。赫尔曼.卡恩最早采用这一该词汇并侧重于其故事叙述内涵，将其应用于各种情景之中。

一般意义上，情景是为个人与组织编纂未来情境条件的故事。情景与现在联系在一起，常为某人或组织量身定做，旨在实现一个明确的目标。情景关注三重内容：背景、用户和目的。特定意义上，由于情景概念常与规划、分析、构建、思考等词汇联系在一起，形成多种定义。

从情景的本质角度，迈克尔·波特认为情景是能证实而不是预测的未来，是诸多可能未来结果的内部一致性观念；卡恩（Kahn）与维纳（Wiener）将情景定义为“为将注意力集中于因果过程和决策点而构建的假设事件序列”；施瓦茨（Schwartz）认为情景是将人们对多种未来环境（由此人们可得出最终决策）认识进行排序的工具。万·德·黑伊登认为，情景是人们了解世界的研究工具。

从情景的特点角度，认为情景不是绝对的，任何情景的实现都是小概率事件；情景也不能被精确计量，但是情景应是合理的、有内在一致的及决策有用的。沃菲尔德（Warfield）将情景定义为：一段时间内事态或其发展可能状态的叙事描述。它可以是对未来发展的推测，是可能未来的内部一致性图景，是探索影响，阐释决策、选择与战略，提供因果洞见。

从情景与战略规划的关系角度，卡恩指出，情景是被用于未来长期规划的、侧重于对未来可自由调节的过程与决策点的叙述性描述；林兰（Ringland）认为情景规划是战略规划的一部分，是面向未来不确定性的管理工具与技术。舒马克（Schoemaker）认为情景规划是想象可能未来（组织能依此做出最终决策）的一种学科工具。按照批判现实主义范式，其目的是挑战个人的未来心智模式；明茨伯格等人认为，情景源于战略规划体系，能有助于经理们开拓未来视野，模拟创新活动，关注通过情形与对话制定战略过程，鼓励组织学习。

从应用角度，斯派罗（Sparrow）对情景的使用领域做了四个标注。①应用于敏感性分析。该应用主要体现于现金流管理、风险评估或项目管理等领域；②应用于军事或民间应急规划，限定了某人在特定事件中应当如何作为；③与应急规划同义，应用于公司或公共政策的决策之中；④侧重于情景的探究性特征。认为它仅次于战略，但超过一致性的结构化推测概念。

目前，情景依然是一个模糊、有各种隐含之意的概念，因此常被误用。但在不同方法下（如SRI的战略规划情景、戈登（Godet）的情景方法、巴特尔（Battelle）的情景技术等），情景仍有一般共性的含义：①是对未来情景与连续事件的描述。这些情景与事件会令原始状态前行到未来；②是未来学研究的工具。情景之所以有用，是因为它划定与现在的距离，进而开启未来，创造可选择的未来，如戈登与卢布莱特将情景定义为：对未来状况的描述及从原状况走向未来状况的一系列事实描述。理论上，情景是到达可能未来的不同路径（事件与行为人战略）集成，是建立未来规划、减少意外、拓宽决策人思考多种可能性的思想维度。实践上，情景仅仅是一组事件与变量的特定描述。

此外，在各种情景定义下，情景所固有的特性有：假设性、因果一致性、内部一致性、或然描述性。如下定义能涵盖情景的如上多种特征：情景是对可选择的假设性未来的一致性与连续性描述，它反映了对过去、现在与未来发展的不同观点，并将其作为行动基础。

（3）情景类型

对情景类型的划分具有不同的视角与方式。例如，从创新与沟通视角，可以划分为决策情景与行动情景。进一步，可将前者细化分为使命情景、主题情景；后者可细分为前瞻性情景与回溯性情景。从生成情景方法或途径的角度可将情景划分为三个理想的类型：①基于趋势外推的情景；②系统生成的情景；③创新—叙事情景。

戈登与卢布莱特按照一致性与强制性，将情景具体分为探究性情景与规范性情景。其中探究性情景是依据过去到现在的趋势，探究如何引导可实现的未来。规范式情景或预测式情景是基于各种未来愿景构造情景。探究性情景依赖于合并最可能与最不可能的变化，是趋势驱动的情景。探究性情景基于四个假设：①未来不仅是过去关系的延续与动态，还是人类选择与行为的塑造；②未来不能被预测，但可以被探究并充实到当前决策；③未来不可能只有一种。不确定性意味着存在多种可能性未来的映射；④情景开发涉及理性分析与主观判断，因此需要引入互动与参与。

万·德·黑伊登区分了内部情景与外部情景。内部情景是个人层面上的情景，即行动与个人目标相关。外部情景是将一定范围的未来发展状况进行投影，进而形成外部世界的心智模式。

菲利普·凡诺顿（Philip van Notten）探讨了情景开发的方法类型。此外，还很多情景考特尼（Courtney）将情景划分为愿景驱动和决策驱动的情景(表 2–2)。其中，愿景驱动的情景更适用于组织层面的议题，而决策驱动情景更适用于过程层面的议题。过去，情景规划文献仅关注了过程层面的问题，因而需要进一步探讨至组织层面。

从宏观特征（包含目标、设计与内容）角度，广义情景的类型（愿景驱动情景类型）可以细分为诸多微观特征（决策驱动情景类型）。该种划分反映了情景方法多样与差异性的使用原理、背景条件及产出。在组织文化与结构框架下，情景实践具有有效性及长期分析价值。

情景类型的提出，虽然在一定意义上反映了时代背景所具有的基本特征，但仍有过时之嫌。除此之外，情景分类经常不能覆盖所有情景，全面性不足；有些情景类型较新，但不够具体。比如，邓肯（Duncan）与瓦克（Wack）对商业组织的情景类型划分没有考虑宏观经济与环境背景之间的差异。因此，目前的情景分类还需要在细度、深度与广度上精进研究。

愿景驱动与决策驱动情景对比见表 2–2。

表 2–2　愿景驱动与决策驱动情景对比

愿景驱动与决策驱动情景		
	宏观情景（愿景驱动情景）	微观情景（决策驱动情景）
情境性质	强调广义、宏观经济全球变化的驱动力；长期	重点关注驱动决策的特定不确定性；一般为短期
发展过程的性质	强调分散思维与广域视角；依赖于专家、咨询师与推行者	数据驱动与分析；依赖于内部专家与行业专家（保密除外）
如何应用情景	生成新战略思想；形成可能未来及其变化需求的共享观；着手详细阐释情景的项目并进行分析	测试具有潜在结果范围的特定决策，形成对所选情景的解释。

（4）创建情景的目的

构建情景的目的是以尽可能戏剧化和有说服力的方式展示未来，旨在形成跨越未来的总体思考。费伊与兰德尔（Fahey & Randell）提出，创建情景的目的是：增强理解（通过描述可能未来是什么，如何出现以及为何发生的方式）、重新思考（产生新决策）、重新构架目前决策（通过为决策者提供崭新情景的方式）、明确应急决策（通过探索组织在特定环境下将采取什么行动的方式）。

情景创建者试图通过创新思考来激发战略思考，旨在预测未来的挑战与机遇、基于最乐观与悲观的未来情景阐释过去事件并开发多种未来、培养战略思考与学习、促进战略对话艺术、想象未来状态、挑战或排除正视未来的假设、创造聚焦点、创建决策选择、构筑组织与个人的共同未来愿景框架、突破组织边界、打通内外部沟通渠道等。

创建情景的目的及过程设计是与情景内容密切相关的。依据类型学，可以确定三个既适用于情景集合、也适用于单个情景的“宏观”特征，从而形成情景的核心内容。宏观特性围绕着“为什么”“怎么”和“什么”几方个面展开，形成了情景研究目标、情景过程设计及情景具体内容。其中，目标会制约情景过程设计与情景具体内容。

基本的情景分析往往仅限于对宏观特征的考虑，但深入的情景分析则需要对细节有更多的把握。微观特征的划分以宏观特征为基础（表 2–3）。

表 2–3 情景特征的类型

宏观特征	微观特征
情景研究的目标 探索 – 政策前研究	情景训练的功能 过程、产品 价值在场景过程中的角色 描述的、规范的 所涵盖的范围 基于问题、基于领域、基于机构 改变的本质 进化、不连续（突变 – 渐进不连续）
情景流程的设计 直觉 – 分析	情景流程的输入 定性、定量 场景过程中使用的方法 参与—基于模型 参与场景过程的组 包容—排他
情景内容 复杂 – 简单	情景中时间的作用 链条—快照 情景所涵盖的问题 异质—同质 完整性水平 集成—碎片

（5）情景、预测与愿景

①情景与愿景存在差异。组织所面临的挑战有战略创新与转变当前思维模式。情景具有系统性并面向未来，它是由各种复杂要素交织而成的故事。情景不同于预测或者愿景，因为后两者往往是对现实并非意外的反映，掩藏了不确定性环境存在的风险。愿景是一种由组织领导者与成员共同形成，具有引导与激励组织成员未来情景的意向描绘，是希望看到的情景。愿景受组织及其成员的价值观、信念与组织宗旨等因素影响，是一种对组织及个人发展预期达成未来意向的想法，能指引或影响组织或成员的行动与行为。良好的情景故事包括风险及其影响的描述与分析；适应组织倾向的情景可以指引未来变化的愿景。

这种愿景并不复杂，能够激发并准确描述理想的未来。

在情景的作用方面，将情景引入决策能够帮助组织各级领导者思考不确定性、扩展当前的思维，并改进长期决策；将情景纳入计划能够改变人们对工作的信念和假设，并将重点放在组织的战略发展上；情景还可以开辟新的可能的未来，帮助领导者阐明愿景，创新服务及改善决策效果。

②情景与预测之间存在差异。预测经常是预测某种单一未来，而情景前瞻在本质上考虑多个可选择未来。在市场研究与咨询中，很多人常将情景分析方法等同于预测、展望、预期、预测与趋势外推法，但两者实际上存在差异。

预测近似于推测，需要预测人基于一定的知识，对目前与过去趋势进行统计外推。目前，很多学者将预测排除在情景之外，认为预测是基于预期的预测，是今天“扩展”到未来。不过，预测的经典方法与传统的预测技术常被融入情景方法之中，旨在强化情景方法的应用。

前瞻与预测存在差异。20 世纪 80 年代初，实行多年的预测技术逐渐被前瞻技术所取代。前瞻技术是在制定政策、规划和决策中对远景未来构成因素全面了解的技术，它与规划密切相关，但它只是制定规划的一个步骤，而非规划。前瞻与预测的主要区别在于前瞻技术研究具有全面展望的性质，它所预测的范围已经不仅仅局限于事物本身的发展，还要分析与估量未来发展的背景（如科学、社会、经济、政治等）及其可能的效果。

在制定政策时，组织将应用一些未来洞察技术，以奠定决策基础。佩索宁（Pesonen）等人对未来研究方法列示了清单，在这些方法清单中，预测与情景分析方法是其中最重要的两种。预测分析技术的主要缺陷在于，它从历史事件中得到未来发展模式。这一缺陷的根源来自于该方法的假设前提：世界保持相对稳定，人们可以基于过去预测未来。据美国 1977—1981 年间对工业公司的调查显示，低于 1/3 的公司对传统预测分析技术表达满意。由于传统预测技术的缺陷逐渐凸显出来，博德（Bood）与普斯特马（Postma）建议使用情景分析技术。实际上，依据皮埃尔 . 瓦克（Pierre Wack）的调查，对预测技术的不满直接导致了情景分析法的广泛使用。

与常见的“最佳—最坏情况”规划不同，情景构建没有将概率附加到各种可能性未来上。对于情景构建人员来说，这意味着在“不知道”的情况下附加概率。线性预测作为战略规划的本质，只适用于一个稳定的世界。当世界是高度动态的，线性预测就会过时。维纳（Wiener）和赫尔曼·卡恩（Herman Kahn）首次为军事规划引入了情景，书写了关于“无惊喜”（Surprise Free）未来的文章。20世纪50年代，赫尔曼.卡恩在兰德公司工作（后来在哈德逊研究所）为军队和其他美国政府机构做军事和战略研究。依据卡恩和维纳的描述，每一个可思考的未来都有自己独特的构思展望，每个情景都必须是内部一致的，至少是合理的。

三、适应不确定性未来环境的情景规划理论

未来是不确定的。正如金融分析师无法准确预测道琼斯指数下跌所引发的动荡及由此引发全球经济“信贷紧缩”的冲击波一样。很多无法预见的情况（如极端天气和潜在的流感）可能会在短期或长期扰乱组织规划和业务活动。因此，在不断变化的复杂环境中如何成功地进行组织运作？如何应用战略规划方法确定努力方向、明确优先发展事项和监测效果？当组织精心制定的计划因无法预见的情况而偏离轨道，进而从根本上改变了组织所处的环境，组织该如何应对？作为适应不确定性未来环境的情景规划方法，可以在一定意义上成为如上问题的解决之道。

1. 不确定性未来与情景规划

（1）不确定性未来研究中的情景规划工具

未来学家们目前已经达成一个共识，即未来是一种选择空间，未来应当具有结果不唯一的不确定性。把未来看作是不确定的、多方位的，可以使人们以全新的眼光审视当前选择如何在不同条件下发挥作用。据此，人们不能从过去来推演单一未来或识别未来的颠覆状况，而应该将不确定性视为管理科学研究的永恒主题，努力寻找应对高不确定性的科学方法。由于传统的预测和计划范式不足以应对这些挑战，所以需要开发识别不确定性未来的新方法与适应性工具。

在识别不确定未来的方法与工具箱中，情景规划方法是一种蕴含颠覆思想

的、有助于拓展选择空间的有效工具，是应对不确定性未来的定性与定量方法。情景规划法以经济、文化、行政、生态等多个领域为背景，耦合了诸多战略规划过程。未来学家凭借多种未来（即情景）拓展思想、促进反思、挑战思维模式和“官方”版本的未来。

此外，对未来学家来说，其研究目标不仅包括预测不确定性未来的理论，还包括执行高层行动指令的实践。在美国，许多未来学家为从事实践研究项目的组织或社区提供战略咨询。这类实践型未来研究支持与扩展了未来学理论研究，也在构建情景和反思替代未来的过程中形成新的假设和价值观。基于替代和反思的概念，很多学者认为未来思维和情景规划是支持组织学习、展开集体集思的重要方法。

情景规划需要相关利益人的广泛参与。竞争性经济环境、文化价值观差异及人们对财产权与政府角色的不同看法，会使人们对不确定性决策存在争议，因此情景规划过程中需要公民的广泛参与，以确保社区支持发展政策及公共投资决策。

（2）不确定性与情景规划的关系

按照不确定性程度，情景规划（Senario Planning，SP）的类型表 2–4 所示。

表 2–4　不确定性程度与情景规划类型的关系表

各类情景的不确定性程度		
不确定性程度	情景规划类型	基本原理（理论说明）
1	微观	如使用情景，则必须集中、短期、低成本且快速地建立情景
2	微观	有很大风险，但结果的准确数量能被设定。是最有效的决策驱动情景应用
3	宏观 /. 微观	两种情景类型都可用，但是必须考虑假设范围以外的结果
4	宏观	现实常为模糊不清，情景必须阐明未知的可能结果的范围。“貌似合理性（plausibility）”是拓展组织假设的关键。

按据不确定性程度划分的情景规划与组织水平类型，可以进一步形成情景规划与不确定性关系集成模型（图 2–1）。

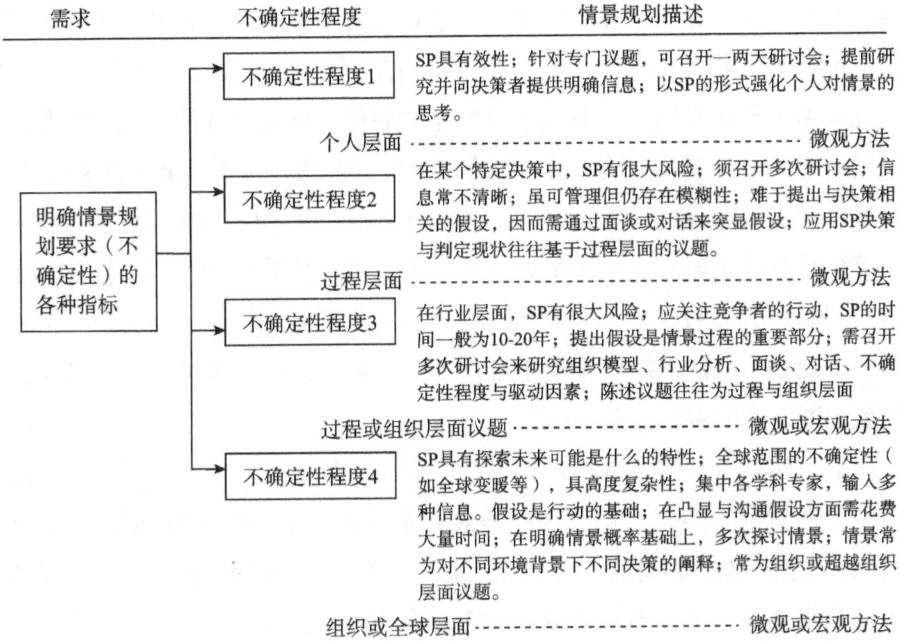

图 2-1　情景规划与不确定性关系集成模型

2. 情景规划基本理论问题

情景规划基本理论问题包括情景规划的发展历程、概念、流派、应用领域、有效性的判断标准等内容。

（1）情景规划及其学派

①情景规划与情景分析。情景规划又称“构思分析法”，是一种洞察或前瞻组织未来、重在体现外部环境不确定性和战略路径选择的分析方法，是一种基于未来不确定条件预测行业环境中长期变化的强有力新兴的战略管理工具。托马斯·J. 施迈克（Thomas J. Chermack）认为，情景规划以转变思维方式、改善决策、加强个人与组织学习、改进绩效为目的，是明确已知的、看似真实的、想象的可能未来环境过程。施迈克基于看似真实的未来可能情景，强调了组织对话、学习与转变思维模式，主张以更好的决策改善绩效。

情景规划始于情景构建技术与情景分析法的研究，而人们对情景的研究，则源自于未来议题的探讨。一直以来，人们试图利用情景构建技术间接地探索社会或组织机构的未来。在此背景下，情景通常呈现为乌托邦和反乌托邦式的描述。情景研究可以追溯到早期哲学家的贡献，如柏拉图对“理想国”的描述，以及托马斯·莫尔及乔治·奥威尔对情景的展望。作为一种战略规划工具，情景研究一直植根于军事领域，通常以模拟战争游戏的方式被军事战略家所采用。尽管情景研究在军事上有着悠久的历史，但直到19世纪，冯·克劳塞维茨和冯·莫尔特克两位普鲁士军事战略家才首次在著作中对情景进行了描述，并为战略规划制定了最初原则。1947年，斯坦福大学成立了斯坦福研究所，为企业提供长期规划，将情景思维应用于研究未来的各种学科。1960年后，情景技术的发展逐渐以美国和法国为中心。

情景构建技术与情景分析最初以情景开发的形式展开。情景开发是伴随着第二次世界大战、美国兰德公司战略规划及法国领土整治与发展局（DATAR）空间规划中出现的。20世纪60年代，通用电器与荷兰皇家壳牌公司将情景构建技术与分析方法引入公司战略规划过程。在20世纪70年代，情景规划成功实现了对未来社会、经济与环境的推测。如今，情景规划被广泛应用于中小型公司、区域与国家预测研究、环境评估与公共政策（如联合国环境计划全球环境展望）等领域。

情景规划是适应复杂环境的战略规划工具，情景分析法则是情景规划的分析工具。组织运用情景分析法可以描绘未来5～10年的差异性情景，辅助战略规划的制定与实施。情景分析与组织中长期战略不同。以往3～5年的中长期战略规划与预测通常以确定性环境为假设前提，认为“未来与过去具有黏性与线性关系”，进而将趋势性数据外推至未来。在不确定环境下，趋势外推方法无法实现组织的中长期、甚至短期预测。此时，情景分析法是比较适用的工具。情景分析是很多学科的理论与方法集成。由于未来发展具有复杂性、重大性、不确定性、跳跃性和突发性，运用情景预测技术来开发最可能的未来不仅符合驱动力的逻辑关系，也会形成偏好结果。情景分析自20世纪70年代中后期以来，得到了迅速发展和广泛运用，形成了所谓的美国模式、法国模式、OECD模式和欧洲共同体模式。拉特克里夫（Ratcliffe）发现学者们越来越有兴趣在情景分析法中引入其他技术与方法，如德尔菲法、交叉影响矩阵方法、协作技术、环境扫描、系统分析、网络分析、仿真建模等，试图对奇异复杂且不确定性的世界有更深入的理解。

将情景分析法应用于战略规划，即形成了情景规划。以情景分析为主要分析工具的情景规划方法，不仅是制定长期战略的方法，更是潜在的强化组织网络、鼓励协作行动的潜在工具。情景规划融合了系统思想、战略思想及开放的未来思想，将情景整合到竞争情报与战略管理之中。它主要是由界定问题、规划情景（包括情景生成与情景展开）及学习情景三个封闭环节组成。其理论依据为基于时间序列分析的预测、基于因果关系理论的预测、趋势分析等。具体的应用方法有：头脑风暴法、专家与相关利益者座谈法、德尔菲法、关键技术法、蓝图设计法等。

②情景规划学派。情景规划可以依据对内容与过程的侧重，细分为内容学派、过程学派两类。以此为基础，可以进一步细化为如 2–2 图所示内容。

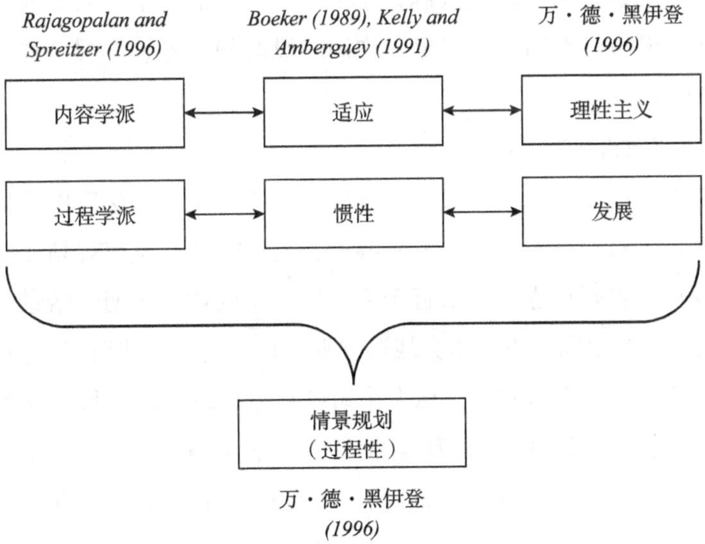

图 2–2 情景规划学派

情景发挥作用的机理与情景规划实践一直是社会科学和人文科学的研究对象。依据发源地与研究方法特点，可以将情景规划进一步细分为美国的直觉逻辑学派（Intuitive Logic School）、概率修正学派 Probability Correction School）以及法国的展望学派（Prospectives School）。自嘉斯顿博格与赫尔曼．库恩（Gaston Berger and Herman Kahn）在法国和美国分别创立情景规划以来，情景规划一直以实践为主导，已经在公共和私人部门使用了60多年。通过运用相关理论，情景规划师能够阐释为什么一些实践工作做得好，而另一些实践却遭遇失败。

③情景规划不同于战略计划。勒格与费希尔（Lugg and Fisher）定义了另一种战略计划—以任务为基础的战略计划。战略计划是一种“密室”操作计划，属不于情景规划学派内容。战略计划是组织或个人在一定时间段内的行动过程，包括配置资源与实现既定目标。战略计划常常屈服于“渐进主义”（Incrementalism），主张战略是过去的延伸。新的战略计划并无方向，它仅仅是过去战略的延续，而非深思熟虑的新路径与行动范围。对组织而言，在突变与颠覆性变化的时代，不以未来为焦点展开业务将带来灾难性后果。

战略计划的缺陷在于不允许解构思想与行动的关系，在很多方面（如明确任务与目标、快速行动和组织资源）存在压力。情景规划不同于战略计划，情景规划允许思想与行动的分离，也允许用一段时间思考、学习并选择哪一种更为可行的路径。

（2）情景规划的应用领域

情景规划目前已成为一种较为成熟的结构化方法，广泛应用于公共与私人部门中的技术预测、产品创新、组织再造、危机管理、城市规划、环境保护等领域。2004年，美国贝恩公司对近千家跨国公司的调查表明，情景规划使用率已接近60%。而在中国，将其作为战略规划工具的企业与非营利机构仍很少见。

在情景规划具体应用方面，私人公司已在组织范围内将情景作为满足特定目的的开发方法。很多组织（如荷兰皇家电信公司（KPN）、爱立信、英国沃达丰电信（Vodafone）等）面对短期市场变化也运用了情景分析方法。目前，情景开发在中小型公司中的应用并不普遍（除史密斯与保罗邮政公司（Smith and Hawken）、航空与假日公司的经纪公司“飞行指引者”（Flight Directors）等公司外）。一直以来，情景开发还采取了类似全球商

业网络（GBN）与世界企业永续发展委员会（World Business Council for Sustainable Development）（WBCSD）间相互合作的形式。基于20世纪80年代中期以来的100多项包含商业公司、政府组织及学术机构的研究成果（附注：这些研究既覆盖了如运输、电信、营养等领域，也覆盖了如国家与区域发展战略、

性别平等、劳工市场、气候变化以及领导力等议题）情景规划有了新的应用领域分类。

（3）情景规划有效性的评判依据：合理性非可能性

情景规划的有效性很大程度上取决于情景构建的有效性。在情景构建有效性判断的依据或标准方面，存在着合理性（可信性）与可能性（或然性）（Plausibility vs Probability）之间的争议。拉斐尔·拉米雷斯与辛西娅·赛琳（Rafael Ramírez & Cynthia Selin）在对比回顾性和前瞻性、分析“合理性”和“可能性”的词源学历史、三种文化动力的探索的基础上，对情景规划过程进行了分离，辨析了合理性和可能性的内涵差异，提出应将合理性作为判断情景规划有效性的依据。

情景构建的标准——合理性（或可信性）意味着情景内在逻辑的一致性。情景分析师要依据一定的情景构建步骤，判断情景叙述是否相关、是否内在一致和有效、是否具有原型性及是否表现出一种平衡状态来评估情景叙事的有效性。情景叙述不应是单一主题的变体或临时问题，而应描述一种一致的环境状态。情景的叙述过程也试图关注什么是可信的（Plausible），而不是什么是可能的（Possible）。区分合理性与可能性的概念上有助于在非直接预测的情况下考虑多种变量。

合理性或可信性的作用：以合理性或可信性为标准将有助于组织通过情景深化学习，产生富有成效的洞察力，并在一个更广阔的概念空间内重新定位情景规划的核心意图，将注意力转移到背景因素，唤起洞察力、纠正偏见、提出假设、测试或开发新的未来选项。重新定义合理性 - 可能性概念可使情景工作更加稳健、与当前的挑战更加相关，避免将合理性和可能性视为非此即彼的对抗性零和博弈。

合理性（可信性）与可能性（或然性）两个标准的差异如下。

①“合理性”“可能性”将影响情景规划的情景有效性标准与具体规划方法选择，改变利益相关者的参与方式，影响情景规划的制定、实施与评估流程的繁简程度，也为情景工作质量提供了间接性和辅助性保障，尤其在预测哪些情景可以事前定义与满足事后要求方面更具价值。

②概率不能作为情景工作的标准。情景规划师不能将某个特定的情景选择

作为“最有可能”发生的情景基础，但可以应用概率思想促进情景展开。

3. 战略规划与情景规划的关系

战略规划依赖未来环境变化；组织环境背景影响战略规划流程与战略方法选择。未来环境差异与环境影响要素的多寡相关。研究显示，不同国家与社会因处于不同的文化与地理位置，会展现出战略规划方法选择的异同。所以，环境在影响组织开发与实施战略规划方式方面发挥着重要作用。

在快速变化的环境背景下，组织需要增加战略会话，将情景规划视为适应不确定性未来环境、加强各相关利益主体对话的战略规划方法。

（1）两者之间的联系

情景规划理论是愿景驱动价值创造的战略规划类型。一般而言，组织有四种创造价值方式：资源基础论（Resource-based View）、愿景驱动论（Vision-driven Management Theory）、核心竞争能力理论（Core Competence Theory）、母公司优势理论（Parenting Advantage Theory）。

战略规划法可分为如下几类：①情景环境法（关注内部强势与弱势以改善运营能力）、变革法（研究未来可能性，在动态、非线性框架下促进创新与改变）；②洞察法（强调创建环境，鼓励以战略思考与洞察为基础进行战略开发）；③基于目的的规划法（运用常规性的任务、愿景、战略以实现任务）；④基于主题的规划法（以批判性议题开始，开发针对这些议题的战略）；⑤基于愿景的规划法（以愿景、价值为基础，采取与价值相一致的行动计划来实现愿景）。可见，情景规划法是偏向情景环境的战略规划方法。

从类型上，情景规划法是创新型战略规划方法。传统的战略规划方法包括：①线性规划法，如目标管理（MBO），评审计划技术（PERT）、关键路径法等；②适应性方法，如SWOT分析、生产与服务调解法。创新型战略规划法包括：①解释性方法（将组织视为象征），如重视任务与愿景、强调含义与说明的后现代方法；②革新性方法，强调在突变环境下的彻底规划与改造组织的方法；③情景构建（Scenario Construction）（即情景规划法）是一种战略规划技术，而非模型。

情景规划是战略开发的常用工具，能弥补传统开发方法的不足。万·德·黑伊登指出，情景规划方法不同于原来的战略规划方法，因为原来的规划方法要么是理性的（Rational）（相信行业是可预测的，成功是可开发的）（图 2–3），要么是演化的（Evlotionary）（认为组织战略的出现是对行业持续参与的结果）。理性规划方法的问题在于，它不能恰当地解决不可预测的事件；而演化规划方法的问题在于，它认为预先的战略规划没有意义，因而经理们并不喜欢运用该种方法。情景规划法脱胎于渐进演化方法，但它突破了理性与演化规划方法的局限，以在战略重塑中添加情景的方式弥补传统规划方法的不足，成为处理不确定性环境变化的有力工具。相比理性与演化规划法，情景规划法以更简化的方式排列各种可能性、理解持续变化、挑战已有心智模式。

情景规划法与传统战略方法之间的联系图 2–3 所示。

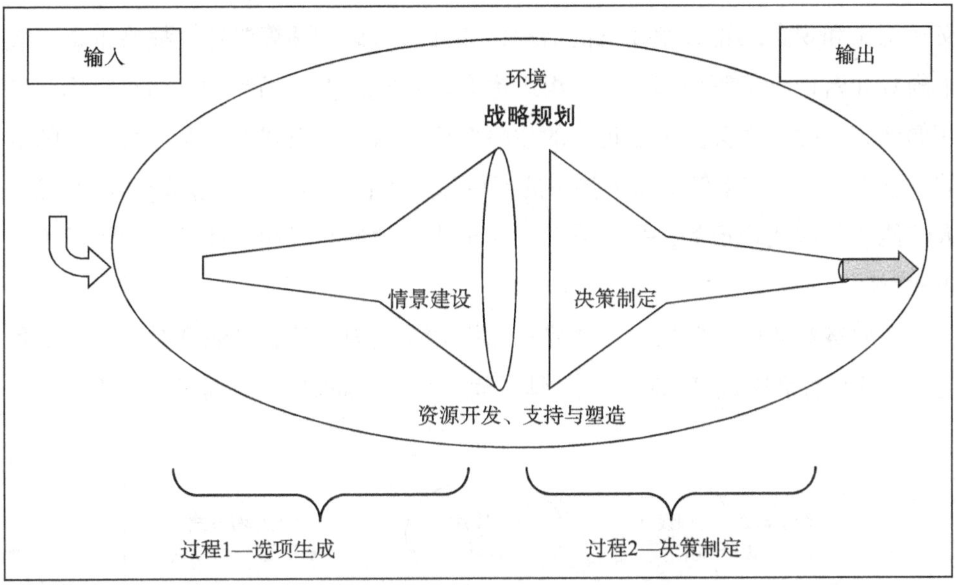

图 2–3 情景规划与传统战略规划法的关系

（2）两者之间的差异

情景规划是一连串基于逻辑和经验事实的推演，其核心是改变组织的心智模式。情景规划与通常的战略规划最大的不同在于：它不以牺牲复杂性为代价来换取决策的速度；它不是从原则和信念出发，而是从对商业图景的敏锐、切身的感知出发；它更像是一个博弈游戏。在博弈开始前，谁也不知道、也不假定某个结果。在博弈过程中，一种或几种意想不到的结果出现了。在这个意义上，情景规划是一种使心智保持开放状态的学习方式，一种思维上的独特修炼。彼得·圣吉在《第五项修炼》中反复提到壳牌公司的"情景规划"小组，就是为了说明情景规划并不仅仅是发展几个未来的情景，其核心是要改变组织的心智模式。在组织网络化的进程中，适用于网络组织的情景规划目标将倾向于更加强调学习。

盖勒（Galer）与万·德·黑伊登断言，规划方法在一定程度上是由组织的文化结构决定的。组织应根据规划的文化取向，采用不同的方法和做法。一个等级森严的组织将倾向于以传统的方式（即以集权和官僚的方式）展开规划。适用于网络组织的情景规划，因其目标具有多元性，故而需要对话来统一目标，并在这一过程中以强调学习的方式进行规划。

情景规划中的"战略对话"是传播组织学习的有效手段。大多数组织都有交换意见和观点的正式制度下的活动，如会议讨论、预算制定、战略审查、成本削减和营销决策等训练活动。组织也有非正式制度下的活动，如在走廊、餐厅偶然相遇时，就会发生非正式的战略对话。由于非正式对话是自发的、随机的，它将影响人们理解战略形势中的事件和趋势：一方面，通过非正式的交谈，人们能够了解战略形势；另一方面，非正式活动参与者相关性较低，因而不如正式对话有效。

在战略对话中，情景在传递战略选择方面尤为有效。过滤到对话中的情景应满足简单性和唤起性两项标准。情景规划与战略规划具体差别图 2–4 所示。

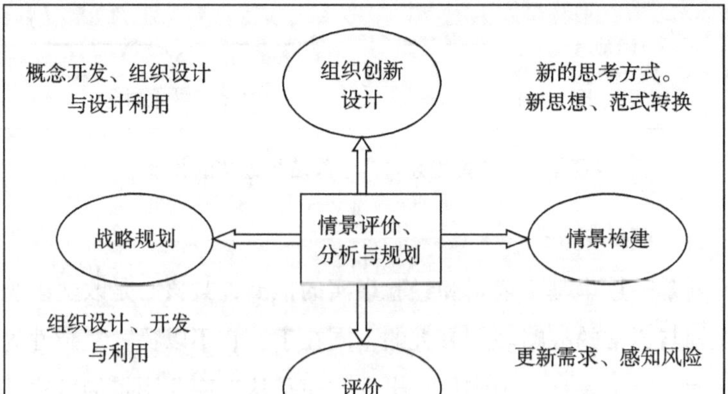

图 2–4　情景规划与战略规划的意图与焦点差异

4. 情景思维、战略地图与组织学习

（1）情景思维研究演进

发展情景思维有助于战略规划的参与者与领导者展开对各种可能性未来的探讨。情景思维可衍生出新的理念与构想。

情景思维议题最初由研究机构、科研院所及企业关注并加以深化。例如，斯坦福研究所（SRI）“未来小组”将情景思维应用于研究未来的各种学科，为企业提供长期规划及运筹学、经济学、政治策略、科学和军事咨询。这些咨询项目与军事和武器科学有关，间接引导了20世纪七八十年代的大规模教育教学系统、低成本3D彩电问世、以核能为动力的海底汽车旅馆、娱乐中心，以及商业性载人登月火箭等各项目的涌现。

全球商业网络（GBN）的创始人兼总裁皮特·施瓦茨（Peter Schwartz）认为，情景思维是战略规划的组成内容。当领导者进行战略规划时，情景思维就像创造力和替代方案的自动开关。到20世纪50年代末，许多公司和组织运用了情景思维情景。美国未来学家赫尔曼·卡恩成立哈德逊研究所，为他赢得了“美国最著名的未来学家”的称号。哈德逊研究所为康宁、IBM和通用汽车等公司带来了情景流程；荷兰皇家壳牌公司在情景和未来思考方面取得了巨大的进步。该公司的皮埃尔·瓦克和特德·纽兰在决策关键时刻发展了情景思维，书写了两个未来情景：第一种情景认为，油价会以某种方式保持稳定；第二种情景认为，石油输出国组织将引发油价危机。皮埃尔·瓦克和特德·纽兰意识到需要改变管理层对现实的看法，以第二种情景代表更可信的未来。随着对现实看法的转变，荷兰皇家壳牌公司针对时间和政治的不确定性，提出了广泛的、系列化战略和规划决策，顺利度过了一场由石油输出国组织（OPEC）引发的重大石油危机。

（2）情景规划与战略地图

情景引领情景规划，它是情景规划的先导内容。情景常以叙事描述和系统地图的形式呈现，是为某人或某一目的构造可信未来情景的结构化概念。

理论上，战略地图以平衡计分卡的四个层面目标（财务层面、客户层面、内部层面、学习与增长层面）为核心，通过分析这四个层面目标的相互关系而绘制的组织战略因果关系图。与平衡计分卡相比，它增加了两个层次，一是颗

粒层，每一个层面下都可以分解为很多要素；二是增加了动态的层面，即战略地图是动态的，可以结合战略规划过程来绘制。战略地图将战略与因果关系联系起来，可提高关键绩效指标的预测质量，顺利实施战略。然而，在人们的经验中，战略地图往往是对过去业绩的额外补充，人们很少将其与未来可能的状态联系起来。情景开发与战略地图设计关系密切，通过情景开发，组织可以创造性地思考未来不连续状态，使组织持续、积极地面对不确定性，并为多种可能的未来（而非人们所期望的未来）做好准备。

情景规划与战略地图的整合，源于两者具互补性。一方面，情景规划实践更侧重理论性。情景是一门艺术，而不是一门科学。不过，很多学者认为，情景实践仍然处于理论阶段。情景工作可以解释为：纠正决策偏差、支持更有效的学习、改变团队的角色、文化理论、实践中的社会生态、建立新的社会资本。另一方面，战略地图在传统战略规划的应用中存在不足。人们已经认识到，组织需要交流战略及执行战略的系统工具，但某些组织既不清楚战略在业务中的含义，也不明确各层级机构的绩效目标及其优先排序。

战略地图是战略执行的有用工具，但它往往建立在模糊成因与并非清晰稳定的关系基础之上。如果假定战略地图的初始形成条件不会发生改变，则战略地图的描绘将过于静态，组织也将陷入险境。因此，开发静态战略地图的组织在应对彻底变革方面有诸多不足。

基于此，情景规划研究者建议应将情景分析和战略地图进行整合。在过去的几十年里，情景分析虽被运用于各种领域，但它一般不考虑新的、可能并不连续的未来，从而使情景分析的价值大打折扣。构建与情景分析相关联的战略地图，可以帮助组织将战略与未来环境背景紧密结合，做好应对突发事件的准备。

（3）情景规划与组织学习

阿尔文·托夫勒在其开创性的著作《未来的冲击》中指出，21 世纪目不识丁的人将不再是那些不能阅读和写作的人，而是那些不能学习和再学习的人。

一般而言，人们愿意看到人们想看到的事物。这一方面是由于人类的经验与认知可能会受其所不理解或认为不重要的事物所限，另一方面，即使存在明显的变化或演进，人们也会将其忽略。这一现象会引出了另一个重要问题，即当人们可能无法理解未来时，其生理机能如何阻碍或促进对未来的认知。根据大脑成像原理，用于预测未来的神经网络也被用于回忆和记忆。因此，人们可以通过扩大知识面与深化学习提高预测力。随着知识与经验的累积，人们能够更好地想象各种可能未来，理解它们之间的细微差别与联系，从而对未来做出最佳预测。

情景规划处于探索性学习框架中，组织学习的进化观和生态观可以为情景规划提供进一步的理论构架。组织学习是一种关注个人、团体或组织如何处理信息以影响其环境中的适应性方法。根据托马斯．施迈克等人的研究，一个成功的情景规划过程会引导组织学习，改变决策者的思维模式和假设。此外，未来思考和构建情景与人们的认知方法有很大关系。研究表明，社会科学家、会计师和工程师很难思考未来，因为这些职业人士接受的训练是回避“如果”，而专注于“是什么”和“如果”是什么。相比而言，人文学者更善于思考未来和理解差异化观点，因而更能适应不确定性情境。

四、情景规划的理论基础

一直以来，为实现组织预设的目标，组织领导者不断地寻找、了解组织运营环境的方法，如战略规划（Strategic Planning）、开放性系统规划（Open Systems Planning）、综合战略变革（(Integrated Strategic Change）、跨组织开发（Transorganizational Development）方法等。近二三十年来，情景规划法作为一种备受关注的分析工具，在检验未来不确定性、探究组织未来假设方面是行之有效的方法。依据不同的研究视角及理论，学者们已为情景规划理论与实践奠定了比较丰厚的研究成果（图 2–5）。目前，情景规划依据的理论基础有：理论构建法、演化理论（Evolutionary Theory，ET）、复杂性理论（Complexity Theory，CT）、风险管理理论（Risk Management Theory，RMT）、本体论与认识论、行为理论（Action Theory）等。

1. 理论构建法

情景构建与理论构建的关系体现为：①独立平行关系。认为两者彼此独立。研究思路为并行阐释。②包含从属关系。视情景构建为理论构造的一部分。研究思路可按照串行顺序进行。

从理论构架完整性角度来看，实证研究在构建理论中必不可少，在情景规划理论基础研究中，应丰富面向实证研究的理论基础。应当明确，实证方法仅仅是预测情景规划方法的有效性，而不是预测未来本身。因此，情景规划的实证研究与理论构筑研究应是相辅相成的关系，两者并不矛盾。从组织变化管理角度，情景构建最适合作为一种开发过程与思想演绎的工具箱。应当指出，预测未来的工具是否有效与预测未来是两个不同的事情。前者偏理论，后者偏实证。目前，情景规划相关文献还没有探究情景规划与实证研究的关联关系与因果关系，但最佳的情景规划研究方法应该是描述性的。

（1）杜宾理论构建法的优势

杜宾（Dubin）理论构建技术，可以作为情景规划搭建理论基础。托马斯·施迈克在构建情境理论框架的基础上进一步验证情景规划理论，从而使情景规划研究建立在理论与实践基础之上。托马斯.施迈克认为，在人们无法准确预测快速变化的环境中，情景是人们准备面向不确定性未来、转变思维模式、检验决策、改善动态环境特征的可信与有效工具。由于理论与实践发展步伐不一致，限制了情景规划法的适用。

理论构建研究在丰富情景规划研究中具有重要价值，而杜宾的八步理论构建研究方法、莱瑟姆（Lynham）的一般方案法及万·德·凡的钻石模型可以成为构建情景规划理论的方法，填补情景规划理论研究的空白。相比其他两种理论构建方法，杜宾的理论构建方法是最适当的方法。这是因为：①该方法是可行的理论构建中最复杂的方法；②该方法要求研究人员与理论学者以概念与逻辑关系为基础构建理论模型；③该方法要求将理论模型转译为可验证性假设，并通过可验证性假设将理论付诸实践；④该方法要求测试理论，以说明理论的存在性；⑤该方法通过提出假设，进行实证研究。

（2）杜宾理论构件法的实施步骤

按照杜宾的八步理论构件法（图 2–6），其实施步骤有：①建立理论单元；②详述单元间关系的互动规律；③明确理论预期实现功能的边界；④确定理论预期实现功能的系统状态；⑤详述关于理论如何展开的命题或真命题；⑥明确验证命题的实验性指标；⑦构建预测单元价值及其关系的假设；⑧开展测试预测价值及其关系的研究。

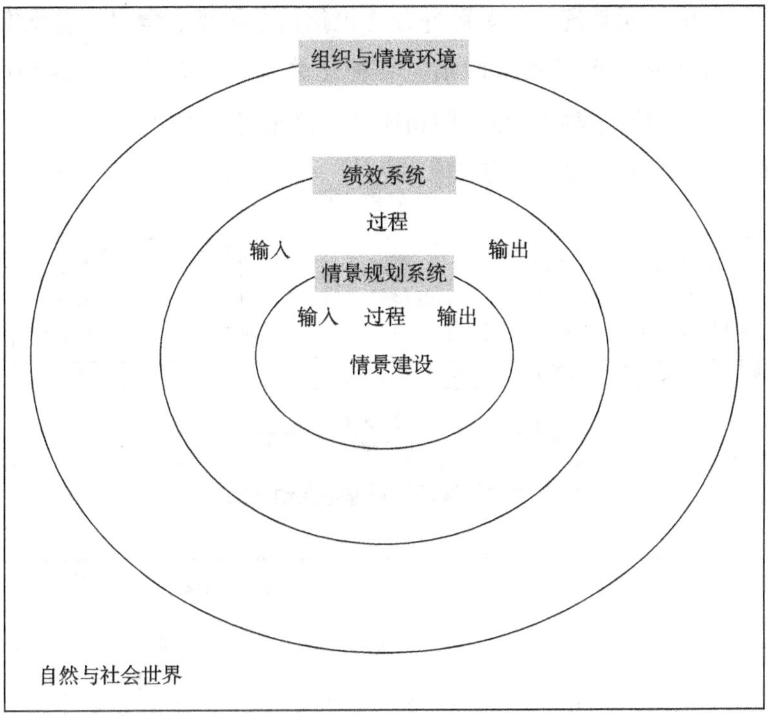

图 2-5 情景规划理论模型的边界图

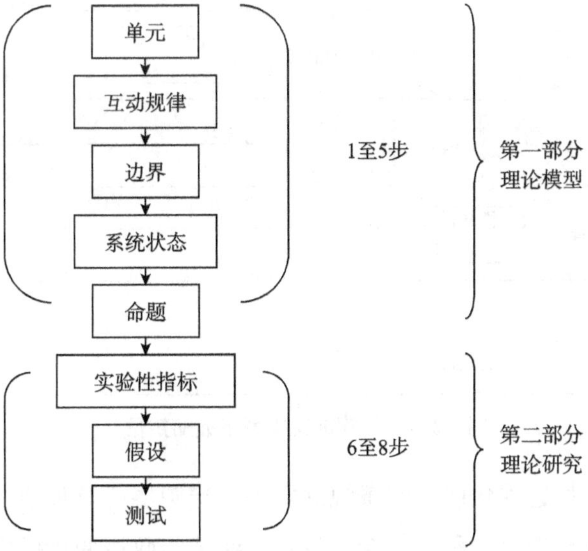

图 2-6 Dubin 八步理论构建方法

其中，理论单元是理论的基础部分，包括情景故事、学习、思维模型、决策、绩效。如上每一部分相互联结。其相互关系见图 2-7 与图 2-8 所示。其中，代表类别规律，即相连两个单元间存在联系；代表序贯规律，即前一单元引导的规律。

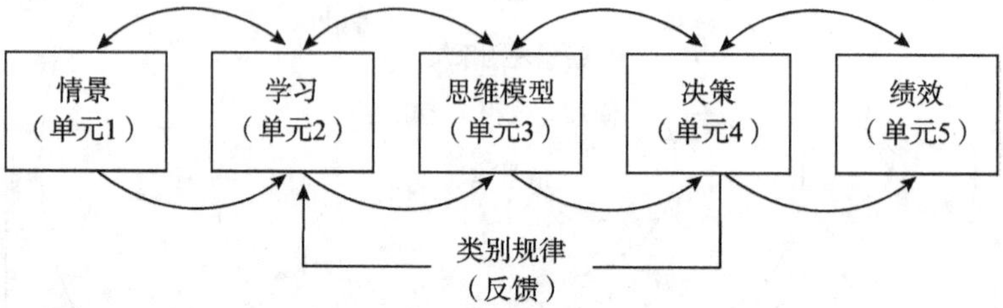

图 2-7　情景规划理论互动规律

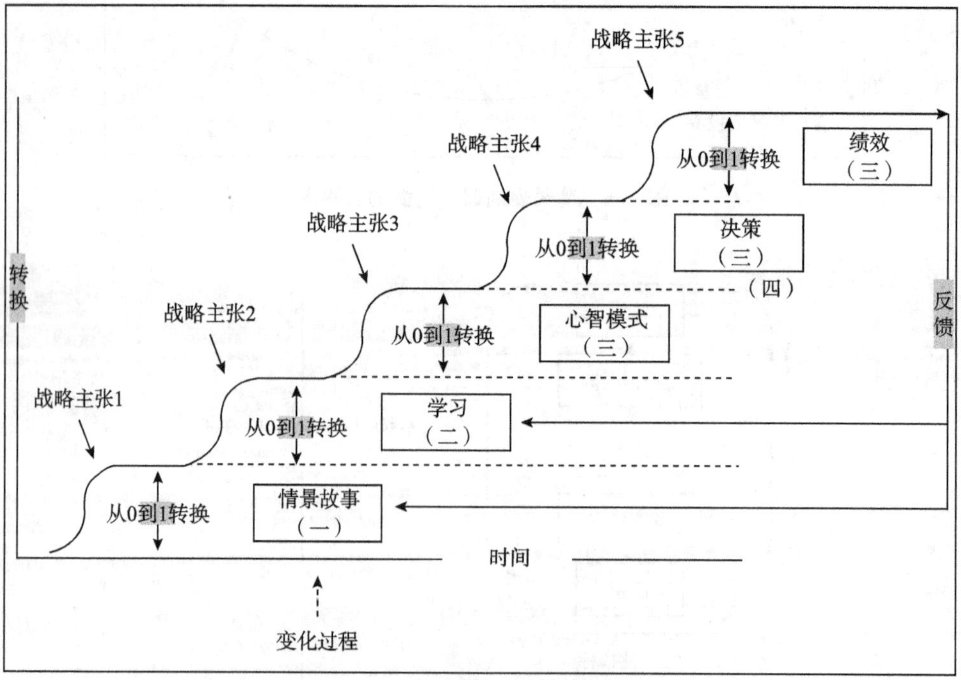

图 2-9　经营理论模型下战略定位

从系统观与长远观角度，情景规划常关注宏观层面及长期的战略议题。传统意义上，情景规划是一种为社会、技术、经济与政治变化提供思考未来的工具。考特尼（Courtney）指出，组织情景规划失败的重要原因往往在于某些特定议题及较短的时间框架。系统观与长远观点的情景规划理论模型图 2–9 所示。

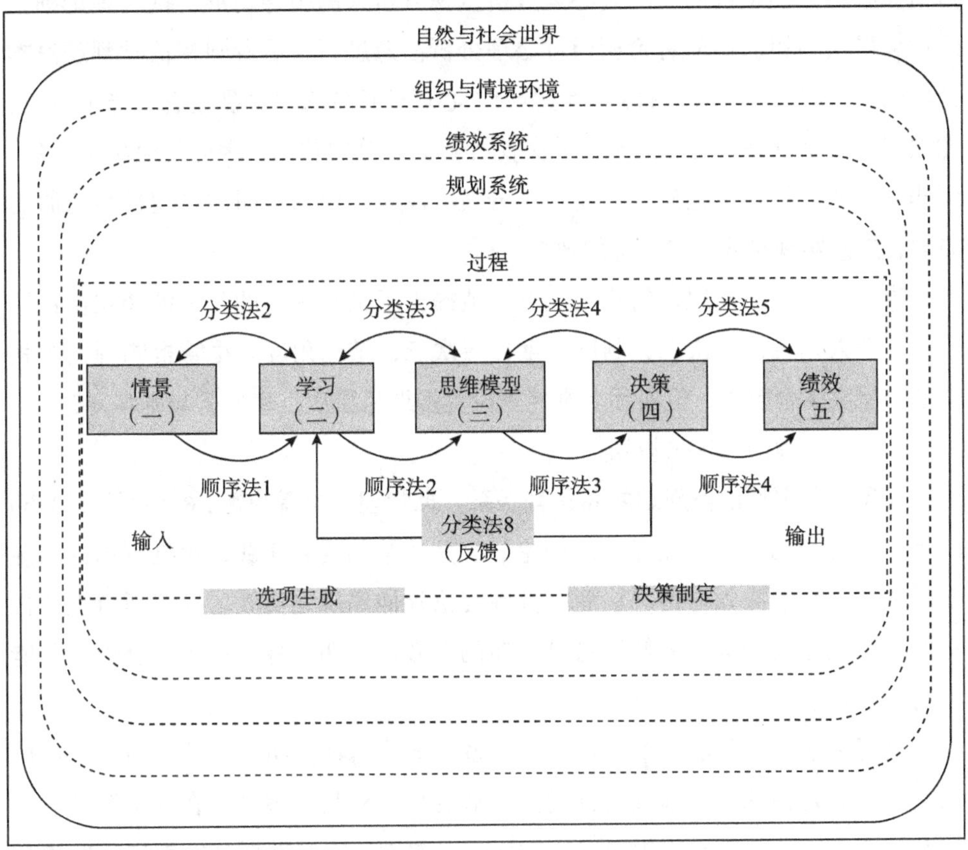

图 2–9 情景规划理论模型

2. 批判理论

（1）批判理论的基本要义

批判理论是指通过揭露制度和文化中的霸权对畸形社会（如不平等、压迫等）的制造和复制，启蒙人的自觉、反抗意识和能力以获得自由、解放的理论。其中，霸权即特权群体通过行使机构权力，尤其是政治、司法和教育制度，来维护其对其他群体统治地位。批判理论旨在提供理性，启发人们为实现自由、自在、平等、理性和美好生活而采取行动。与此同时，它的任务是进行内部批判，从中提炼出主张利益的意识形态，但又压制这些利益。

在批判理论中，心理分析理论是其重要理论基础。批判理论的形成深受弗洛伊德心理分析学说的影响。心理分析重视分析人的精神畸形，批判理论则关注社会事实的扭曲。前者希望通过心理分析治愈患者，后者则相信批判理论本身可以促成解放。此外，批判理论引用了心理分析的人格分裂概念，指出阶级、性别、文化竞争等所带来的利益冲突使社会呈现分裂状态，因此社会是冲突的，而非和谐的。批判理论试图揭露这种分裂、冲突，使弱势团体发现社会扭曲的原因，进而实现自我治愈，即解放。

哈贝马斯是批判理论的集大成者。他提出了批判理论的三个解释层次：层次一，个人角度；层次二，制度角度；层次三，结构角度。尽管批判理论主张将三个层次结合起来，但实际上批判理论更多地从层次三来分析与阐释问题。

（2）批判理论与情景规划

首先，批判理论与规划之间具有联系。批判理论学者约翰 . 福莱斯特（John Forester）提出与城市规划相关的理论、公共政策和规划实践，对批判理论与规划的关系进行了深入探讨，从而将批判理论延伸到规划实践。福莱斯特理论方法的一个核心是在沟通中使用哈贝马斯的有效性声明，并采纳了“全面性”能力的主张。

批判理论与现象学及个人行为相联系。福莱斯特证明了哈贝马斯的理论可以扩展到规划领域，但福莱斯特指出，哈贝马斯和其他理论家在“调解社会系统和社会行为的制度和组织形式”方面比较欠缺，而福莱斯特在确定组织类型的基础上（如培训项目、银行、监管机构、服务项目等），为结构关系和社会行为之间提供了一个具体的中间地带。在某些情况下，有些组织与系统性生产相关而另一些则与系统性的再生产相关。其中，系统生产中的组织比较倾向于有目的的理性行动，而系统再生产中的机构则更依赖于交流行为。

其次，批判理论需要考虑规划技术分析的伦理问题。福莱斯特指出，规划分析的伦理是交际行为的伦理，也是日常言语和话语的伦理。任何参与统计分析的规划者都应意识到存在中立的公平规则，即在什么程度上你会拒绝零假设？考虑到概率，投影的上限和下限是多少？研究的方法限制是什么？在分析开始之前，这些问题需要由规划分析师予以解决。在规划过程中，规划分析师虽然能够做出伦理决策，意识到科学程序，但很少关注交流行为。

再次，批判理论是情景规划地图、组织学习与利益相关者分析的基础。福莱斯特将批判理论应用于规划之外，提出了四种实践方面的改进：①知识生产的认知领域；②权力和认同的政治—法律领域；③仪式与社会身份形成；④经济地理资源的关注。

3. 复杂性理论

（1）复杂性视角下的组织

审视复杂性与组织的关系视角有两个：从组织角度看待复杂性；从复杂性角度看待组织。

目前，各类营利性与非营利性组织都面临着越来越复杂的内外运营环境。现代管理者（尤其是领导者）认为，研究复杂理论和复杂适应性系统思想的前提，是理解以往管理者是如何看待组织的。比如，组织领导者是否了解组织运作方式与运作机理、组织运作如何受到差异性环境条件的影响等问题。针对这一议题，传统的管理理论与实践者们通常关注于组织和控制的普遍规律、方法和技术，侧重于组织的合理结构、规则、标准化程序和常规实践等内容。他们遵循的假设为：领导力以个性为中心、以权威为基础（无论是法律上的，还是惯例遵循的）；领导者是做出决策、解决问题、协调、激励、计划、管理冲突、使行为与目标相一致、创新变革的人。

现代管理理论与实践者们则认为，复杂性理论并不是建立在以个性为中心的领导力这个假设之上。马里恩（Marion）指出，非线性、复杂的系统运行具有三个关键特征："系统有互动单元、系统是动态的、系统是自适应的"。复杂性理论动力学认为，秩序受自动或内生力量的深刻影响，在不需要系统外部资源的协调或输入的情况下，仍可发生有序的行为和结构。

从复杂性角度看待组织，会减少对计划、组织、控制等管理职能的关注。例如，复杂性理论家认为，组织的控制和管理并不依赖于权威的领导者，他们认为领导是一种人与人之间的互动关系与过程，因而需要在组织中形成一种新的思考方式。在复杂性理论和组织变革之间，存在一些核心原则：组织变革具有非线性特点，自组织不是规划或强加的结果，冒险和越轨行为是推动变革的积极力量，允许必要的混乱和无序、允许出现新秩序，人际关系，沟通和相互关系是重要的，等等。

（2）复杂性理论与未来研究

在如何看待组织这一议题上，未来学家和复杂性理论家具有很多共同点。组织的复杂自适应系统是组织进行未来研究的基本前提，组织变革可由复杂性理论、涌现和未来学研究链条进行解释。（“涌现”现象亦称“黑天鹅”事件，是指影响巨大、但发生可能性不大的未来事件。未来学家们一直努力预测这类事件）。

学者们将涌现的概念描述为复杂性理论的“锚点现象”。自组织是系统的一种倾向，特别是在不确定性压力下，由于代理间的相互作用、学习新事物并修改相互关系，系统会转向一种新的状态。当局部突然出现一个新秩序时，人们很难对涌现、突然或不可预测的变化事件做出规划。传统的未来学实践者和未来研究人员除运用扩展趋势线来预测未来结果外，还使用多种“未来”强调多种替代未来的价值。人类学家玛格丽特·米德（Margaret Mead）建议用“开放式”未来表达既不是预先决定，也不是可预测的观点，主张未来掌握在自己手中，由人们在当下所做的选择来塑造。构建情景过程和对替代未来的反思，将帮助人们思考无数未来的可能性，从而给人们提供一种根据可能的未来考虑现在所做决定的方法。事实上，一些未来学者在描述其对未来研究的观点时明确援引了复杂性理论。

现代领导者和管理者已重新定位复杂环境与思维模式，较少关注解决问题或控制系统的行为。正如未来学家雷纳所说：即使固执地相信人们具有控制和预测的能力，也不会改变这样一个事实：人们无法预测系统的本质。复杂性系统的涌现特性将影响领导结构和组织结构。目前，人们对集体行动的非线性解释仍处于复杂理论构建的隐喻阶段。然而，这种解释确实为理解集体行动的不可预测性提供了有趣的启示。尽管研究人员和学者仍在构建复杂性理论研究基础，对实践者（尤其是未来学实践者）来说，以不确定性与非线性变化为核心原则的复杂性理论仍具有强大的吸引力。

（3）复杂理论与情景规划

复杂性理论的使用者与未来学家有许多共同点，因为这两个群体均强调不确定性、模糊性、草根力量和非线性变化等概念，主张减少对常规规划和一般均衡的关注、相信冒险和保持灵活性是积极的行为。当组织以未来思维为支撑，运用复杂思维模式运行系统时，组织很少关注解决问题或控制系统行为，而是将焦点转向开放的交流行为，支持替代未来的思考和变革管理。

对传统的线性战略规划而言，未来复杂性思维视角下的情景规划是有益的补充。情景规划研究不是依据线性发展趋势来进行预测，而是从战略角度考虑可能性、外部环境、含糊不清的问题和尚未发生的不可预测复杂事件的方式，促使图书馆等组织制定方案、采取行动，提出应采取的战略建议。复杂性未来研究不仅拥有丰富的知识库，还拥有数据收集的稳健工具分析框架，以及坚实的行动科学基础。

4. 风险管理理论

情景规划着眼于低可能性、高影响力事件，体现了风险管理的思想。这些事件包括自然灾害、金融危机、流行病和恐怖主义等公共政策制定者所重点关注的事件。

（1）情景规划风险管理的四个方面

在过去的50年间，人们一直试图运用“科学”的管理方法来寻找管理事务的普遍规律，但事实证明，世界充满了不确定性和不可预知的结果。近年来，复杂性科学、行为经济学和神经经济学的研究已经从试图解析复杂系统的行为转变为预测不确定性和规避不利风险。以风险为基础的管理方法变得越来越重要，诸多已经发生的自然与社会事件表明，任一系统在经历长期的静止之后，都存在短期内骤然爆发的可能。

各类组织都试图回答，为什么其风险管理系统没有及早发现这些严重的危机。尽管任何一个风险管理系统都不可能完美，但为了提高对风险和复杂性处理的能力，组织情景规划应该着眼于以下四个主要方面。

①对待时间范围的态度。复杂系统的演化路径依赖于初始条件的时间变化，也即遵循蝴蝶效应。在蝴蝶效应中，不确定性随时间呈指数增长，因此组织需要更具创造性、更有远见的情景规划方法来“想象”或“预见”一定时间域的未来，而不是依靠逻辑推论来“预测”未来。

②明确可选择未来的含义。复杂系统的演化路径并非线性，这一特点决定

了未来图景的识别比较困难。当复杂系统到达突变临界点（即分叉点、可选择未来）时，复杂系统往往会得到一个意想不到的结果。此外，由于复杂系统的演变并不遵循线性路径，以往的趋势分析只能用来回顾过去，而无法用来检测突变临界点或分叉点造成何种未来意外结果。因此，组织需要在明确演化临界点的基础上形成一定空间域的可选择未来，进而展开情景规划。

③对待风险和可能性的态度。行为经济学家研究了人们对待评估风险和概率的态度。研究发现，人们运用风险和概率评估的经验法则，可能会造成系统性错误和偏差，进而形成惯性思维。具体运用的原理与方法有：

第一，可能性启发法。在评估概率时，人们倾向于关注近期历史，体现了对可得性启发法的应用，即如果最近没有发生某一事件，人们会低估这一事件发生的可能性；而如果最近发生了某一事件，人们会倾向于高估这一事件的重复性。因此，从未发生过的事件更有可能被低估。

第二，锚点效应。人们通常从一个初始点（或“锚点”）做出估计，然后沿着这个方向进行调整。例如，那些从生活成本低廉的城市搬到一个生活成本高昂城市的人，往往选择搬到较小的房子，而不会提高住房预算。

第三，代表性启发法。人们常根据物体 A 与 B 的相似程度来猜测物体 A 属于 B 类概率，体现出对代表性启发法的应用。代表性启发法也体现在寻找可能并不存在的模式，比如“赌徒谬论”，认为轮盘赌轮盘上的黑色是经过长时间出现红色后必然出现的“应得”结果。情景规划法的核心是打破直觉及人们传统的惯性思维，提倡通过个人与组织学习，不断地修正人们的固有观点，隔断传统思维黏性，实现系统性、创新性思维。

④关注绩效和奖励之间的同步性。原则上，将高管报酬与组织“业绩”挂钩是一种良好的绩效激励形式。在实践中，时间跨度选择会影响组织面临的风险大小及管理者的风险态度。风险评估是资源密集型的，如果没有奖励或惩罚，高管们将很少关注长期风险的评估或规避。只有当奖励制度更加重视长期风险及绩效时，这种态度才会改变。

（2）基于情景规划系统的风险评估与不确定性预测

组织要确定未来 1 ～ 3 年内的短期风险，应建立一个水平扫描系统；而要识别与应对长期的不确定性，则应采用情景规划系统。情景规划系统的使用，是为了生成可替代未来的情景，进而依据情景（即“心理图像”）做出决策、实施策略。除生成情景外，情景规划的价值还在于推导情景过程，使参与者能够明确风险转折点，提升参与者在参与过程中的执行力与敏感度。

情景规划是有用的，但它绝不是灵丹妙药。未来情景规划存在一个主要缺陷，即人类必须依靠过去的经验和图像来描绘未来的可能性。正如生活只能向后理解但必须向前发展一样，审视未来也应该透过过去的镜头来展望未来。从积极的方面来说，横向环境扫描和情景规划将有助于改变组织文化、引导积极行为，防范风险。具体内容包括：①寻求来自外部的冲突观点；②意识到自身偏见和认识盲点；③寻求规划的、应急的未来；④勇于承担风险，灵活应变，不为突发事件感到震惊；⑤避免机会主义与追求单一目标；⑥在不确定性环境中不断地根据变化和信号提出假设和制定计划。

5. 演化理论

万·德·凡（van de Ven）与普尔（Poole）提出了四种主要的评估组织开发与变革的分类方法：①生命周期方法；②技术方法；③辩证法；④演化方法(也称为进化理论)。其中，演化理论被用来分析和批判性地评述情景规划的战略过程。演化理论可以用来检验组织变革的多个层面，包括组织层面、人口层面和社区层面，其核心组成部分是变异、选择、保留和资源竞争。在情景叙述及执行阶段中纳入演化理论，可以增强情景规划实施效果。基于演化理论的情景规划经常在组织层面上进行，但并不仅限于这一层面。

（1）演化理论与情景规划

演化理论不同于生态学理论，虽然生态理论不仅强调组织或种群的进化，也同样关注人口过程、年龄的劣势或优势、生态位宽度动态，以及社区的相互依赖问题。弗布鲁姆（Fombrun）指出，一些与战略相关的生态和演化议题（如搜索）研究有待深入。例如，战略研究人员在评估组织如何适应情景规划时往往缺乏一个分析框架，而生态学和演化论理论家在如何识别竞争战略的构成要素时亦缺乏一个强有力的分析框架。近年来，情景规划的研究越来越普遍，但研究大多集中在情景规划本身及决策过程，很少有学者使用演化或生态学的框架来分析情景规划。

情景规划与演化理论相联系。情景规划是一个过程，它将利益相关者聚集在一起，勾画并叙述可能的未来。公司、非营利组织等实体将情景规划视为一项战略活动，希望通过它创建若干可能的环境，提出对变化的设想方案，评估战略备选方案和提升学习能力。情景规划不是一个描绘单一前进道路的战略规划机制，也不是一个试图预测未来事件的过程，因为单一战略规划机制与预测都可能与演化理论的某些方面（如变异）相抵触。

目前的情景规划研究主要集中在情景规划过程解析与实施上。沃卢姆（Varum）与梅洛（Melo）认为，目前研究中已达成某种共识，即情景规划通常会改进学习过程，更好地确定问题并改进决策，但仍缺少情景规划与业绩的关系研究。针对这一现状，沃尔什（Walsh）借鉴情景规划的演化观点，认为有必要评估环境因素，应用情景规划来评估环境变化与组织适应的关系。通过演化理论与情景规划的比较分析与框架构建将有助于情景叙事过程与组织变革的理论发展。

（2）基于演化理论的情景规划过程分析

运用演化理论的变异、选择、保留和组织学习等概念，可以从情境演化和生态学的角度对情景规划过程进行分析。

①变异。在演化理论中，变异的概念可以用来分析情景规划。有效变异的成分包括盲变异、等概率、无限制、统计独立性、失败的必要性或失败的可能性。

情景规划叙事过程是变异的替代演示，而非依赖于环境的抽象概念。例如，情景规划反映的是“主观故意变异”，而不是‘盲目变异’。情景规划过程试图补偿组织的过度自信、偏见和狭隘视野等问题，因为这些问题会限制变异。情景规划过程还考虑了已知的变异和不确定性。在这一过程中，人们不会事先知道可能的变异，而是由情景参与者想象可能的“主观故意变异和选择”。

②选择和保留。组织将试图经过选择和保留过程来适应环境。选择过程包括选择或消除变异；保留过程是指保持对组织有积极影响的变化。当然，对规组织而言，并不是所有的选择和保留过程都会形成内在积极变化。情景过程强调避免直接选择和保留变化；强调要评估一系列可能的未来描述，而非简单的路径选择。因此，情景规划不同于其他形式的战略规划和预测过程，因为前者的叙事过程包含了想象的选择过程，而后者将未来步骤缩小到确定的路径，从

而限制了探索变化的可能性。

③选择和实施。情景规划的实施阶段对于能否有效运用该种战略方法至关重要。开放的叙事过程将情景规划与其他搜索方法区分开来，情景规划可以来分析社会组织在叙事过程之后如何回忆情景。然而，选择和保留并不直接映射到规划上，情景规划过程需要想象与演练未来故事。根据坎贝尔（Campbell）的研究，选择可以表现为社会组织的选择性生存、社会群体间的扩散、时间变异的传播、个体间变异的模仿、晋升为领导或教育角色，以及理性选择。选择包括根据优化适应度标准选择或消除变化。在组织范围内，选择标准可以由环境因素确定，如市场力量、竞争、制度化规范的影响、正式的工业控制或规章等。

④惯性。惯性也可以被称为惰性。在演化理论指导下，情景规划过程需要限制、挑战不良后果等惯性。例如，来自规划过程的挑战可能导致行为或思维惯性。惯性可以不同的方式来描述，如战略惯性是对组织当前和常规战略的承诺，以及对打破现状的抗拒；结构惯性是由于结构问题而非战略或认知问题导致社会组织无法适应环境的变化，分为内部惯性（如沉没成本、先例规范）及外部惯性（如法律、监管）。惯性的战略和结构源于平衡可靠性与环境变化的需要。情景叙事可以成为一种挑战假设和突破组织惯性的手段。例如，情景规划需要考虑各利益相关人的观点，而非仅仅思量高层管理者的战略决策。当然，情景规划过程也面临一些挑战，如可能存在偏见或包含不具代表性的涉众样本。情景规划过程中的偏差会导致变异可能性降低，或者根据特定情景选择已知的变异，从而对适应性产生负面影响。情景规划过程还有可能使组织转向探索性学习，或者转向结构惯性。

6. 本体论与认识论

未来研究和情景规划的哲学基础具有一个梯度——从严格的、分析的、确定的、价值的和知识客观的实证主义，到松散的、解释的、非确定的、价值的和知识的主观相对主义。

在这一梯度上，中国台湾地区淡江大学学者伊尧托勒（Inayatollah）将未来研究划分为三个相互重叠的研究维度：①预测或经验；②文化或解释；③后结构或批判。每个维度对真实、真理、主体的角色及宇宙的本质和未来的本质都有不同的假设。

在预测/经验观点中，假设宇宙是确定的，因此未来是可知的，未来将成为专业知识的聚集地。情景被用来确定偏离预定趋势的可能性，而不是建立“不可想象的”世界观。这构成了传统规划者、政策未来学家和经济学家经常持有的观点，即将重点放在单一概率预测上。

在文化（或解释）观点中，真理和现实被认为是相对的，因为现实中这些词汇只意味着使用者的心理模型。此时，人们的目标不是预测，而是通过比较影响决策选择的未来图像，洞察不同的观点。这种观点中的多种可能未来现实概念与情景规划的替代方案相一致。

在后结构（或批判性）观点中，未来研究具有关注未来的主观倾向。未来研究运用自我叙述和期望的结构框架洞察、贯通未知与不可知，而目前实际探入未知和不可知领域的方式为目视观察和大脑思考。

情景规划秉持一些批判性的观点，如提倡“思考不可想象的事情”或挑战“惯性思维模式”，但如果认为情景规划试图推翻目前的权力关系，那将是一种严重的认知扭曲。批判现实主义比实证主义和后实证主义更适合作为未来研究的认识论基础，因为它假设知识是推测的，而不是“命题真理中的合理信念”。批判现实主义似乎与关于现在和过去（有证据支持）的主张及关于未来（未必真实）的主张一致。批判现实主义的本体论假设认为，存在一个由个人感知进入的多层级世界。这个世界不仅由事件、事态、经历、印象和话语组成，还由潜在结构、权力和倾向组成。

未来的本体论不同于过去和现在的本体论，在人类意识之外，未来现实将存在。原则上，人们对未来做出客观上比较准确的断言等同于对未来的假定陈述，人们可以据此采取行动。综上，最恰当的认识论和本体论主张，可以在未来研究“推测知识”的基础上“确保自信”，使某个未来成为现实的基础。因此，来自实证主义领域的有效性、可靠性和概括性等术语的适用性是有限的。

7. 行动理论

情景规划是聚焦于组织变化的干预行动。阿吉丽思（Argyris）应用行动理论为组织变化的理论基础建立了框架。她延伸了行动科学与使用理论，认为人类是行动的设计师。阿吉丽思对行动理论的定位为：为实现意向性结果设计个人行动，以及为明确行动进行结果监测。她认为，旨在实现意向性结果的行动，能够清晰地反映从技术方法到组织发展变化的关系假设。从理论角度看，行动理论强调组织中由人所设计的变化结果。从实践角度看，设计行动需要行动者构建简化环境，形成一套可控的、描述实现意向性结果的因果理论。在如上论述中，简化环境相当于给定情景；一套因果理论可等同于给定某一情境要素的意外事件或可能行动。目前，有两类行动理论，一个是信奉理论，一个是实际使用理论。

（1）信奉理论

信奉理论是指个人宣称指导其行为的原则。人们如何思考他们的行动与人们如何实际行动不总是一致的。理解这一理论的关键是理解他们的观念。

（2）实际在用理论

实际在用理论是指导人们行动的原则，与宣称指导其行为的行动原则不同。简言之，人们总是行动不一致，也认识不到信奉理论与实际在用理论之间的矛盾。依据行动理论，情景规划有助于实现如下功能。①情景规划用于揭示、分析、共享、重构心理模型（或心智模式）。彼得·圣吉指出，可以将有效的组织学习过程划分为三个阶段：描绘心智模式，挑战心智模式，改善心智模式。如果心智模式没有改变，则实际在用理论没有变化。因此，对整个工作体系的分析导致一个结论，即情景生成有助于形成心智模式、进而完善行动理论。②提高训练有素的想象力。训练想象将理论构建过程与情景构建过程都描述为经过受训的想象过程。理论学家们在构筑理论时，要经历设计、建造、阐释想象实验。这些活动类似于演化的三个过程：变异、选择与保留。

总之，人们逐渐认识到，全球金融、政治、技术等系统正变得越来越复杂，也越来越不稳定。虽然在理论上很少发生这类不确定事件，但一旦发生影响力巨大的波动性事件，便会产生意想不到的灾难性后果。因此，为了更好地面对未来冲击，人们必须意识到认知的局限性，掌握一些可用于管理动荡局势的工具，提高人们对不确定性未来结果的可预见性。

参考文献

[1] HENRY MINTZBERG, BRUCE A, Joseph B L. Strategy safari: your complete guide through the wilds of strategic management [M]. 2nd Edition. Director, 2009: 17.

[2] JAMES RAJASEKAR, AROJ AL RAEE. Organizations' use of strategic planning tools and techniques in the sultanate of oman [J]. International Business Research, 2014.7(3): 159–178.

[3] PHILIP R W. Dealing with the uncertainties of environmental change by adding scenario planning to the strategy reformulation equation [J]. Management Decision, 2005, 43(1): 113–122.

[4] CARTER MCNAMARA. Basic overview of various strategic planning models [EB/OL]. [2019-04-22]. http://www.managementhelp.org/strategicplanning/models.htm.

[5] 吴维库. 企业竞争力提升战略 [M]. 北京：清华大学出版社，2002. 07: 29–30.

[6] THOMAS J CHERMACK. Disciplined imagination: building scenarios and building theories [J]. Futures, 2007(39): 1–15.

[7] K VAN DE HEIJDEN. Scenarios: The art of strategic conversation [M]. UK:John Wiley. Chichester. 1996.

[8] 张铁男. 适应性企业战略管理 [M]. 北京：中国发展出版社，2006: 28–29.

[9] MAT LINDGREN, HANS BANDHOLD. Scenario planning:the link between future and strategy [M]. Creative Print & Design (Wales). EbbwVale. Palgrave. Macmillan, 2003: 1–194.

[10] RON BRADFIELD, GEORGE WRIGHT, GEORGE BURTA, et al. The origins and evolution of scenario techniques in long rrange business planning [J]. Futures, 2005(37): 795–812

[11] M GODET. Forefront: how to be rigorous with scenario planning [J]. Foresight, 2000, 2(1): 5–9.

[12] 刘莉，贾东琴. 新西兰国家图书馆 2030 年战略指南解读 [J]. 国家图书馆学刊. 2017(8): 56–63.

[13] KARA J M. Understanding faculty perspeptions of the future:action research for academic librarians [D]. ProQuest LLC. US:Los Angeles. Antioch University, 2011.
[14] 乌家培等. 信息经济学. 北京：高等教育出版社 [M] , 2007: 53–80.
[15] BODDE D.L. Future Imperfect: managing strategic risk in an age of uncertainty [J]. Public Utilities Fortnightly, 2007, 145(1): 24–7.
[16] KOH S CL, GUNASKEKRAN A, SAAD S M. A business model for uncertainty [J]. Benchmarking, 2005, 12(4): 383–400.
[17] THOMAS J CHERMACK. Disciplined imagination: building scenarios and building theories [J]. Futures, 2007(39): 1–15.
[18] RINGLAND G.Scenario planning: managing for the future [M]. Winchester. NY:Wiley, 2006.
[19] 李天柱，银路. 情景规划应对不确定性的思路研究 [J]. 技术经济，2009(6): 52–56.
[20] 娄伟. 情景分析理论与方法 [M]. 北京：社会科学文献出版社，2012: 28–39.
[21] SVEN HIRSCH, PAUL BURGGRAF, CORNELIA DAHEIM. Scenario planning with integrated quantification–managing uncertainty in corporate strategy building [J]. Foresight, 2013, 15(5): 363–374.
[22] RONALD HEIFETZ, ALEXANDER GRASHOW, MARTY LINSKY. The theory behind the practice—a brief introduction to the adaptive leadership framework [M]. Harvard Business Press.Boston, Massachusetts, 2009: 8.
[23] ADAMIS TONY, MARCEL PROUST. The real voyage of discovery consists not in seeking new landscapes but in having new eyes [J]. Retina, 2012（2）.
[24] 杨景厚. 关于技术前瞻研究的评介 [J]. 国际技术经济研究，2000(1): 32–37.
[25] CHEISTOPHER ZEGRAS, LISA RAYLE. Testing the rhetoric: an approach to assess scenario planning's role as a catalyst for policy integration [J]. Futures, 2012(44): 303–318.
[26] SALLY MCINNES. Strategic plans and national libraries: planning within a changing context [J]. ALEXANDRIA, 2011, 21(3): 41–54.
[27] THOMAS J CHERMACK. Process level scenario planning [J]. Academy of Strategic Management Journal, 2006(5): 115–132.

[28] MARJOLEIN B A, VAN ASSELT. Searching for uncertainty in rivm's environmental outlooks [J]. Perspectives on Uncertainty and Risk, 2000: 293–351.

[29] ANNE MARIE CASEY, JONE E, CAWTHORNE, et al. Gazing into the crystal ball: using scenarios for future visioning of a distance learning library service [J]. Journal of Library & Information Services in Distance Learning, 2014(8): 181–203.

[30] Global Environment Outlook–GEO 6 [R]. Technical Report.UNEP, 2016（6）.

[31] 刘莉，贾东琴. 新西兰国家图书馆2030年战略指南解读 [J]. 国家图书馆学刊，2017(8): 56–63.

[32] 柯平，贾东琴，邹金汇. 图书馆“十三五”战略规划的科学制定与分类指导 [J]. 情报资料工作，2015(5): 5–9.

[33] ADAMIS T The real voyage of discovery consists not in seeking new landscapes but in having new eyes–MARCEL PROUST [EB/OL]. Retina, 2012 [2019–05–19]. http://xueshu.baidu.com/usercenter/paper/show?paperid=d87b28baa4b51a43618e67fbf2763e7a&site=xueshu_se.

[34] RAFAEL RAMIREZ, CYNTHIA SELIN. Plausibility and probability in scenario planning [J]. Foresight, 2014, 16(1): 54–74.

[35] P J H SCHOEMAKER. Multiple scenario development–its conceptual and behavioural foundation [J]. Strategic Management Journal, 1993(14): 193–213.

[36] SWANSON R A. Seeing scenarios [J]. Advances in Developing Human Resources, 2008, 10(2): 127–128.

[37] FRANK BUYTENDIJK, TOBY HATCH, PIETRO MICHELI. Scenario–based strategy maps [J]. Business Horizons, 2010(53): 335–347.

[38] THOMAS J CHERMACK, LAURA M COONS. Integrating scenario planning and design thinking: learnings from the 2014 Oxford Futures Forum [J]. Futures, 2015(74): 71–77.

[39] THOMAS J CHERMACK. Studying scenario planning: theory, research suggestions, and hypotheses [J]. Technological Forecasting & Social Change, 2005(27): 59–73.

[40] 未来学. 百度百科 [EB/OL]. [2019–05–07]. https://baike.baidu.com/item/%E6%9C%AA%E6%9D%A5%E5%AD%A6/2977890?fr=aladdin

[41] OLIVER J J, PARRETT E. Managing uncertainty: harnessing the power of scenario planning

[J]. Strategic Direction, 2017, 33(1):.5–6.

[42] CHUAN–LEONG LAM. Management under conditions of complexity and uncertainty [J]. The Singapore Economic Review, 2014, 5(2): 1475001–1 ~ 1475001–5.

[43] DANIEL KAHNEMAN, AMOS TVERSKY. Prospect theory: an analysis of decision under risk [J]. Econometrica, 1979, 47(2): 263–292.

[44] SANDRA K EVANS. Connecting adaptation and strategy: the role of evolutionary theory in scenario planning [J]. Futures, 2011(43): 460–468.

[45] C A VARUM, C MELO. Directions in scenario planning literature—a review of the past decades [J]. Futures, 2010, 42(4): 355–369.

[46] WALSH P R. Dealing with the uncertainties of environmental change by adding scenario planning to the strategy reformulation equation [J]. Management Decision, 2005, 43(1): 113–122.

[47] THOMAS J CHERMACK, L VAN DER MERWE. The role of constructivist learning in scenario planning [J]. Futures, 2003 35(5): 445–460.

[48] JOHN S WALTON. Scanning beyond the horizon:exploring the ontological and epistemological basis for scenario planning [J]. Advances in Developing Human Resource, 2008, 10(2): 147–165.

[49] 对 Argyris 的组织学习理论的探讨 [EB/OL]. [2019–05–18]. https://doc.mbalib.com/view/22dead654d506a9d5c867715904ce07d.html.

第三章

图书馆情景规划理论

一、图书馆不确定性未来研究

1. 图书馆不确定性未来研究的发端与演进

（1）研究发端

在理论层面，从20世纪30年代起，图书馆员就开始以专著和座谈会的形式思考图书馆的未来。图书馆员为寻求了解未来的方式，首先对人们了解未来的方式进行一般概述。在此基础上，再探究学术图书馆员是如何研究未来，以做出更好的决定的。

在21世纪后期，图书馆员对其职业面临的挑战、威胁和渴望有了深刻的认识，并以社论、演讲和思考文章等形式研究了图书馆可能的未来。在一次关于信息素养的会议上，一位未来研究员向学术图书馆员发表了主题演讲，强调预测和规划多种未来的重要性。之后，图书馆员开始书写情景构建价值的文章，并就如何构建情景及如何向从业者提供具体指导做了探讨。在实践层面，美国大学与研究图书馆协会（ACRL）书写了学术图书馆员未来思维的白皮书；英国的图书馆协会和学会也形成了一些图书馆未来项目与成果。

（2）研究演进

早期理论研究，在严格意义上都不属于未来研究。休论和桑德斯（Hernon and Saunder）对政府印刷局管理的联邦图书馆的研究则是一项值得关注的高校图书馆未来研究。休伦与桑德斯设计了一些情景，并在采访中向 30 位来自顶尖研究机构的高校图书馆馆长展示了这些情景。他们还采访了 13 位信息素养专家，运用德尔菲法中征集了专家意见。不过，在研究设计方面，如上研究是问题导向且参与者角色受限，因此研究存在缺陷。

图书馆界召开了多次探究图书馆未来战略的研讨会。如 1991 年举办了由研究图书馆集团赞助、利益相关者团体参与的两次未来研讨会，旨在探讨图书馆更可取的未来（Preferred Futures）。在第一轮研讨会上，图书和学术专家共同参加了六次图书馆未来发展的研讨会。第二轮会议聚集了更多的利益相关者，包括学术管理者、IT 经理、大学图书馆员、教师、学术出版商和基金会领导。这些研讨会最终确定了 30 多个试验项目。在未来研讨会的报告中解释了情景规划如何帮助该小组超越传统的规划工作，如何在校园提供

计算机支持。

目前，在高等教育与高校图书馆中，以未来思维和行动导向为主题的研究与实践项目越来越丰富。例如，乔治·华盛顿大学商学院和公共管理学院组织了一次搜索未来的主题会议。在会议上，利益相关者聚集在一起，进行了为期三天的密集会议，期间着重探讨了整个系统的学习、授权和团队合作，目的是创造性地找到未来愿景的共同点并确定未来愿景。由于这类项目需要资源、能力和对规划的持续支持，因而许多机构无法企及。

在图书馆探索未来的这一阶段，图书馆员让教员参与到图书馆的正式规划过程中。例如，东华盛顿大学图书馆为重塑图书馆，成立了一个由六所学院教员及图书馆工作人员组成的研究所，展开为期两周的战略规划。该战略规划把重点放在规划上，将其作为一个事件、一个可以控制的东西，而不是学习一种现存方式。

在学术图书馆工作中，鲍曼（Bolman）与迪尔（Deal）出版的图书成为 ACRL/ 哈佛领导力研究所的工作基石，其中的四种框架（政治、结构、象征

和人力资源）得到了学术图书馆广泛接受和应用。许多学术图书馆员通过这本书提供的框架了解战略规划。该书指出，战略决策和组织规划是象征性框架下的情景，规划本身就是“荣誉徽章”，而战略规划过程则是“一个仪式”。总体而言，战略规划是一个从分析到目标，从行动到结果的线性的过程。

在著作方面，《图书馆情景规划》（*Scenario Planning for Libraries*）、《情景规划：未来的实地指南》（*Scenario Planning: A Field Guide to the Future*）及《对学术图书馆和公共图书馆未来的思考》（*Reflecting on the Future of Academic and Public Libraries*）都是值得推荐的、介绍情景规划理论和实践的文献资料。此外，美国图书馆研究协会（ARL）在 2010 年发布《2030 年愿景》，对学术研究型图书馆未来的四种愿景，引起了人们对这种方法的极大关注。《2030 年愿景》没有对未来进行明确假设，而是迫使图书馆反思在各种信息丰富的世界中所处的位置。愿景发布的价值不在于描述了清晰的内容，还在于反映了图书馆如何与各种社区相融合。

2. 图书馆发展趋势与挑战

在未来，图书馆所面临的新挑战将成为新的议题。在图书馆等领域的未来探索方面，美国《新媒体联盟地平线报告》（以下简称《报告》）自 2002 年以来已经连续发布了 16 年，其领域涉及全球高等教育、基础教育、图书馆和博物馆，目前已覆盖 195 个国家和地区。该《新媒体联盟地平线报告》对新技术的密切跟踪，以平衡不同专家视角、突出展示教育技术的创新进程为宗旨，备受教育技术领域关注。

《新媒体联盟——图书馆地平线报告》（2017 图书馆版）是从实践角度探讨高校图书馆不确定性未来的报告。新媒体联盟会同瑞士库尔技术与经济学院、苏黎世联邦理工学院图书馆和德国国家科学技术图书馆，共同组织全球范围图书馆领域众多专家开展了实践探索并完成了《报告》，预测了高校图书馆面临的未来，包括 18 项影响未来图书馆界的议题，涵盖 6 项关键技术、6 项发展趋势及 6 项重要挑战，为图书馆界政策制定和战略规划提供了行动指南（图 3–1）。因此，分析这 18 个议题，对国内图书馆界正确认识国际发展环境和明晰当前问题有非常重大。

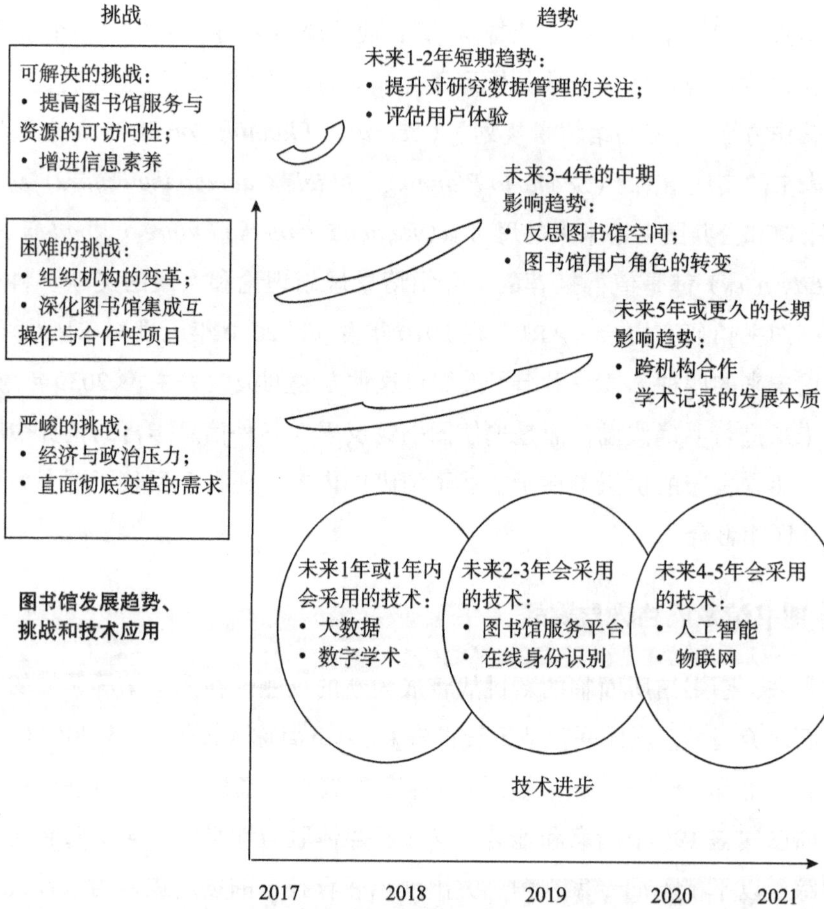

图 3-1 《新媒体联盟——图书馆地平线报告》(2017 图书馆版) 内容概览

《报告》列出了将在未来五年内影响图书馆技术规划和决策制定的 6 项技术：数字技术、大数据、图书馆服务平台、在线身份识别、人工智能、物联网。相比 2015 版《报告》中的 6 项关键技术（即创客空间、在线学习、信息可视化、语义网与键连资料、智能定位、机器学习），2017 版《报告》有了明显的差异性。2017 年《报告》强调，提升对研究数据管理的关注、评估用户体验、反思图书馆空间、探究图书馆用户角色转变、实现跨机构合作、明确学术记录发展本质这将有助于加速高校图书馆对于信息化技术的应用。在这方面，2015 年

《报告》的支撑性因素则为：研究内容的可访问性、反思图书馆空间、探究学术记录的发展本质、提升对研究数据管理的关注度、提升用户体验的价值、移动内容的优先与传播。

此外，2017 版《报告》还呈现了 6 个挑战，即提高图书馆服务与资源的可访问性，增进信息素养、组织机构的变革，深化图书馆集成互操作与合作性项目，经济与政治压力，直面彻底变革的需求等。而在 2015 版《报告》中，6 个挑战则为：将高校图书馆嵌入到课程体系中、提升数字素养、来自其他服务途径的竞争、反思图书馆员的角色和技能、直面彻底变革的需求和管理陈旧知识。未来 5 年阻碍学术图书馆技术采用所面临的 6 项重要挑战及 2017 年列出的可解决的挑战议题中，新增的直面彻底的变革、深化图书馆集成互操作与合作性项目，以及以往的“增进信息素养”，都是目前各馆竞相加强的项目。

“直面变革的需求”是近三年《报告》一直在提的最严峻的挑战。继 2008 年经济形势下滑，2016 年美国和英国政治环境的变化也给图书馆带来负面影响。2017 年地《报告》将经济和政治环境视为新技术应用于图书馆后面临的严峻挑战。与此同时，下滑的入学率及大型出版商对数据库的垄断，也给图书馆发展带来严峻挑战。面对经费紧张和大型数据库商垄断，许多图书馆将开放获取视为未来学术出版方式。加拿大研究图书馆协会（CARL）就此联合 30 多家部门，以期实现有效沟通和提高资源获取能力。有些图书馆面对数据库出版商的捆绑销售，让学生分摊部分费用或建立自己的出版机构。由此可见，未来 5 年内的 4 项困难及严峻挑战等议题都与图书馆的自我提升、角色重新定位、直面变革相关，

图书馆必须找到彻底变革的解决方案，真正优化新时代的图书馆服务。2011—2017 年《报告》的预测对比情况表 3-1 所示。

表 3-1　水平线报告

水平线报告预测分析	2011 报告	2012 报告	2013 报告	2014 报告	2015 报告	2017 报告
2012	电子书 移动					

续表

<table>
<tr><th>水平线报告
预测分析</th><th>2011 报告</th><th>2012 报告</th><th>2013 报告</th><th>2014 报告</th><th>2015 报告</th><th>2017 报告</th></tr>
<tr><td>2013</td><td rowspan="2">八月现实
游戏学习</td><td>移动应用
平板计算</td><td></td><td></td><td></td><td></td></tr>
<tr><td>2014</td><td rowspan="2">游戏学习
学习分析</td><td>平板计算
慕课</td><td></td><td></td><td></td></tr>
<tr><td>2015</td><td rowspan="3">学习分析
基于知识</td><td rowspan="2">学习分析
游戏学习</td><td>学习分析
翻转课堂</td><td></td><td></td></tr>
<tr><td>2016</td><td rowspan="2">基于知识
物联网</td><td rowspan="2">游戏学习
3D 打印</td><td rowspan="2">翻转课堂
YO 设备
可穿戴技术
创客</td><td></td></tr>
<tr><td>2017</td><td rowspan="2">3D 打印可
穿戴技术</td><td></td></tr>
<tr><td>2018</td><td></td><td></td><td rowspan="2">量化自己
虚拟助手</td><td></td><td></td></tr>
<tr><td>2019</td><td></td><td></td><td></td><td>物联网
适应性学习</td><td></td></tr>
<tr><td>2020</td><td></td><td></td><td></td><td></td><td></td><td>人工智能</td></tr>
<tr><td>2021</td><td></td><td></td><td></td><td></td><td></td><td>物联网</td></tr>
</table>

注：每年《报告》均滚动展示未来五年的预测结果，如 2011 年的报告展示了从 2012 年到 2016 年的预测分析。

从《报告》内容分析可见，图书馆仍然是丰富信息和知识的守门人。将新媒体和技术纳入战略规划至关重要，图书馆必须适应与紧跟数据存储、学术记录与出版物格式的演变。开放获取是图书馆应对财政拮据问题的一个潜在解决办法，图书馆必须平衡其作为独立学习和合作场所的空间职能，人工智能和物联网将扩大图书馆服务的效用和边界等。

3. 图书馆应对不确定性的战略制定

（1）对不确定性因素的识别与未来情景构想

图书馆越来越关注未来与不确定性议题。随着各类文献与学术会议中频繁论及教育、科技、经济政策、出版与社会行为等外部环境下的未来趋势，图书馆界开始深思其工作与机构的潜力，力求识别、研究图书馆核心使命与价值，适应信息服务需求方式的转变。基于此，图书馆业界人士需要在描述其职业本质的同时，解构图书馆资源与服务，在图书馆目标与价值不变的前提下，改变数字环境下服务工具与角色定位。在未来数字环境背景下，图书馆将继续面临信息环境的改变。未来信息环境既包括新的印刷形式与实体空间，

也包括数字形式与虚拟空间，推动信息服务、信息设施不断演进。其中，数字设施可以定义为彼此相互连接在一起的数字内容、数字化商业运营、数字沟通与传播，以及信息分析与可视化的数字研究工具统一体。例如，聚友网（MySpace）等重塑了社会环境，挑战信息设施、对象与服务的同时，也让图书馆员思考如何组织与传递服务、分配资源、执行目标。

目前，图书馆学界与业界在解构图书馆面临的数字环境、目标、价值、角色定位与服务工具时，逐渐意识到图书馆领域存在着不确定性发展因素。如霍博姆（Hobohm）将图书馆面临的不确定性表述为：数字资料持续的时间、版权、用户行为，出版商行为以及是否会有图书馆员有新的角色（信息采集者、创新者）。杰娜德（Gernnard）提出了引起不确定性的因素，如私有化 / 外包，数字文献变化，新研究工具的出现，信息安全威胁等。福特（Foot）则认为，知识型社区、制造业的衰退、服务业增加、高移动智力员工的需求是引致图书馆不确定性环境的主因。

在识别图书馆不确定性因素基础上，可以进一步探究图书馆的未来情景。如著名未来学家苏美尔 . 伊尧托勒教授一方面在《未来学家》杂志发表了《图书馆的未来：从知识保存者到知识创造者》（*Library Futures: From Knowledge Keepers to Creators*）理论文章，另一方面也在实践中召集世界各地（如澳大利亚）的图书馆员进行多次研讨，采用他提出的因果分层分析法（Causal Layered Analysis）进行分析，构想了图书馆未来发展的不同情景。

依据图书馆的未来发展情景，首先，图书馆未来的绩效测度指标，将从现在的图书流通量过渡到访问量（包括到馆人数和网站访问人数）。其次，图书馆将发生系统性变革。图书馆将从目前主要提供图书资料文献的现状，走向工作间、3D 打印设备、数字化脑图（Braincaps）、纸本图书、电子图书等未来图景；图书馆里的知识组织将由专家为主的现状，转变到由图书馆员与社区公众共同管理，二者共同创造知识的未来图景等。如果说现在的图书馆员是馆藏资料的

保存者，未来的图书馆员则好比是知识花园中的创新者。再次，未来也将促使图书馆空间设计发生转变。数字环境已经转变了图书建筑的被动态势。过去，用户对信息垄断的图书馆没有控制，但在数字时代的环境下，用户有了更多选择，图书馆员也有了更多的采集信息、传递信息与档案信息的选择。用户期待以动态方式与信息互动，重建与重塑信息，并在用户需求与心智模式演进过程中打破图书馆垄断终端用户、服务端及数字获取的局面。

从系统角度出发，图书馆信息存贮应以一定的顺序进行归集、扩展与保持稳定。新系统虽然会定期演化，但每一个系统的演化应该具有固定模式。因此，作为平台的图书馆应是一个服务于用户的实体与智力系统。成功的图书馆信息服务要能以三个平行的结构反应动态不确定性变化。①用户社区（学院、学生、信托人及其他高校机构的相关利益人）；②内容（创造者、出版业或媒体）③平台（组织化的系统、技术、直接服务及设备）。

（2）嵌入情景的可持续战略规划的必要性

在一个永远变化的世界里，唯一确定的就是变化。图书馆虽然已经具备各种文献、设备、技术、员工、设备、学生需求与机构层次，但图书馆如何在动态、激烈变化的竞争环境下具有竞争力，如何在诸多选择中进行选择是图书馆要持续回答的问题。很多学者呼吁对整个图书馆的运营进行重新设计，但由于各种因素约束，使之难以实现。联机计算机图书馆中心（OCLC）曾在《图书馆与信息资源理解》报告中指出“人们对信息自助与无缝化增长趋势、图书馆在自助电子资源环境上具有思想认同感。图书馆应在现状基础上，从各种可能的未来中构建未来”。

图书馆的美好未来必将通过嵌入情景的战略规划工具来实现。按照战略差异化程度与时间维度，人们对待战略的态度从清洁者到设计者逐步转换：清理尖锐问题→处理当前问题→预测未来需求→设计未来。按照该范式转换路径，情景规划恰恰是一种顺应不确定条件下战略规划范式转换趋向的规划技术与学习方式。情景规划要想取得成功，还需要集成考虑诸多因素，如管理层倡导与推动、持续规划、明确情景规划的应用条件与自身局限性等。尤为重要的是，图书馆的发展不是立刻放弃之前的目标与任务假设，而是要开始采用新的心智模式。因此，图书馆应具有独特与不合常规（Out of the Box）的情景思维

（Future-oriented Scenario Thinking），担当“最早的变革推动者”（Primary Change Agent）与“发明人”（Inventor），突破以往图书馆作为编目与数据仓库机构的认识，从文献“检索观”转变为内容“利用观”，从传统图书馆以物理空间为基础的管理模式转向无空间与馆藏概念的图书馆管理模式。

基于此，图书馆需要制定嵌入情景的战略规划，重新定义与探究资源利用方式，发挥图书馆在可信性文献资源获取上的优势。更进一步，图书馆需要制定嵌入未来情景的可持续性战略规划。21 世纪图书馆和馆员的发展战略必须着眼于图书馆和馆员的能力，运用可持续的情景规划方法感知、描述、适应、塑造变化，为变化做好准备。

（3）嵌入情景的可持续战略规划的具体内容

嵌入情景的可持续战略规划基础是将战略需求嵌入组织行为之中。由于各图书馆具体条件具有差异性，图书馆情景规划理论与实践需要突出一些关键问题，如影响、包容、融合、创新和想象力。对此，应在组织层面建立一种基于综合影响、包容性、一体化、创新和想象力的战略，即五个 I（Impact，Inclusiveness，Integration，Innovation and Imagination）战略，使之融入组织文化之中。其中，在创新与想象力战略环节，将涉及情景的嵌入。

1）可持续战略规划与五“I”战略。

图书馆在面对当前和未来的变化时，其主动性取决于该规划对利益相关者的影响及图书馆的运营环境。一项有效的战略规划，将协助图书馆处理业务执行中的障碍（如缺乏战略导入、资源减少、政治因素和非稳定的伙伴关系等），为图书馆提供发展方向，有效地将规划转化为行动，提高实际工作的组织能力。因此，图书馆应把战略规划看作一个令人振奋的、长期的、雄心勃勃的日常工作活动，将其融入组织运营的连续过程之中。

将战略作为优先事项纳入业务规范，形成可持续性战略规划，应该纳入推动者的因素，如利益相关者的参与和领导的角色，并将战略规划融入组织活动以实现可持续性。建议以五项策略为基础，进行有效的战略规划：①影响（Impact）：计划必须是动态的和积极的；②包容性（Inclusiveness）：必须促进和扩大集成（Integration）：图书馆工作流程与内部文化必须集成到图书馆工作实践中；④创新（Innovation）：必须促进新的工作方式的开发；⑤想象力

（Imagination）：必须是创造性的，允许有不同的未来想象。

以下将依次对这几个关键问题进行展开，并就如何将它们嵌入组织文化提出建议。

2）基于五“I”战略的规划。

影响（Impact）。影响要求图书馆战略规划的时间框架应该是长期的。以往的图书馆长期战略规划一般包括 1 ～ 3 年的组织发展计划，主要适用于满足渐进式变化和基于业务的需求。这类规划的制定通常以资金周期为基础，其实施可能会由于资金压力被阻滞，或被新的优先事项所取代，从而使企业计划与总体战略愿景相脱节。因此，图书馆长期战略规划将为图书馆未来十年或更长时间提供战略方向，显示未来重大变化与巨大影响。图书馆战略规划应该是“感性的”，能展示图书馆及其发展意图；图书馆战略规划也应该是“动态的”，能定期发布实现目标的成果。引入影响策略的图书馆长期规划将大大提高图书馆的知名度并接触到新的读者。

包容（Inclusiveness）。包容主要强调利益相关者参与到图书馆战略规划活动与过程的重要性。利益相关者的参与是一项高度耗费资源的工作，因此在制定计划之前，图书馆应做好充分的咨询工作，使参与者了解图书馆及其活动，在用户、潜在用户和图书馆之间建立一种持续的双向对话渠道，征询各类利益相关者的意见。服务用户参与图书馆服务设计并提出洞见方案将促进图书馆探寻未知领域。

在图书馆与其使用者之间建立持续对话，提高对图书馆及其作用的认识。从对话中得到反馈意见并开辟新的交流渠道，挖掘多样化的新用户，有助于图书馆更有效地满足现有用户需求。

集成（Integration）。集成要求对图书馆战略规划提出更改并与内部文化相集成，以得到内部和外部利益相关方的支持。集成需要一个有说服力的、有魅力的领导，他 / 她对组织有清晰的愿景，能够激励参与者共同参与规划过程，授权追随者，并以建设性方式影响组织行为。这类领导不仅是自上而下的，也是横向分散的。图书馆战略规划制定将是一项重要的集体成就，能够引导相互学习、共享观点及积极行动。图书馆领导者还将与政治领袖一起，确保监管和审计能够支持而不是阻碍组织活动。敬业的领导者能够通过自我意识、同理心、

讲故事的能力，凭借有意义的权威对话来激励员工，弥合规范与现实组织之间

在流程、结构与目标方面存在的鸿沟，从而支撑服务、夯实社会网络关系及人力资源基础。

创新（Innovation）。创新是有效地提供图书馆服务的核心。资源减少是图书馆的一个共同主题，它要求图书馆通过更有效地运作来节省开支、增加收入。迅速更新的技术及需要随时掌握语义信息的用户均要求图书馆引入新的工作方式，培养具有创新性和适应能力的工作人员。创新文化的发展可以通过激励员工、孕育可转移技能、形成创新性思维并接受创新（包括冒险）等方式实现。创新文化不应该仅局限于工作人员，用户也应该被纳入其中。

创新文化的发展是由参与领导、组织学习、促进与合作伙伴协作、提升领导技能来支持的，因此开发新的工作方法不应取代馆藏保护的专业能力和知识。学习在开发新的工作方式中至关重要。学习文化将支持内容学习与知识转移方式，在反馈和评估中学习是开发新工作流程的核心。

在创新过程中，图书馆必须建立新的伙伴关系和协作关系，使图书馆能够继续在开放存取、全文检索、数字化内容和基于web的图书销售领域发挥作用。例如，在互联网搜索引擎和用户需求正在改变人们访问印刷文字的时代背景下，谷歌Books已经与20多个图书馆合作。协作会面临风险。例如，通过合作伙伴关系为网络访问提供内容可能会削弱图书馆作为信息提供者的作用。当然，图书馆也可以凭借拥有的知识与技能拓展、稳固合作伙伴关系，因为图书馆知道如何有效地组织和检索信息，使它不仅具有保存、选择和管理信息的技能，还具有培养有效合作伙伴关系的技能。

想象力（Imagination）。未来很难预测，但想象未来可以使规划具有灵活性情景规划鼓励人们对未来可能结果和各种行动方针进行讨论，支持学习和塑造创造性思维，助力决策的制订过程，有助于理解和接受复杂性变化。在展开想象时，人们可以比较不同情景的含义和现实影响，评估情景将如何支持总体战略远景，明晰规划选择并开发各种可能性策略。

综上，图书馆应将情景规划整合到组织规划活动中。情景规划方法是一种整合说明性与描述性的战略规划混合方法。一方面，它是规定性的，因为它是一个建立在对图书馆内部能力和外部环境评估基础上的战略。另一方面，它是

描述性的，因为它认识到个性参与者对战略形成具有影响以及学习在“涌现”文化中的作用。情景规划的整合优势在于，它允许通过规划不同的未来来实现灵活性，能够强调认识到关键的战略为优先事项，并将情景战略作为一个持续的过程嵌入到组织文化中，实现组织的可持续性发展。此外，这项活动的参与主体并不限于图书馆的工作人员，内部和外部的利益相关者亦应参与其中。

4. 图书馆情景规划的作用

目前，情景规划引入到图书馆的现状促使图书馆主管们不断思考其当前现状、人员编制、组织程序及变革实现的假设与方式。对于管理者来说，如何运用未来情景帮助图书馆实现未来设想、培养创新意识、挑战传统图书馆员角色假设是改善决策的关键。当各级图书管理员和工作人员阅读战略情景后，他们会设想图书馆应对变革的具体措施。

（1）情景规划有助于图书馆拓展思考的空间

情景分析（远景策划）是在推测的基础上对可能的未来情景的描述，以接近一种虚拟性仿真博弈的方式为图书馆提供预防机制，模拟处理未来图书馆可能出现的各种情况。这种技巧能帮助人们描绘出具有逻辑性的、可视化的动态情景，有效地帮助图书馆人员与用户重新思考该做什么和需要做什么，避免受到陈旧僵化的环境干扰。模拟处理还可以绕过细节问题，尽情发挥创造，为思考提供一个广阔的想象空间。

（2）情景规划有助于图书馆服务走出传统的束缚。

停滞不前或重操旧业会使图书馆遭受更大的风险。在主动还是被动控制风险的选择中，前者比后者更占据主动地位。目前，互联网改变了图书馆的空间观念，传统图书馆的以物理空间为基础的管理模式注定要转向无空间与馆藏概念的管理模式。在这种情境下，图书馆通过情景分析展望的未来不一定是可实现的未来，也许只是一个天马行空的想象；展望的未来不只有一个，也许是许多个。通过对多个未来的现实回溯，优秀的管理者须整合所有资源，诱导员工发挥才智，管理更具全球化和灵活性。

（3）情景规划有助于图书馆未来角色的拓展

战略远景可以描述当前图书馆之外的未来情景，这一远景引导和创建了研究型或其他类型图书馆人力资源及其能力转型的学习地图。未来情景为让图书馆管理者设想图书管理及其工作人员的新角色，关注人力资源开发，促进员工参与决策，从而有效地和系统地将组织推向战略远景。通过关注图书馆主管、人力资源管理者与图书馆所属学校领导者的情景观点，图书馆能够描述未来可能采取的方向。图书馆未来可能扮演的角色，应该强调当前学术交流模式的不可持续性，明确与扩展服务角色定位，培养适应性领导力，关注校园面临的政治、社会、技术和人口问题相关的不确定因素。

（4）情景规划有助于与相关利益者进行战略反思对话

目前，图书馆所拥有的传统能力受到用户行为变化的挑战。为了应对当前和即将到来的挑战，图书馆需实施一系列开发项目。其中，“战略反思对话”（Strategic Reflexive Conversation）是一种行动研究模式，该模式有助于开展以情景研讨会和情景访谈为结构背景的研究及由图书馆从业人员联合参与的公共图书馆建设项目。在遵循情景规划与行动研究原则的基础上，战略性反思对话能够对实践者的讨论进行干预、产生发散式分析策略。在整个过程中，反思对话的实践者能够开发出一种新的战略语言，并对图书馆开发项目有了新的理解，证明了战略反思对话的可行性和实用性。

图书馆需要发展新视角和新实践，进行战略反思。战略对话概念对图书馆行动理论与实践研究都很重要，因为它强调批评和后结构范式，展现了该方法在未来战略研究中的潜力，以及图书馆在战略中培养批判范式和后结构范式的重要性和必要性。

5. 图书馆面向未来环境变化的创新战略

（1）图书馆创新战略理论

创新力和创新模式是情景规划成功的关键因素。图书馆变革与创新是重要与紧迫的是议题。创新应该成为图书馆应对不确定性环境的战略。

西方哲学强化了一种片面的刻板印象，认为创造力和具有创造性的人的人是脱节的，两者均来自于产生创新思想和才能的环境，进而赋予了创新的意义和价值。因此，在创意产生过程中，人们分别构建创新流程（侧重于管理研究）和创意人员（侧重于心理研究）的管理和组织系统。在管理学和心理学领域，人们对创新的定义争论已久。直至目前，人们对“创造力”和“创新”两个术语间的联系与区别仍未达成共识。

从管理学角度，德雷克（Drake）研究了奖励与惩罚制度对激励创新的影响，认为在管理过程中，创新力强调了个人主义。从组织和环境角度，戴斯（Deiss）应用二分法进行分析，他提出了五个二分法词汇。其中，二分法中的第一个词汇是组织创新的内容，第二个词汇是促动创新的必要条件。①稳定性与动荡性。图书馆崇尚稳定，但在动荡情况下，对稳定的追求会阻碍创新步伐；②标准与未知后果；③专业性活动与游戏；游戏是创新的关键部分，而图书馆员是专业性人员，不会有游戏的倾向；④绩效与实践；⑤确定性与风险。

从心理学角度，创新是那些不受管理的人在新颖和实用的“二元性”衡量中，尊重创造性发生背景的产物。比尔顿（Bilton）认为，创新力是对个人和创新的“融合”。沿着创新能力的研究方向，瓦德（Ward）侧重于对创新技能与主动性的探讨。他认为创新需要具有能力的支持者引导主动性战略。它包括四种能力：真正的参与，富有技巧的促动，非正式的共享学习，积极的拓展与协作。①真正的参与。指主动邀请、迎接与响应对项目有兴趣的人，弥补分散化思想，构筑创新互动行为与关系的能力与意愿。②富有技巧的促动。侧重创新对话及参与者决策制定过程指导。③非正式的共享学习。指正式团队与非正式团队一起实施创新，通过经验分享形成社会性的结构化理解来实现集体行动。④积极的拓展与协作。

基于以上创新基本理论，不同学者对图书馆创新理论展开深入研究。

从基本理论问题角度，相关成果有：从能力角度，认为图书馆员工应具备的创新技能集合包括：拓展与营销，数据挖掘与分析，企业家精神，技术、物流与运营控制，法律知识，培训与招募等。詹茨（Jantz）开发了一个学习与促进创新的理论框架。

从理论基础角度，相关成果有：基于创新分散理论，探讨图书馆创新的框架；基于结构化理论、创新分散理论、应急理论检验学术图书馆对抗变化的情况。从结构角度，认为结构是图书馆试图走向创新的组织要素。图书馆的结构影响要素有预算、历史、员工、所属单位。应急理论说明组织结构由环境、规模、战略与不确定性等应急因素决定。从经济学角度，德雷克与奥尔森（Drake 与 Olsen）探讨了图书馆创新经济学，试图探究如何配置资源、消减预算与通胀，如何满足逐渐增长的用户需求，督促图书馆采取行动，弥合用户与新技术之间的差距。

从战略视角，罗利（Rowley）为帮助图书馆形成创新战略，开发了协同创新与开发创新模型。他认为，成功的创新战略应包括创新团队、领导力、创新过程的有效的设计与管理创新组合，以及强化创新能力的文化。在实践中，图书馆协作创新的表现为：学术图书馆重视图书馆与学院、学生的关系构筑；主动参与学及科研活动；促进服务效率的提升与改进等。创新涉及各类具有复杂关系的参与者之间的集体行动，因此，它不仅是自上而下的决策，还是一个融合各类相关利益主体的深入协调与协作过程。在这一过程中，领导者以学生学习与知识创建为中心，促进图书馆积极应对各种可能性未来。

（2）图书馆创新战略的影响因素

图书馆正面临史无前例的挑战——财务预算下降与成本增长，资源稀缺。在此背景下，图书馆领导者思考如何创新是明智之举。从影响创新的一般因素视角，很多学者提出了自己的观点。

从系统影响因素角度，有学者认为，创新（因变量）有两个主要的驱动力（自变量）：财务与技术；影响图书馆创新的因素有员工对变化的态度、员工职业参与性、员工关系网络、项目描述与组织认知度。而另一些学者（如达曼普尔（Damanpour）与齐尔德斯（Childers）），在图书馆领域存在五个领域的自变量与创新因变量之间的关系：决策风格、图书馆员等级、图书馆规模、时间、自然人口因素、创新比率与影响规模。同时发现：技术能加速创新；图书馆规模与创新比率之间呈强正相关性。因此，人们可以用创新行为、网络行为、个性与态度、组织要素衡量创新并建立理论框架。此外，还有学者从创新质量评估的影响因素视角，认为创新函数涉及的四个自变量：复杂性，中心性，正规性与满意度。

从创新影响因素分析的假设前提视角，克莱顿（Clayton）提出了四个假设：第一个是假设创新的性质。这涉及创新能被成功实施的因素，如相对优势、简易性、可实验性与可观察性。第二个假设是资源。管理者们能否充分利用材料资源，运用人力与实践是成功实施创新的关键。第三个假设是组织形式性质。组织性质对成功实施创新也有很大影响。组织性的属性有：任务或使命定位、沟通、冲突解决、问责制与组织灵活性等。第四个假设是个人贡献。个人是否支持创新、是否愿意分享愿景将改变领导风格与组织结果，影响个人功过与失败惩罚的评估。工作团队的特性与每个个体成员创新行为有关。行为自变量有持续学习、团队学习、贡献愿景。

从领导力与创新的关系视角，梁（Leong）与安德森（Anderson）指出，提高创新水平的因素有领导力开发、交叉单元工作、特定目的的工作小组、提高职业协会的参与度。此外还有网络级发现系统、创客空间、云导航以及PDA。扬茨（Jantz）在博士论文中指出，检验领导力、组织结构、组织二元性对学术图书馆创新具有影响，有四个影响要素：高层团队的整合（决定领导团队支持创新的方式，如资源配置、协同、团队构建与信息交换）、机构差异化（将图书馆任务分散到工作单元来承担）、外部环境（包含环境丰裕度与环境动态性两个内容）与二元定位（追求渐变与激烈变革的能力）。研究发现，环境、馆员平均年龄、任期、教育水平、教育差异化、领导人对图书馆创新能力的认识，以及员工职业化比率不是重要的创新预测指标，但高级团队整合、双元定位、决策意识都正相关于创新绩效。在研究中没有发现结构差异化与创新绩效有关。

二、面向未来的图书馆员角色与领导力

在图书馆未来环境之下，研究视角应进一步转向图书馆的角色、图书馆馆员的身份，以及图书馆馆员如何更好地理解其未来角色、图书馆（馆员）的领导力等相关内容。杜威（Dewey）指出，在研究型图书馆“内部组织协作模型”中，领导力是情景开发与战略开发的组成成分。

1. 图书馆的未来角色

图书馆是复杂的机构，目前已开发出一系列新型信息服务项目，在社会信息交流与社区服务中充当多个角色。图书馆可以凭借人们在信息收集、组织和综合方面的基础和能力，通过界定未来视角和设计未来路线图来为学院和大学服务。目前，图书馆有四个角色：①档案侦探（要求与用户建立更紧密，主动的关系，更好的理解主题与用户需求，以及良好的沟通技能）；②教育陪练（是大学教学人员的教育合伙人）；③通识专家（具有评价信息质量的专业技能）；④共同创造者（要求图书馆员在解释与整合研究成果时具有积极作用）。

随着信息时代的变迁和开放科学运动的进行，图书馆这一职业的边界也变得更加模糊，它不断地与其他职业交往加深，逐步渗透到如信息咨询、数据分析、出版传播等其他领域。目前，图书馆的工作重心也由保存向服务转移，并参与传递和传播之中。这一演变使图书馆和出版社重新思考在创建和交流知识中各自所扮演的角色。实际上，图书馆已经涉足出版领域，如帮助著者和出版者版权确权、组成期刊编委会、建立替代性同行评议机制、尝试再编和再利用类似教科书内容的替代型学术产品、通过开放会议系统等提供学术会议管理（包括会议出版物）建立数据集档案、出版系统及学术交流工具包等。

无论图书馆承担的角色如何变化，图书馆的基本职能没有改变，图书馆服务的根本目的仍然相似，即为用户提供可靠的、权威的知识。图书馆、图书馆员、图书馆服务在广义上是让人与信息相互匹配的机制。几个世纪以来，无论主动还是被动，对于存储于图书馆内或馆际间的信息，图书馆与信息资源匹配形式的选择有卡片、计算机、咨询等。一个正规的、高度组织化的图书馆，是让彼此对等的两个主体发现彼此的渠道与机制。

近年来，越来越多的高校获得了学术图书馆在学习和教学方面的支持作用。目前，图书馆对图书馆的数据管理角色认识比较深刻，学科服务、出版和数据保存服务都有了比较成熟的经验。在未来，图书馆应该把重点放在服务社区和人们建立合作伙伴变化的推动因素上，应该关注如下问题：学术交流的未来是什么？教师晋升和终身职位的前景如何？本科和研究生课程的未来是什么？版权如何管理？等等。技术和社会变革将影响这些领域，形成图书馆交付新价值的领域，并在高等教育和其他领域产生连锁反应，最终使图书馆的未来成为用户需要的任何角色。

2. 图书馆馆员的身份或地位

图书馆馆员是负责图书馆运营的专业人员，包括对图书馆馆藏资源的采购、加工、描述、流通（借还）、分析报道，以及读者服务等一整套流程。图书馆馆员与学校、管理和虚拟文化保持一致，努力响应教师、研究人员、学生以及其他用户的信息需求，承担对用户的教育职能，指导用户查找和使用学术文献资源，辅导用户进行学习或研究。此外，以获取信息为主要任务的图书馆馆员多年来一直致力于改革学术交流的正式制度，如学术著作的创作、评估、注册、传播和保存。在这一过程中，尽管图书馆员提倡在数字世界形成更加开放的学术出版体系，开展风险式学术研究，但图书馆馆员的身份与地位是在向服务对象实施服务时体现出来的，其资质是经过仔细评估、注册和保存学术记录展现的。图书馆馆员的身份与地位问题主要包括图书馆馆员与教师、研究人员及用户之间关系的分析，以及图书馆员任期或资质认定等内容。

美国、加拿大等国家的高校图书馆馆员往往作为教学人员（Faculty）直接授予教授职级，由低至高依次为讲师、助理教授、副教授和教授。非学术图书馆通常采用类似于中国的图书馆馆员职级划分。目前，图书馆行业期刊和高等教育专业报刊上不乏关于图书馆馆员在学校中的角色及他们是否应该被授予教职的文章。很多研究者研究了教师与图书馆馆员的关系，如于连（Julien）与匹克斯基（Pecoskie）研究了图书馆馆员在教学中的角色，发现了一种以次序和等级结构语言的身份 / 地位表述，展示出图书馆馆员与学科教师不对等的权力关系。此外，学术文化及图书馆馆员和教师之间的性别失衡也加剧了这一问题。比如，学术文化推崇研究与教学，认为学者不同于提供服务的人。这些失衡会导致教师对图书馆馆员的不尊重与利益剥削。图书馆馆员的地位与任期是另一个争论许久的问题。一些图书馆馆员认为，他们应该获得终身职位以提高职业知名度、赢得与职业相匹配的尊重。另一些人则认为，由于参与管理、课程改革、课程开发和专业活动已经赋予图书馆馆员价值，因此无需获得终身职位。

此外，对研究和出版的期望会妨碍图书馆馆员为社区成员提供优质服务的能力。无论图书馆馆员是否具有终身教职，学者们与图书馆领导者都在鼓励学术图书馆员在校园里与他人合作，与授课教师建立合作工作关系，通过敦促重塑专业、组织结构和工作场所流程，使组织更具协作性和包容性。

除高级管理人员外，一般的图书馆馆员很少有机会与教师进行深入的对话。两者间交流常局限于操作任务，如规划指导特定课程、购买或取消图书馆信息资源等。作为信息联络员的图书馆馆员很少有机会与学科教员进行概念化、学科化的主题交流，他们需要更深入的参与教研活动、更灵活精进地提供信息服务。

总之，文化冲突和历史局限因素可能会阻碍图书馆馆员职业身份的确立与认定，并可能阻止他们的自我认可。目前，尽管图书馆馆员的身份 / 地位问题依然存在，但图书馆馆员们仍专心致力于社区服务。今后，为阐明组织变革和领导活动发生的背景，应帮助图书馆馆员提高与学科教师进行战略性对话的能力，协调图书馆馆员 / 教员关系之间的权责关。

3. 图书馆馆员的新角色

图书馆的角色主要由图书馆馆员的角色发挥来实现。在数字环境、开放科学等环境背景下，图书馆馆员应确立与图书馆未来相适应的新角色。尤其是作为战略构想实践者的图书馆领导者，其角色定位与角色发挥的工具选择将对组织更具价值。

未来图书馆馆员的新角色主要有：①协调员。具体有数字出版图书馆员、altmetrics 专家、出版系统协调员、数据管理和访问协调员、数据可视化馆员和数字人文学科协调员等角色；②数据管理和访问专家。这类专家将专注于获取、组织、创建、管理、存储图书馆中的智能输出数据，以便通过存储库和数字资产管理生态系统发现和共享输出。此外，未来图书馆馆员还可以承担管理作者费用的交易支付者、数据科学家、出版者、同行评议者等多种角色。为履行好如上角色，图书馆还需要聘用在获取内容、管理同行评议流程及为数字出版物提供编辑、设计和制作专长等方面具有专长的人才。

在图书馆未来角色发挥的战略工具选择上，面向未来的情景规划是一种重要的方法。如今，预测环境影响、社会趋势、经济转变和技术进步是一项战略要求。许多大型组织（如 IBM、谷歌等公司）都聘请未来学家帮助他们想象即将发生的事情。在未来主义者使用的各种工具中（如从德尔菲法和现象学建模到环境类比法和循环模式法），情景规划是最常见的方法。该方法也被普遍推行于图书馆、信息科学与技术领域中。

在图书馆未来角色发挥的职业技能要求上，明确图书馆馆员如何发现、设计、评估、设立可能的未来情景逐渐成为关键职业技能。此时，图书馆馆员运用未来主义方法与原则想象一系列的可能性，以充分考虑面临的机遇和挑战。

在图书馆（尤其是高校图书馆），情景规划方法能让担负各种角色的图书馆馆员在更广的视域下审视整体环境，它不仅仅局限于行政管理者，也兼顾其他角色，如出版商、数据专家、鉴证机构、赞助商、协调员等。

4. 图书馆员的未来思考框架

如下是未来学家用来建立预测的一些框架，这一思维框架也是图书馆员作为未来学家的思考构架。

（1）预设要素

人口统计、经济规律、社会制度等信息是未来学家的思考基础。这些要素是有边界的变量。观察人口在数量和组成方面的变化，可以很好地预测未来。正如城市规划者运用数据来解决基础设施需求和资源分配一样，图书馆业内人士也可以将同样的策略应用于图书馆满足的需求。例如，某如大学希望未来几年增加1000名硕士生，这一人口变化将以很多种方式影响到校园的诸多部门：课程与教室、研究生教学与助教、图书馆空间、注册、材料等。通过利用人们所知道的即将到来的东西，图书馆可以在需求和问题到来之前就做好准备。

（2）中庸之道与弹性视野

最初过于极端的想法往往在最后被折衷接受，体现了决策中的中庸之道。比如，对于图书馆资料的格式选择问题，一种极端观点是坚持印刷版本，而另一极端观点则是主张建立数字图书馆。因此，面向未来的决策者应该放下个人偏见，汲取各方有价值的观点。

另外，未来图书馆馆员需要运用宽广且凝聚的视角来审视特定行业及其趋势，了解它将如何发展，受哪些因素影响，并努力在可能的破坏性变化之间取得微妙的平衡。

另外，未来图书馆馆员需要运用宽广且凝聚的视角来审视特定行业及其趋势，了解它将如何发展，受哪些因素影响，并努力在可能的破坏性变化之间取得微妙的平衡。

（3）认知雷达

未来主义者经常使用认知雷达这一认识工具。当科学、技术、社会或政治出现不寻常的边缘事件或现象时，图书馆馆员应对其倍加关注，尝试从不同的视角审视问题并做换位思考。比如，当高校课程设置发生变化，某些课程的数量将发生改变，学生需求的满足程度可能会进一步影响图书馆与教学服务相关的工作。认知雷达能够转变观点，使人们从不同的角度看问题，提高人们的行动能力及与他人合作的能力。

（4）变革素养

图书馆馆员长期以来一直致力于素养工作。信息素养已成为学术图书馆的一个焦点。如今，数据、视觉、数字、健康和金融素养等新的素养形式正在形成。在这种转变形式之下，图书馆将致力于帮助人们快速发展新型素养，从而帮助扩大图书馆的功能覆盖面。

未来学家认为，战略远见是一种可以发展的变革素养或技能。例如，当学生进入职场时，变革素养为他们提供了一个竞争优势——监控信息的能力、挖掘数据以获取战略洞见的能力，以及调整想法的能力。如果图书馆馆员的传统身份是信息的守护者，那么他们的新角色就是知识生产中的合作者，以及另一种新的角色变体——变革的推动者。

诚然，倡导变革的理念似乎与图书馆馆员的传统形象格格不入，因为图书馆员的声誉往往更多地与收集过去联系在一起，而不是与思考未来联系在一起，但图书馆员的未来角色潜力恰恰孕育于此。未来主义最重要的观点是变革是揭示人们如何思考、感受、行动和适应不确定性。在图书馆领域，通过业已进行的转换（如学习空间、文献格式迁移、软件开发、新的联络角色，等等），许多图书馆已经准备好充当组织变更的角色。图书馆成功地接受并实施面向未来的项目，将使图书馆既能展示适应变化的能力和舒适感，又能展示帮助他人塑造未来的能力和专业知识。

图书馆变革素养有助于挖掘用户的潜力。在高校图书馆，变革素养将让学生和教师更具竞争力，让他们在机构变革中发挥重要作用。虽然图书馆正向截然不同的方向转变，但素养水平的改变预示着图书馆职业的自然发展。图书馆员要努力将知识管理者角色与未来主义知识创造实践者的新角色结合起来。这种转变为图书馆的叙述增添了新的篇章——从收集信息的场所到使用信息的空间，成为帮助用户想象未来可能性和设计未来路径的合作伙伴。

5. 图书馆馆员的领导力

领导力是创建协作型组织、开发情景的重要因素。虽然图书馆界对领导力这个话题非常感兴趣，但是图情类文献并没有更多的原创研究，也缺少从领导力与变革的视角中提炼理论知识。相关文献大都集中在“管理岗位的领导”所需具备的属性或应使用的风格。

图书馆馆员需要具备的领导力不同于其所担当的角色。领导力研究的思路为：鉴于图书馆员对领导力及其角色有不同理解，加之文献匮乏，研究需在奠定领导力研究理论基础上明晰领导力概念。然后，基于学术文化、学术压力及图书馆馆员与教师互动方式的分析，进一步审视图书馆馆员、图书馆学者及信息科学学者是如何研究领导力的。

在图书馆文献中，目前已有领导力概念界定与内涵演变的研究，但研究中缺乏理论基础。在图书馆实践中，图书馆馆员没有将自身视为领导者，且这种观念被学术等级与图书馆馆员业务细分所强化。领导力的理论基础决定了领导力的内涵。领导力理论基础除情景理论或者“路径一目标”与“领导一成员”转换理论外，还可以批判理论为基础，引入后/关系领导力（Postheroic Leadership）概念及无权威领导理念。此处的领导力不是特指属于伟人的意识、特质、技能与风格，而是采用弗莱彻（Fletcher）定义的互利互惠、利人利己的领导力（即不那么强调个人主义、而是强调关系的领导力）概念。这种领导力是侧重解决问题与学习的适应性领导力。适应性领导力需要侧重三个重要因素：适应性领导力的挑战、适应性变化的本质、适应性领导力的训练。

除此之外，从社会价值溢出视角，雷纳德·海菲茨（Ronald Heifetz）提出，应该把领导力作为一项动员人们做有益于社会的活动来关注。在他看来，领导者就是任何一个可以激活社区去挑战和面对问题的人。其中，挑战类型与问题解决的关系见表 3–1。

表 3–1　区分技术问题和适应性挑战

挑战类型	问题定义	解决	工作控制
技术的	清晰的	清晰的	权威
技术与适应性的	清晰的	需要学习	权威与相关利益者
适应性的	需要学习	需要学习	相关利益者

三、图书馆情景规划的基础——环境扫描

图书馆（尤其是研究型图书馆）的外在环境正发生巨大变化，如技术更新、数字学术、预算压力，开放获取等，由此产生了版权、开放获取学术资源、数字馆藏和特藏维护、营销与团队组织等相关的问题。在图书馆情景规划中，环境扫描是识别未来驱动力的基础。

1. 图书馆面临的环境类型

图书馆面临的环境有广义与狭义之分。目前，图书馆在技术、网络、数字人文、开放获取、民主运动等因素驱动下，被置于各种动态与复杂环境之中，面临着各种挑战与机遇。

从广义角度看，图书馆面临的环境包括技术、生态、文化、经济、法律等。这些要素是环境与组织发生变化的驱动力，如经济全球化、金融危机、劳动力迁移、人类活动对生态的威胁等。有些要素比较重要，如科学家们协作方式正发生变化，使得与智力资产、伦理与道德有关的政策与实践在各种压力下逐步发生演变。

从狭义角度看，图书馆的变化环境主要指馆舍所在地理位置、空间结构、资源数量与质量、技术与平台支持用户素质、馆员专业性。这些因素可被用于应对外部政治与经济压力，生产知识，分享与传播研究成果。

从全球环境背景来看，图书馆服务目前面临的新环境主要有：

①科技革命与信息技术、绿色发展战略和生态文明建设、多元文化的持续推进；②全球城市图书馆服务新理念，如第三空间、体验互动、市民图书馆、智慧图书馆、现代公共文化服务体系；③图书馆服务的新模式，如读者自助、分众细化、绿色发展、分面布局、统一物流、云端计算；④图书馆服务的新形态，如创意设计、灵活布局、移动互联、“图书馆+”；⑤图书馆面临的新思考，如发展新环境对城市图书馆形成倒逼机制、基于内容互联的文化共享服务将成为发展新趋势、中国特色的大都市图书馆发展道路正在形成、文化安全将成为未来发展的重要原则。

2. 具体环境扫描分析

（1）技术与数字学术

信息来源的指数增长及图书馆相对外在需求的有限数据处理能力，使人们对软硬件存储与组织数据的需求转向对信息获取的关注。在此背景下，图书馆员将视角转向最易获取的数字工具，如智能手机、ipad、e-book 及其他手持设备等数字工具。在数字技术（如大数据技术、云计算、网络、通讯通讯与网络技术）不断发展及移动终端（如手机、平板电脑技术、电子书）迅速普及的环境下，图书馆将开展更多的移动服务，如移动设备借阅、电子书借阅、移动设备支付、在线学习技术等。

无边界信息资源为图书馆研究带来了新的议题，如数字版权管理、公平利用、信息安全、数据所有权与控制权、隐私、学书出版、版权指南及许可等。基于此，数据管理研究议题正发生改变。目前，已有很多数据管理方面的研究，如标准化数据描述与展示、未来再利用的决策、经济与政策对策等。一方面，这些议题涵盖了伦理责任、学者披露数据的动机、法律约束等，另一方面，这些议题提倡人们在今后的研究中树立沟通习惯及记忆习惯。

随着网络基础设施的演变，网络科学得以产生。布拉巴赞（Brabazon）指出，技术能增强学识，提供在线获取信息、数据、工具与服务。但构建复杂的技术框架与相关服务需要长期、大规模的基础设施建设投入。在网栅与云计算、科学协作方式及网络与网络研究基础上，数字科学（E-science）、数字研究（E-research）与网络技术设施正经历普遍发展，形成网络科学（Cyber-science）。网络科学意味着所有学术性与科学研究活动都在虚拟空间（即通过网络与计算机系通讯技术）进行。目前，数字学术已成为一种新的领域，用于社会实践或学术内容质量评估、正式与非正式学术沟通、研究成果传播以及长期知识获取。

目前，驱动图书馆的动力主要偏重于信息基础建设——能共享、再利用、获取与掌握信息的技术设施，而不受限于内容、社会与学科背景。然而，从科学，技术到人文科学的大量案例显示，不同学科在信息创建、利用、检索与其他特性方面存在很大区别。相比来看，信息技术设施建设包含了信息实践与社会背景，考虑了某一学科特定需求下的信息实践。

图书馆信息化一直围绕着图书馆集成管理系统（ILS）、异构系统之间的信息互通与信息交换问题展开，是智慧图书馆建设中必须解决的问题。以无线射频识别（Radio Frequnency Identificaion，RFID）为例，RFID 更多地聚焦于纸本资源，如果没有成熟的平台和技术，很难完成对各子系统在通信协议、接口、数据格式等方面的整合。在深度参考服务方面，图书馆面临的挑战有：物联网、具有自学习能力的机器人、开放和智能化的信息感知能力，以及图书馆对读者的隐私信息保护。

（2）学术沟通

自从出现学术交流系统以来，研究型图书馆一直是该系统的重要组成。目前，研究型图书馆正经历前所未有的巨变，其成因有：学术资料的数字化引发人们对“图书馆空间”未来用途的探讨；记录信息的主体发生嬗变，使作者、出版商、数据库生产者、图书管理员和档案管理员等主体的角色不断变化；从“大数据”到微博、从语义网到物联网，新的文档和内容交付机制不断产生。这些巨变为图书馆既带来了新机遇，也带来了新挑战。学术交流的客体和主体范畴不断扩大。在客体上，立法、传播、获取、保

护与馆藏都从属于学术交流范畴。在主体上，学术交流的利益相关者主要包括研究者、出版商、图书馆、研究机构、读者及其内部相关关系与角色。值得注意的是，技术为获取、传播与管理信息创造新的交流机会，也导致了不同利益主体在互动系统的不平衡性。

如上变化是在财务和信息行为约束的框架下生成的。目前，学者与图书馆员们正以积极的态度寻求研究图书馆如何生存、发挥什么功能、需要哪些技能，以及学术交流如何在新环境中茁壮成长等问题的答案。图书馆逐渐摒弃了传统的刻板印象，探求在研究型图书馆的传统专业知识基础上确立新角色和新职能。

（3）开放获取

出版是传播与计量知识的方式，也是学术交流链条中重要的一环。在数字学术出版环境下，出版可以履行学术交流核心功能。随着“知识民主化”运动的到来，人们正以新的方式创造与传播知识。在知识民主化运动中，学者们通过开放获取期刊、开放教育资源和研究博客等方式，向公众公开学术发现和知识成果；学者们还可以邀请设计项目的参与者及其读者共同创造新知识。目

前，以学术期刊和论文为代表的开放获取（Open Access，OA）学术信息资源已成为学术研究不可或缺的资源，正逐步逼近“成为学术研究主流资源”的转折点。开放学术资源的管理与利用不同于传统商业学术资源的采购、组织、利用和保存方式，图书馆（主要指研究型图书馆）难以再依赖于传统的订购模式和出版模式来应对新的开放环境，需要重新界定、创造、实现图书馆在数字开放网络下的新角色和新贡献。开放获取给图书馆带来颠覆性影响，促进服务创新（如图书馆出版）；同时，作为开放获取催化剂的研究型图书馆，其未来也将更加开放。

开放获取的学术成果可以在网上免费获得，用户对开放获取的学术成果拥有充分的再利用权利。图书馆对开放获取的支持是通过消除信息自由流动障碍表现出来的，具体支持措施有：建立机构知识库、出版 OA 期刊、举办开放教育资源、促进研究数据的获取及制定 OA 支持政策等。这些图书馆服务的新兴领域，将是许多研究型图书馆在未来施行 OA 的基础。未来，图书馆业务将不断地按照从参考服务到研究咨询服务、从收藏到出版的路径延伸，努力实现图书馆战略转型。

开放获取的资源范畴不断扩大。在大数据与数据共享环境下，协作使用与再利用数据成为一种趋势。当图书馆服务业务从书刊向数据驱动延伸后，共享研究数据与获取研究数据有助于比较分析与纵向分析将有助于从多种角度解析与再利用同一数据集信息。随着图书馆新型数据驱动服务的展开，作为一种重要研究产出的大数据为仔细审视与验证前人成果提供了可能。目前，开放数据作为一种新学科已出现于学术研究中，确立了协作学科在虚拟环境下的研究目标与研究过程，促进了开放科学与开放获取实践，也反过来促使学术社区走向成熟。

开放获取使学术交流生态圈各相关利益主体的影响力与地位发生变化。图书馆馆员呼吁改革现存制度以实现公平的信息获取。例如，由于商业约束，当前学术交流体制不利于经济持续，技术更新及知识创造。在以出版学术专著为标准获取终身教职的背景下，学术交流没有为公共利益服务，排斥了年轻学者并使其边缘化。此外，学术图书馆馆员还面临不可持续的学术交流和社团文化等现实问题。

（4）法律与经济因素

法律环境因素是指以法律为主体的规章制度，它包括法律、法规和规章几种形式。图书馆的法律环境不仅事关图书馆各相关主体的关系结构与权益协调，也事关图书馆事业和图书馆活动的调整、图书馆法律地位的确立、图书馆经费的资助与图书馆运行等方方面面的问题。目前，美、日等国家已经构建了比较完善的图书馆法律体系，为各类图书馆开展公共服务、馆际合作等营造了良好的环境。我国的《中华人民共和国公共图书馆法》(简称《图书馆法》)，由 2017 年 11 月 4 日第十二届全国人民代表大会常务委员会第三十次会议通过并于 2018 年 1 月 1 日实施，成为确保图书馆向社会公众提供联合目录、联合采购、信息共享等各种服务的制度依据，必将使图书馆在数字化、网络化环境中发挥更大作用。

经济环境因素主要指预算压力、竞争性资源配置、行业规模化转变。目前，图书馆（尤其是研究型图书馆）正面临着日益紧缩的财务预算压力，在一定意义上反映了图书馆所属机构（如高校或研究机构）所面临的越来越激烈的竞争性资源配置压力及预算压力。在这一背景下，高校力图将商业性方法引入高等教育，使高校向规模化行业转变，让使知识价值不断迎合市场与相关利益人的商业化生产方式，进而形成“智力产业”。高校商业化运作最终导致学术价值与商业方法之间的冲突。虽然有业界人士提出要审慎地将商模式引入学术环境，但目前高校与高校图书馆仍不断引入商业术语，如收入增长、大学的国际化扩张、学生流动性、人口教育水平的增长、组织效率、研究成果在行业中的应用等。图书馆的本质决定了图书馆的服务宗旨。在未来，图书馆应继续在满足用户需求的前提下，发挥其在信息共享、学术沟通中的关键媒介作用。

（5）社会因素

社会环境方面，主要是人口、文化、社会结构、人际关系等因素对图书馆未来发展趋势的影响。比如社会的智慧程度会使智慧图书馆主要体现在两个方面，即“硬智慧”和“软智慧”。其中，“硬智慧”更多地侧重于技术、资源、设备、空间等物理因素方面；“软智慧”则体现在馆员、管理、服务等内在因素方面。“硬智慧”和“软智慧”并不是相互独立的，其部分功能相互依赖和重叠，相互促进和统一，共同推动实现“智慧图书馆”整体水平的提升。

社会因素中的管理文化与问责制是图书馆实施情景规划的社会背景。管理主义和问责文化对图书馆员和教师如何看待高等教育的未来有着重要的影响。来自企业、监管者、立法者、学院和家长的外部问责压力是进一步探讨的驱动因素。

从文化角度，大学文化和管理文化是20世纪高等教育的两大支柱。在主流管理文化下运作的学院或大学是一种官僚机构，其组织结构等级森严，强调决策的精确性和效率。这与大学文化关注知识本身而非实践知识形成了鲜明对比。管理文化的增长原因为：①人口增长。20世纪60年代年代以来人口迅速增长，要求建立规模大、效率高的机构，管理的重点是设施、程序、预算等；②加强人事管理的需要。人事监管需要增加兼职教员，鼓励行政人员参与业务；③公众对高等教育的不满。例如，在美国这种不满始于20世纪60年代，导致美国一直持续到今天的联邦、州、地方和私人资助的减少。

管理文化是关于效率、等级结构、对问责压力的回应等方面的问题，它不涉及产生知识或传授价值、塑造灵活头脑等议题。高级管理人员和其他从事管理工作的人发现，试图将商业管理理论转移到学院和大学的做法是“麻木不仁”的，而且很容易冒犯大学文化中某类群体。

管理文化的全球化是通过问责运动实现的。问责运动是全球化的一个微观过程与一种管理时尚，问责管理运用的主要工具有：全面质量管理（Total Quality Management，TQM）、标杆管理（Benchmarking）、平衡计分卡（Balanced Scorecard，BSC）、绩效管理（Performance Management）等。目前，运用于问责管理的战略工具也运用于大学文化之中。不过，大学文化与企业文化往往存在冲突。例如，准备聘用应届大学毕业生的雇主，关注的是毕业生进入职场时所具备的技能。雇主的关注点可能与高等教育的关注点大相径庭，站在雇主视角，教育是一种私人利益，而不是公共利益。

问责有助于弥补图书馆内外相关利益主体的矛盾。图书馆内部评估与外部受众评估之间存在内部矛盾，两者的失衡会加剧图书馆与用户的信息供求差距。改善两者之间的矛盾需要引入政策制定者与公众的问责，且在评估时要求与外部视角的建构主义认识论相一致。从实证主义角度，建构主义认识论具有标准化与跨机构的特点。当将两种相互冲突的问责理论混为一谈时，会导致意外后果。例如，图书馆关注馆藏的持有量与流通量时，其工作重点将不会放在改善服务需求上，从而导致用户访问量降低。这些“反向激励”类型并不是问责制的要义。

3. 五力分析

在图书馆领域，衡量竞争位势的五种驱动因素主要有：潜在竞争者、进入壁垒、替代威胁、买方议价能力及供方议价能力。五力引发系统的不平衡性要求图书馆适应变化条件，如图书馆技术设施、信息获取、文献管理与知识组织、获取条件与服务改进。

①潜在竞争者。图书馆之间会形成潜在的竞争。在同行业内，竞争表现为图书馆与图书馆之间的竞争，如社区图书馆、市级图书馆与省级公共图书馆之间的竞争。图书馆同行内部竞争的表象是读者与用户的多寡，实质是资源、服务与经费等方面质量的差异。在同行业外，竞争表现为图书馆与其他文化场所之间的竞争，如图书馆与书店、休闲屋等文化娱乐场所的竞争等。

②进入壁垒。图书馆进入壁垒的驱动因素既包括具有排他性、共享性的图书馆资源服务内容，也包括图书馆政策、资金、人员与技术。由于高校图书馆之间往往有服务壁垒，彼此资源与服务并不共享，因此图书馆的同行业竞争体现并不充分。但如有图书馆间的合作或联盟协议，则是消除壁垒的强强合作。

③替代品威胁。图书馆主要提供的是信息与知识，公共服务与私人服务。能提供信息与知识的主体主要有出版社，书商和作者。

④读者或用户的议价能力。随着知识中心，知识服务理念的深化，图书馆应从推式服务转变为拉式服务，主动向用户推送知识与服务。读者议价能力越来越高。

⑤供方议价能力。信息与知识提供源头来自于出版社、信息平台等，图书馆具有一定的议价能力。

四、图书馆情景规划模型构建

1. 情景规划的前提

人类当今的一切集思与实践，总是与有关未来的期望与筹划紧密地联系在一起。情景规划是一连串基于逻辑和经验事实的推演，其核心是改变组织的心智模式，进行思维上的独特修炼。面向未来的情景思维是指按照从“不可能”到“非常可能”对情景发生的概率进行排序，然后按照“没有影响”到“具有高度影响”核心业务的情景进行排序的过程，是基于专家知识、考虑情景发生可能性的客观认知的贝叶斯概率修正过程。情景思维在目前纷繁复杂与变幻诡谲的环境下是必要的，否则战略规划将无所指向。

此外，图书馆员对大环境的认知与环境潜在变化的理解对改善决策能力非常重要。图书馆员的共同认知（Shared-awareness）是能使员工进行群体性思考、增强规划的稳定性、避免信息黏性与偏离战略方向的重要因素。没有对外部环境的共同认知，战略规划将是图书馆内部的重塑图书馆流程的活动，而非面向图书馆外部的战略性改变未来的服务过程。

2. 情景规划的核心

在情景规划中，识别驱动力、标注驱动力的不确定性、明晰不确定性程度是生成与拓展情景的重要一环。在识别驱动力与标注其不确定性时，需要采用PEST（或 STEEPLE）分析、五力分析模型、SWOT 分析工具，结合如利益相关者分析法、头脑风暴法、专家打分法、核对表法、面谈法等预测方法进行环境扫描（Environment Scanning，ES）。

在生成图书馆未来可能情景的过程中，要发现尽可能多的主要驱动力。因驱动力数目一般较多，需运用情景思维找到未来发展中具有高冲击力（或影响力）和高不确定性的驱动力。然后在“冲击与不确定性矩阵”（表 3–2）上判断哪些驱动力具有高度不确定性（表 3–2 中的 A、B、C），并依此构建不确定性轴面（即情景轴）（图 3–2 与图 3–3）。

表 3–2 冲击与不确定性矩阵表

关键情景分析要素	重要驱动力 C	关键驱动力 A
重要的情景分析要素	重要情景分析要素	重要驱动力 B
检测性要素	检测性要素	监测评估影响要素

在情景轴中，情景数量通常设置 3 ～ 4 个为宜。因此在实践中，常以二

维情景轴为基本逻辑（图 3–2），结合各个驱动力来展开情景逻辑、发展情景故事。

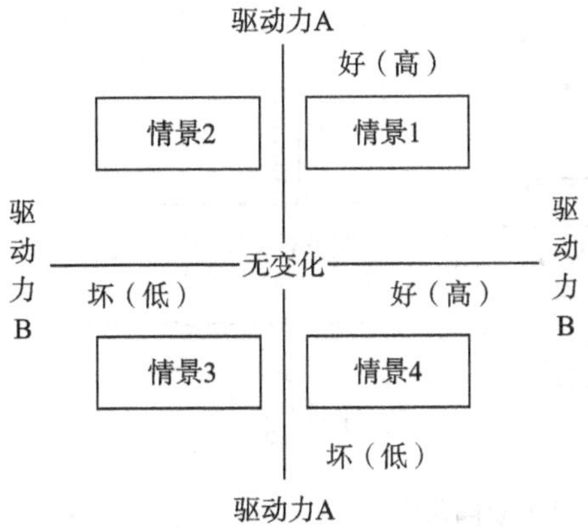

图 3–2 二维情景轴

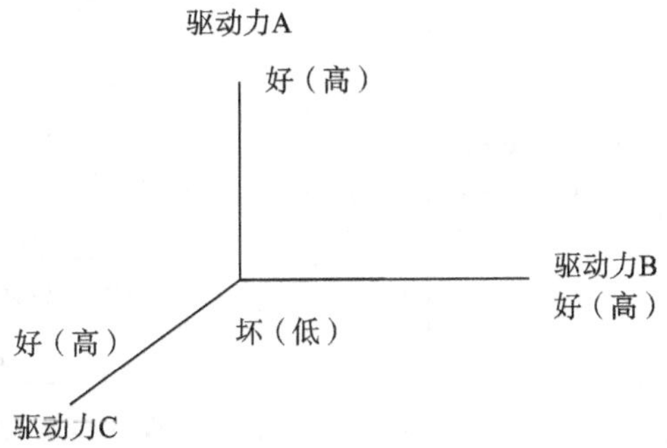

图 3–3 三维情景轴

3. 嵌入情景的图书馆战略规划模型构建

情景规划是联结未来与战略规划的纽带。由于未来是不确定性的，应对不确定性的战略又代表着是否具有有效把握关键趋势的能力，因此对情景规划模型的构建应依“未来不确定性—情景生成—基于情景的图书馆战略规划模型构建”的研究思路进行推演与构建图书馆情景规划模型。

一般而言，依据战略规划的目标、组织文化与环境的变化程度等，可将战略规划模型划分为六类：基于愿景或目标的战略规划、基于问题的规划、基准模型、情景规划、自组织规划（有机规划）、实时规划。其中情景规划模型是适应不确定环境、明确战略问题与目标的模型，具有支持决策、创建引导知识、促进未来交流、模拟战略思想的战略管理作用。按照系统整合思想，如上情景规划步骤可表示为嵌入情景的战略规划（图 3–4）。

图书馆情景规划的最终目标是制定适合图书馆未来发展的战略。情景规划是一个持续调整、不断判断、验证、修正与改进的过程。其中，ACDATE 是目标系统的构成，它可以解构为一组行动者（Actors）、条件（Conditions）、数据（Data）、行动（Action）或时间（Timing）、事件（Event）。情景生成意味着理解目前现状、正在发生什么，基于此未来可能是什么、如何实现、在实现过程中将发生什么。情景展开意味着依据发生的变化进行决策与采取行动。

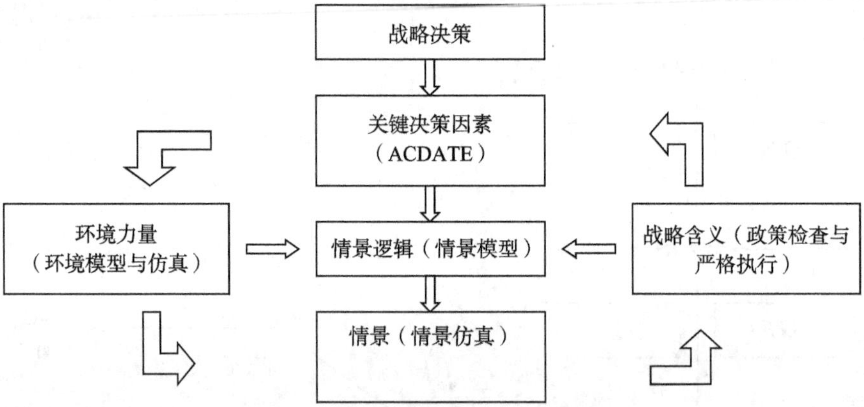

图 3-4　基于情景的图书馆战略规划

图 3-4 还展示了在战略预测过程中如何将早期预警系统、集成的情景创建、情景辅助战略开发几个阶段结合起来的思路，体现了应急规划与反馈思想。

参考文献

[1] ANNE MARIE CASEY, JONE E, CAWTHORNE, et al. Gazing into the crystal ball: using scenarios for future visioning of a distance learning library service [J]. Journal of Library & Information Services in Distance Learning, 2014(8): 181–203.

[2] HERNON P, SAUNDERS L. The federal depository library program in 2023: one perspective on the transition to the future [J]. College & Research Libraries, 2009, 70(4): 351–369.

[3] HOBOHM H C. The impact of new technology on libraries: an introductory note [J]. NSPEL, 1996, 30(4): 303–317.

[4] GERNAND B E. Government libraries: administering change in an uncertain future [J]. . Journal of Library Administration, 1996, 33(3/4): 113–25.

[5] FOOT M M. The only certainty is change: a library management response to a changing environment [J]. LIBER Quarterly. 1999, 9(3): 275–280.

[6] 吴建中. 追求超越：研究图书馆的新挑战 [J]. 图书情报工作. 2019, 63(1): 6–12.

[7] The NMC Horizon Project Reaches 195 Countries! [EB/OL]. [2019–01–16]. http://www.

nmc. org/nmc—horizon/.

[8] 朱志伟. 新技术环境下图书馆发展趋势与挑战——基于《新媒体联盟地平线报告：2017 图书馆版（纲要)》的启示［J］. 情报资料工作，2017(2)：83—89.

[9]［美］新媒体联盟（NMC）新媒体联盟地平线报告（2015 图书馆版)［J］. 北京广播电视大学学报，2015(5): 39–49.

[10] 刘彩霞.《新媒体联盟地平线报告（ 2017 图书馆版)》的解读与启示［J］. 大学图书情报学刊，2018(11): 34–39+47.

[11] S.Adams BeckerM.CumminsA.DavisA.Freema 等. 新媒体联盟地平线报告：2017 图书馆版［J］. 图书情报工作，2018(2): 114–152.

[12] Hobohm, H.–C.The impact of new technology on libraries: an introductory note［J］. NSPEL, 1996, 30(4): 303–317.

[13] 未来学家谈未来的图书馆［EB/OL］.［2019–05–18］. http://tech.hexun.com/2015–01–16/172425931.html.

[14] SALLY MCUBBES. Strategicplans and national libraries: planning within a changing context［J］. Alexandria, 2011, 21(3): 41–54.

[15] JONE. CAWTHORNE. The future of university research libraries: using scenarios to envision new organizations［M］. Advances in Library Administration and Organization. Emerald Group Publishing Limited. 2015: 43–88.

[16] MICHAEL R KRISTIANSSON. Strategic reflective conversation–a new theoretical–practice field within LIS［J］. Information Research, 2007, 12（4）.

[17] THOMAS GRECKHAMER, SEBNEM CILESIZ. Critical and poststructural approaches to strategy research: theoretical and methodological suggestion［M］. Emerald Group Publishing Limited, 2012: 3–38.

[18] ROWLEY JENNIFER. Should your library have an innovation strategy?［J］. Library Management, 2011, 32(4/5): 251–265.

[19] ANNE MARIE CASEY. Grassroots strategic planning: involving library staff from the beginning［J］. Journal of Library Administration, 2015, 55(4): 329–340.

[20] CURTIS BRUNDY, WARTBURG C. Academic libraries and innovation: a literature review［J］. Journal of Library Innovation, 2015（1）: 22–39.

[21] LIPPINCOTT S K. Library as publisher: new models of scholarly. communication for a new era [EB/OL]. [2018-09-14]. http://dx. doi. org/10. 3998/mpub. 9944345.

[22] ACRL. Scholarly Communication Toolkit: library publishing programs [EB/OL]. [2018.09.15]. https://acrl. libguides. com/scholcomm/toolkit/librarypublishing.

[23] 刘彩霞.《新媒体联盟地平线报告（2017 图书馆版）》的解读与启示 [J]. 大学图书情报学刊，2018(11): 34–39+47.

[24] KARA J . Understanding faculty perceptions of the future: action research for academic librarians [D]. ProQuest LLC. US:Los Angeles. Antioch University, 2011.

[25] BRIAN MATHEWS. Librarian as futurist: changing the way libraries think about the future [J]. Libraries and the Academy, 2014, 14(3): 453–462.

[26] RONALD EIFETZ, ALEXANDER RASHOW, MARTY INSKY. The theory behind the practice–a brief introduction to the adaptive leadership framework [M]. Harvard Business Press .Boston, Massachusetts, 2009: 8.

[27] 张莉，王丹. 复杂环境下企业适应性领导行为研究 [J]. 管理科学，2009, 22(5): 13–23.

[28] ELENA MACEVICIUTE. Research libraries in a modern environment [J]. Journal of Documentation, 2014, 70(2): 282–302.

[29] 王世伟. 全球大都市图书馆服务的新环境、新理念、新模式、新形态论略 [J]. 图书馆论坛，2014(12): 1–13.

[30] JOAN K. LIPPINCOTT. A mobile future for academic libraries [J]. Reference Services Review, 2010, 38(2): 205–213.

[31] MAVODZA JUDITH. The impact of cloud computing on the future of academic library practices and services [J]. New Library World, 2013, 114(3/4): 132–141.

[32] NARAKESARI NARYANDAS, WESLEY J JOHNSTON, DANIEL KINDSTROM,et al.. The future of research libraries [M]. Emerald Publishing Limited, 2014: 15 18..

[33] 张晓林，李麟，刘细文等. 开放获取学术信息资源：逼近“主流化”转折点 [J]. 图书情报工作，2012, 56(9): 42–47.

[34] 孙涛. 让“硬智慧”和“软智慧”共同推动“智慧图书馆”发展. 新华书目报 [N]. 2017–06–02（4）.

[35] DAVID J STALEY, SCOTT SEAMAN, EILEEN THEODORE–SHUSTA. Futuring, strategic

planning and shared awareness: an Ohio university libraries case study [J]. The journal of academic librarianship, 2012(1): 1–5.

[36] CARTER MCNAMARA. Basic overview of various strategic planning models [EB/OL]. [2018–12–21]. http://www.managementhelp.org/strategicplanning/models.htm.

[37] W T TSAI, C FAN, Z CAO, et al. A scenario–based service–oriented rapid multi–agent distributed modeling and simulation framework for SoS/SOA and its applications [EB/OL]. [2018–06–02]. http://wenku.baidu.com/view/30265b7a1711cc7931b71636.html.

[38] STEVE O'CONNOR, PETER SIDORKO：Imagine your library's future:scenario planning for libraries and information organizations [M]. UK:Chandos Publishing, 2010: 95–136.

[39] STEVE O'CONNOR, LAI–CHONG AU. Steering a future through scenarios: into the academic library of the future [J]. The Journal of Academic Librarianship, 2009(1): 57–64.

[40] WENDI ARANT–KASPER, WYOMA VAN DUINKERKEN. Be the change: librarian as a learning organism [J]. The Journal of Academic Librarianship, 2012(7): 189–190.

[41] J M ALLWOOD, S E LAURSEN, S N RUSSELL, et al. An approach to scenarioa analysis of the sustainability of an industrial sector applied to clothing and textiles in the UK [J]. Journal of Cleaner Production, 2008(16): 1234–1246.

[42] ALEXANDER FINK, OLIVER SCHLAKE. Scenario management— an approach for strategic foresight [J]. Competitive Intelligence Review, 2000(1): 37–45.

第四章

图书馆情景规划方法与实施流程

一、图书馆情景规划方法概述

图书馆情景规划方法是以普适性情景规划方法为基础，遵循图书馆公共信息服务的本质特点，依据图书馆不确定性未来情景进行规划，旨在拓展图书馆服务用户覆盖面、实现图书馆适应未来情景发展目标、提高资源利用效率与公共价值的方法。情景不是未来的定量模型或仿真模型（这些模型源于更新、更精确的预测工具），它突出了模拟组织，而不是对未来将是什么的必然预测或信念。情景就像博弈或模拟，常在非现实背景下预演成百上千次，令决策者在一天内遍历决策及决策结果。好的情景设计能让决策者灵活而自由地适应模拟组织。

1. 情景规划方法的学派

情景规划方法可以依据发源地与研究方法特点，进一步细分为美国的直觉逻辑学派（Intuitional logic）、概率修正学派 Probability adjustment trend）（情景规划的概率修正趋势学派还可以进一步划分为趋势影响分析和交叉影响分析），以及与法国的展望学派（Prospectives）。情景已经在公共与私人领域使用了作中使用了 70 多年。自嘉斯顿 · 伯格（Gaston Berger）与赫尔曼 · 卡恩（Herman Kahn）分别在法国和美国共同创立以来，情景规划法一直处于实践主导的领域。学者们展开情景实践研究，借助情景理论评价哪些实践做得好，哪些实践失败了，成功或失败的原因是什么。因此，理解情景发挥作用的机理一直是社会科学和人文学科的研究对象。如上三种情景规划方法的特点见表 4–1。

表 4–1　三种情景技术流派的显著特点的比较

对比项目	直觉逻辑模型	展望模型	概率修正趋势模型
情景工作的目的	多重的，从一个一次性的活动的意义的情况和发展战略，到一个正在进行的活动与预期和适应性组织学习	通常是与制定更有效的政策、战略决策和战术行动计划相关的一次性活动	加强外推预测和政策评估的一次性活动
情景的角度	描述性和规范性	通常是描述性的，也可以是规范性的	描述性
情景训练的范围	范围可以很广，也可以很窄，从全球、地区、国家、行业到某个问题的具体焦点	一般范围较窄，但考察范围内的因素范围较广	范围狭窄，侧重于特定事件对历史趋势的可能性和影响
情景时间地平线（年）	时间变化：3 ～ 20 年	时间变化：3 ～ 20 年	时间变化：3 ～ 20 年
方法取向	过程导向——归纳法或演绎法，本质上是主观和定性的方法，依赖于有纪律的直觉	结果导向——直接和客观的，定量的和分析的方法（带有一些主观性）依赖于复杂的基于计算机的分析和数学建模	使用基于计算机的外推预测和仿真模型，直接和客观地、定量和分析方法（带有一些主观性）
情景团队参与者的性质	内部——由组织内部推动开发的情景	由外部专家顾问领导的组织内部一些关键人员的组合	外部——由外部专家顾问进行的情景训练
外部专家的角色与作用	有经验的情景实践者来设计和促进过程；定期使用杰出人士作为新思想的催化剂	主导——由专家主导的过程，使用一系列专有工具进行全面的分析和专家判断，以确定情景概率	主导——专家主导的过程，使用专有工具和专家判断，以确定高影响前所未有的未来事件及其发生的可能性
常用工具:	通用——头脑风暴，STEEP 的分析、聚类、矩阵，系统动力学和利益相关者分析	专利——结构（Micmac）和行动者（Mactor）分析、形态分析	Delphi、Multiple 和多准则评价、特定趋势影响与交叉影响分析、蒙特卡洛模拟

续表

对比项目	直觉逻辑模型	展望模型	概率修正趋势模型
情景的起点	一个特定的管理决策，一般关注的问题或领域	引起关注的特殊现象	存在详细可靠的时间序列数据的决策或问题
关键驱动力识别 / 选择	直觉——头脑风暴技术，分析 STEEP 因素、与杰出人士研究和讨论	对参与这一现象研究的行动者进行采访，并使用复杂的计算机工具进行全面的结构分析	拟合历史时间序列数据曲线、识别趋势，利用专家判断、创建数据库、潜在的高影响前所未有的未来事件
建立情景集	将情景逻辑定义为组织主题或原则（通常以矩阵的形式）	基于未来关键变量的一系列可能假设的矩阵	蒙特卡罗模拟，围绕关键指标的基本预测创建一个不确定性包络线
情景训练的输出	定性——一组同样可信的情景，以图表支持的散乱叙事形式呈现，一些有限的量化。影响、战略选择和预警信号越来越多地成为情景输出的一部分	定量和定性一综合分析可能采取的行动及其后果，支持多种替代未来方案	定量——基准线加上调整时间序列预测的上下四分位数。可以用简短的故事情节加以点缀
情景发生的概率	非，所有的情景都必须等可能	是，进化的概率变量的假设集下行动者的行为	是，出现前所未有的条件概率和破坏性的未来事件
生成的情景数量	一般为 2 ～ 4 个情景	多个情景	取决于模拟的次数，通常 3 ～ 6 次
情景评估标准	一致性、全面性、内部一致性、新奇的事物，通过严格的结构分析和逻辑支撑。所有的情况都同样可信	一致性、全面性、内部一致性一得到严密结构和数学分析，合理的和可核查的情景	事后看来，这是可信的，也是可以证实的

2. 图书馆情景规划目标与方法间的关系

赫伯特・西蒙（Herbert Simon）将研究目的分为两类：一是寻求设计和干预的目的；二是寻求描述和解释的目的。情景规划方法是实现如上两种研究目的的方法之一。

图书馆运用情景规划方法将具体情景设计与开发出来。图书馆情景规划方法常与情景分析（强调分析过程与分析方法）、情景管理（强调情景在决策中的战略应用）、多情景分析（强调多个情景的复合分析）及情景写作（强调情景叙述与描绘）等概念同义。在研究设计中，一方面，图书馆情景规划方法常与其他方法结合使用，如建模法、德尔菲法及演进路径图法等；另一方面，图书馆情景规划法也常被应用于趋势分析、角色分析、交叉影响分析等方法之中。

图书馆情景规划方法是实现图书馆情景规划目标的工具与手段，图书馆情景规划方法的运用，要以情景规划目标为前提和依据。图书馆情景规划的目标是在构建图书馆未来情景的基础上，对图书馆进行整体规划，并在这个过程中打破个人与组织的传统思维模式，提高个人学习与组织学习能力，最终实现图书馆的可选择未来。在详细阐述图书馆情景规划目标后，图书馆应对情景规划方法进行优先排序并做出选择。

在图书馆展开情景规划过程的开始阶段，关键要明确图书馆目标服务人群、支持情景开发的组织资源，以及几个能产生情景训练的可预见目标。其中，情景训练目标可以是探究性的或是具体可实现的。情景训练目标还可以依据行动者之间形成的网络关系类型或行为人所关注的敏感问题进行细分。一般而言，如以促进内部网络形成目标，则要求将情景训练的注意力更多地放在情景过程设计上；如以激励外部行为人敏感性为目标，则情景训练应当重点关注情景本身的描述。

在选择与应用情景方法时，图书馆理论与实践工作者应避免采用纯定量方法，要侧重于识别与未来发展政策相关的规范性要素。图书馆情景规划的设计者与实施者还应该认真思考图书馆是否能处理好复杂问题，图书馆情景训练的方法是否能与组织现存资源匹配，图书馆重要决策是否与图书馆情景规划项目涉及的地域、时间域、相关利益者相配套等。另外，除了构建一个全局性的情景训练外，建议研究者将情景规划项目划分为一组更小的、更易引起重视的子项目。情景规划的最终目标用户也应参与到情景生成过程之中，以强化整体实施效果。

综上，在图书馆情景规划过程中使用的方法依赖于情景规划目标、情景训练的总体方向等因素。

3. 图书馆情景开发的规范性与探究性方法

图书馆情景规划方法可以大致划分为情景开发方法与规划方法两个内容，其中，前者是重点。考虑到情景是情景开发的对象，很多学者在思考如下两类问题的基础上提出了情景特征与方法分类建议：情景在何种程度上包含可能采取的未来行动（即“参考”情景与“政策”情景）；人们在何种程度上能整合“意外”和（或）非连续性情景。但截至目前，还没有哪种分类能覆盖所有的情景，也没有一种分类法能详细、清晰、适时描绘每一种情景。一般地，依据情景特点及开发方法的基本特征，情景规划的两种常用分类为探究性与规范性、定量与定性。

探究性（或描述性）情景开发方法是面向探究性情景的开发方法。探究性情景是在设定一组可能事件的基础上，设计出“如果－那么”这类问题，并将当前作为起点，运用发展、驱动力、可能结果等词汇作为概念化未来。因此，依据探究性情景开发方法的特性，图书馆运用该技术揭示不可预见性，公开发展路径、关键因素及人们所知与不可知事项（其中的探究和（或）知识功能，就像模拟器，模拟可能的决策后果与所采取的行动）。

规范性情景开发方法是面向规范性情景的开发方法。规范性情景将价值与兴趣吸纳其中。规范性情景开发方法面向两类规范性情景：第一类以现在为起点，探讨未来诉求（愿望、合意）条件，即人们所希望未来是什么，未来将带人们去哪里。第二类包括将可能的未来作为起点，提出人们如何到达那里，发生什么可以将其转变成现实。很明显，第二类规范性情景方法是从未来时点回溯现在，其功能是明确事件达到特定理想状态的具体过程。图书馆使用规范情景开发方法时，常运用目标设定功能与战略开发功能对图书馆目标实现过程进行展示。

情景开发方法之间彼此存在差异。例如，规范性情景开发方法在可能性或期望目标研究中是无偏见的，但在明确未来发展可能性方面则存在偏好倾向。在很大程度上，规范性方法塑造未来的努力与行动将影响未来发展。

探究性情景与规范性情景的原理对比见表 4–2。

表 4-2 探究情景与规范情景的原理对比

	探究性情景	规范性情景
程序	以现在为起点，探究可能的未来发展	明确理想的未来或调查如何达到未来状态
功能	探究和（或）知识功能	目标构建功能和（或）战略开发功能
实施	研究要素与不可预见性，测试可能采取的行动和（或）决策过程	目标定义与具体化和（或）明确达成目标的可能方法
核心问题	是什么？ ——假使……将会如何？	如何？ ——它是怎么来的？ ——如何到达那里？
包含的可能性	可能的	间接，合理的形成与规划部分

综上，情景规划方法可以依据情景的规范或探究性质进行划分。其中规范的情景目的是描绘出通往理想未来的路径；探究性情景目的则是识别可能的发展而不是理想的发展。不过，情景的两元特征也存在问题，即当已经构造出某一情景时，则必须在情景过程的诸多节点做出决策选择（既包括定义情景域的决策，也包括明确关键因素的特征与相关性、将因素聚合到某个情景的决策）。因此，情景及其开发方法通常是规范性的，但各规范性情景开发方法对规范性程度认识不同，即要么是公开的，要么是反射性的。另外，目前在图书馆情景规划实践中使用的情景方法（尤其当情景开发目标为开发战略时）通常是探究情景方法与规范情景方法的结合。

4. 图书馆情景规划的定性与定量方法

情景规划可以是定性的也可以是定量的。信息类型不同，选择的情景规划方法便不同。具体地，各种识别与分析关键因素的分析工具及生成情景所使用的方法，均依赖于是否需要定量或定性数据、数据是否有价值与易获取。在实际运行情景规划时，人们常将定性或定量情景转化方法、混合设计方法纳入到其他未来学方法中，如模型化方法、仿真法、德尔非调查法、技术路线图法等，从而形成定性与定量相结合的混合方法。

从理论角度，定性与定量情景规划方法在各关键因素的选取方式与研究方式上存在差异，因此对方法的具体选择将直接影响情景方法的规范程度。定量情景规划方法需要严格定义的、经数量缩减的影响因素，而定性情景规划方法需要人们对细节和细微差别进行重点观察，它不需要明确是否包含关键因素。此外，定性与定量方法在时间轴维度也存在差异：定量方法常用于中短期描述，定性方法常应用于长期观察（表 4–3）。从实践角度，情景规划方法的定性与定量的选择还与方法应用的实际支撑条件相关。为达到理想效果，情景规划常将两种方法进行混合，同时使用定性信息与定量数据，充分运用定性到定量知识或定量知识到定性知识的转译。

表 4–3 定性与定量情景规划方法的特点比较

对比项目	定量情景规划法	定性情景规划法
实施	当定量知识 ● 是必要的 ● 是存在的 ● 和（或）定量是可能的	当定性知识 ● 是必要的 ● 或定量知识不存在
主题域	如自然人口，经济发展等情景	如规制、文化、政治等情景
对规范程度的影响	偏高度规范性	偏低度规范性
理想且典型的情景技术	模型化方法	描述和（或）文字方法
关键因素的选取方式	严格定义有限的因素数量	对细节和细微差别的内在观察，但可能没有严格选择因素
时间投影空间	短期到中期	中期到长期

在面对未来变化与不可预见性时，定性与定量情景规划方法都会面临如下基本问题：①情景规划的目的是否包含未来行动的决策过程？②意外或未期事件、突发或灾难事件是否应该包含在情景开发的思考范畴之内？

5. 方法使用的前提假设、约束条件与注意事项

（1）图书馆情景规划方法使用的前提假设

图书馆运用情景规划方法为未来构筑模型时，其目的是形成定向知识体系，以服务于当前行动。但在使用情景规划方法前，图书馆需明确方法使用的一般前提假设。

①未来是可预测的，可被控制的。这一假设意味着对过去与现在积累的知识越多，就越能把握未来发展的主线。

②未来是演化的。这一假设认为未来是混沌的，不可控的及随机的，目前的知识不适用于预测未来；有目的的控制未来是不可能的，所以权变战略与直觉战略是处理未来事件的合理方式。

③未来是可塑造的。未来虽不可预测与控制，但人们能在一定程度与范围内通过自身行为影响未来发展。这一思想范式相信战略的涉入作用，认为战略有助于塑造未来，强调行动者的能动作用、行为者目标与决策过程。

情景反映了各种假设，如目前趋势如何展开、关键的不确定性会如何上演、新的影响因素将是什么等。这些假设不仅是心理因素和未来模型的整合，也是过去、现在和未来发展不同观点的“心理地图”。由于心智构念常以隐形方式呈现在人们的未来思想之中，它最终会以构造情景的方式被部分呈现。

在这个过程中，情景既没有描述现实，也没有提供未来的真实知识。然而，情景能在获取目前与过去知识的基础上，提供可能未来的假设性构念。这种构念包括或许的、可能的、理想的未来发展。

（2）情景规划方法使用的约束条件、使用领域与注意事项

①约束条件。在使用情景规划方法时，图书馆会受到一定的约束。由于情景有合理性或内部一致性或综合性、可追溯性或差异性或透明性等特性，选择适合的情景分析技术依赖于研究目标及研究背景环境。例如，在面向图书馆服务政策开发的情景规划研究中，研究者们在情景分析前应该关注几个关键性问题，并在这一基础上形成恰当的情景分析方法选择清单。

目前，研究者与实践者尚未发现能兼顾综合性与一致性、理论性与方法性的情景方法。这一方面是由于情景规划方法本身的实施过程并不完整也并不明晰，另一方面是由于目前尚缺乏综合、详细的实施情景规划方法工具箱。此外，用于选择恰当情景技术的基本指南往往无迹可寻；最佳实践下的一般性评估标准也乏善可陈。实施情景规划方法的具体约束还体现为如下几点。

首先，情景规划受情景分析目标的约束。图书馆情景规划目标是通过观察某些核心要素来形成未来发展方向。因此，需要在情景规划过程中注意三个问题：a. 情景不是对未来的综合描述，而是直接关注某一或某些具体的、清晰界定的现实片段；b. 情景是以关注因果过程和决策为目的的、假设事件的序列构造。在这一过程中，包含很多因素与事件；c. 情景工作不是描述未来，而是以

参与某一特定领域未来活动的方式，关注某些议题。

其次，情景规划还受情景的类型约束。例如，情景可以划分为参考情景与政策情景。其中，“参考情景”（即“基准情景”）以“照常营业”（Business As Usual，BAU）为假设前提，并不启动任何新决策过程或决策行动，其目的是探究如果“营业”持续到现在将发生什么？参考情景与决定如何行动及采取何种具体行动的“备选情景”（即“政策情景”）相区别。“备选情景”集成了非连续性问题及新决策过程或待采取的行动，用以模拟、测试可能的行动选择及行动结果。

参考情景与备选情景方法都有未将意外事件及未发生事项考虑在内的风险，使得开发情景更趋保守。这一缺漏也使得未来的内涵界定缺乏创新，进而使情景研究只考虑事件发展的渐进变化，而忽略了非连续性。因此。人们有必要寻找将非连续性因素与未来发展相集成的可能性方法（如集成不可能性、不合理性与不可想象的开发方法）——问题与事件分析法（Problem Event Analysis）。

②使用领域。不同流派思想带为图书馆情景规划带来新的思考模式及科学的创新方法，图书馆情景规划方法运用的领域日益扩大。目前，在各种相关假设与标准条件下，情景规划方法有如下使用领域：按照图书馆的性质，情景规划方法应用于特殊图书馆、高校图书馆、图书馆联盟等；按照图书馆的业务领域，情景规划方法应用于组织再造、战略优化、人力资源调配等领域；按照运用的方法，情景规划法运用了环境扫描法、德尔菲法、焦点小组讨论法等。

情景规划方法的来源并非出自某一科学和（或）理论，而是来源于实践操作。情景规划方法是以理论支撑的、适应各种实践环境的应用知识。因此，研究目的应能识别情景方法的关键变量特征。

情景规划方法的适用性在以下情况受限：

a. 情景规划法不是普适性方法与工具。情景规划方法是适用于某一特定目的下不同时间域与应用领域的方法；b. 情景规划会基于预测知识，但绝不能被视为预测方法。情景可以展示未来发展的范围，但不能描述悬而未决的真实未来，也不能自我履行。情景任务是关注不同因素的开发，以及这些因素是如何相互作用的；c. 情景的局限性还在于思考未知与不确定性的认知局限性。情景虽然具有能有突破陈旧思想结构的功能，但人们会习惯于遵循常规路径。情景也会有缺乏创新之嫌。例如，当运用趋势矢量外推方法以进而形成主观知识时，人们会忽略不一致性与小概率事件。

③注意事项。首先，情景关注的是未来，它不属于自然学科，因此情景方法不会应用自然科学理论中的可证伪性。但是，未来学研究会坚持科学工作标准，如逻辑一致性，范围的清晰描述、前提解释及透明性等；其次，选择与组合与未来时间轴相关的关键因素也是一种构造方法。图书馆情景规划师应考虑所有相关驱动力因素，依据假设将其置于彼此互动的环境之下，然后以某种方式将其重组。第三，情景构建的假设是“未来将在某时以某种方式呈现”。在某一时间片段，尽管某种变化趋势保持不变，但此时仍有必要探索与识别在未来发挥作用的新因素。

描述未来情景需要描述可能未来的演化方向与具体路径。描述未来情景是复杂的，其复杂性体现为：考虑驱动因素的相互作用、对不同复杂度与细节程度文本的分析，对定性或定量模型的调整等。与概念化的未来（即代表事件的一种假设未来状态）相比，情景描述的是发展、动态与源自某一特定未来结果的推动力量。

6. 图书馆情景规划方法未来预测的漏斗模型

漏斗模型（图 4-1 与图 4-2）可以描述图书馆情景规划方法在解释未来情景的尾端开放性，多样性及可能性的机理，也能描述有向开放未来空间开放的可能性。漏斗模型展现了未来发展的拓展空间，而非单一可能的未来。依图所见，“漏斗”向每一个独立观察的未来构面展开。形成了可能未来的完整空间。在运用情景规划方法时，一般会探讨情景漏斗的延伸幅度、边界等内容。

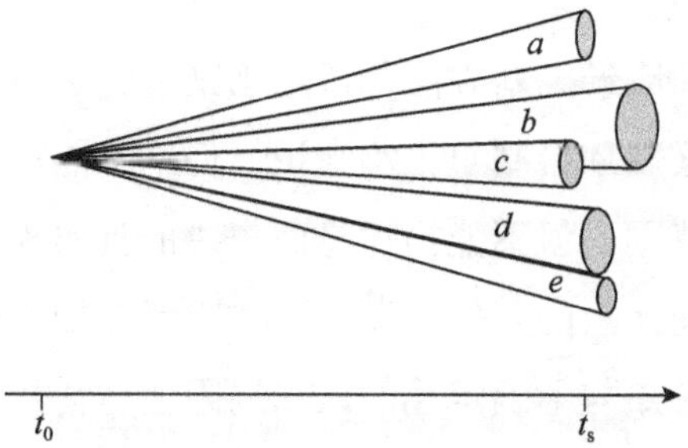

图 4-1　个体因素发展的漏斗型跨度图

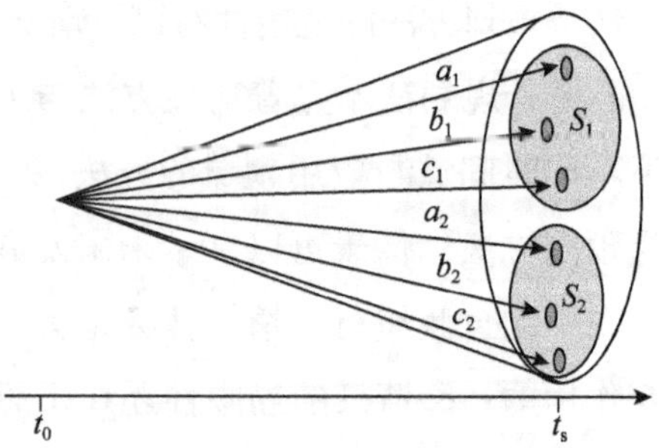

图 4-2　带有情景构面的个体因素发展漏斗型跨度图

未来会在空间无限延伸是情景规划法的核心观点，也标示着情景规划法有别于其他方法。漏斗模型的外围边线界定了未来发展的范畴，由于这些极限边界状态一般为不可能发生的情景，因而常被排除在思考范畴之外。

在情景规划过程中，可以在明确情景漏斗中某一特定未来时点为观察时点（如时间 t_s）后，选择不同的情景（如 S_1，S_2）来描绘可能发展空间。每一情景是由不同因素构成的可能连续事件浓缩而成的，如箭头 a_1，b_1，c_1 因素构成了第一个情景，箭头 a_2，b_2，c_2 构成了第二个情景。

基于漏斗模型，图书馆在因素选择与因素价值判定的基础上，依据图书馆业界人员的环境扫描与情景发现来进一步构建未来情景。具体地，图书馆可能要择选用于描述的可能情景（最可能的发展情景）或将情景浓缩到极端情景中去，如最好情景、最坏情景，甚至是希望情景。

图书馆在运用情景规划方法开发、扩展与规划情景过程中，要注意情景概念是基于如下基本假设：图书馆具有诸多可选择未来是可能的，情景以生成、填充可能未来空间为目的。因此，图书馆要应用情景理论的不同思想流派与方法，根据各自对未来的理解审视情景与应用情景。在情景规划方法中，不同的情景分析方法会强调某种未来的可预测性程度（人们假设能知道什么）。在随机发展非连续性（即人们还不知道什么，或不能知道什么）方面，情景规划方法间存在差异。在未来不能预测或不可预知的程度及塑造未来认知上，各种情景规划方法是有差异的。

二、图书馆情景规划流程

1. 流程概述

情景规划不是预测未来，而是探索未来。情景规划可分为两大过程：情景生成（或情景开发）与情景展开。前者需要理解目前现状、正在发生什么，基于现状与涌现所生成的可能未来是什么、如何实现可能的未来、在实现未来过程中将发生什么等问题；后者关注依据变化进行决策与采取行动的问题。情景生成运用了人们的经验、研究、分析、预测、直觉、创造力、想象等认识能力；

情景展开则运用了战略规划、决策、战术调整、操作行动等决策知识储备与行动。

情景开发和实施规划工具是促进预期和适应未来的需要。在情景规划与工具构筑过程中有三个关键性概念：协作、能力建设和创建开放的参与环境。①协作可以解决由一个组织无法单独解决的相互关联的问题，为相关议题的解决提供机制；②能力建设使个人和组织能够有效地将情景规划方法和工具应用于特定的规划；③创建开放的信息共享环境能加速多种环境背景下情景规划工具的使用与改进。在过去的一二十年里出现了许多新的或改进的情景规划工具，为图书馆情景规划的使用提供了新的支持，并为情景规划工具的开放访问目标奠定了基础。

图书馆可以采取如下几项行动，以促进情景规划工具的实施。①创建在线平台来促进情景规划工具的发展和应用；②开设面向下一代情景规划专业和公民规划者的信息素养课程；③建立情景规划流程模型，展示其运作过程。④在情景规划过程的各阶段，阐明不同情景规划工具的使用原理，促进情景规划方法的使用；⑤建立数据标准，提高信息共享；⑥启动合作项目，演示潜在的情景规划方法集成工具、模型和模块；⑦发展新概念，利用情景解决不确定性未来的挑战。

2. 情景开发

情景开发作为图书馆情景规划的一个重要内容，其目的体现为四个维度。

（1）第一个维度：实现探究式或知识功能

在这一维度下，需要对当代社会的未来发展、条件与影响等进行系统、深入的理解；需要构筑未来影响因素的评估模型；需要图书馆情景用户做出清晰的未来发展假设。图书馆情景开发主体关注未来发展的可能路径、显著特征、关键要素的相互作用、可能的结果范围。在此过程中，情景服务不仅能深化知识，也能暴露知识局限（如对不可预测性、差距、困惑及不确定性点的认识局限上）。在情景辅助之下，图书馆管理者及相关利益主体有可能实现认知转换——最初不知的未来环境（以一组可能发展的区间，未来的范围为特点）转变到配备情景的未来发展环境，并依次形成可以清晰区分的可选择性未来。此外，情景还能拓展可选择性未来的响应范畴、精确性，弥补传统范式的局限性。

（2）第二个维度：实现沟通功能

这一纬度包含如下几个层面的内容：一方面，将情景作为图书馆相关利益主体沟通内容，激励人们对问题的共享性理解，促进思想交流，整合同一主题下的不同观点。另一方面，要将情景用于沟通、通告流程之中，以便引出当前问题、深入探讨争议问题。

（3）第三个维度：实现目标设置功能

目标开发与具体展开的重点是直接强调个人的定位。情景有助于开发规范的未来理想图景，理性地响应未来。

（4）第四维度：实现决策与战略形成功能

情景是行动意见与指南的产生基础。情景可以用于评估决策、行为及战略，也能发现实现这些具体目标的局限性。

3. 情景规划流程的几个模型

情景规划方法融合了系统思想、战略思想及开放的未来思想。情景规划方法将情景整合到竞争情报与战略管理之中，它运用一套专门的、用于明确情景开发新战略、评估当前战略方法与战略决策的方法集合，展示在战略预测过程中如何将情景与早期预警系统结合起来的思路。

在图书馆情景规划方法实施过程（即情景展开过程）中，可以借鉴情景规划方法的实施模型。这些情景规划方法的实施流程应用了多种工具和（或）辅助方法来形成每个步骤的内部设计。不同学者对实施阶段有不同认识。

三阶段论。认为典型的情景开发过程流程包括准备阶段、开发阶段、使用阶段。

四阶段论。四阶段论有两个模型。模型一包括检测阶段、分析阶段、映射阶段、转型阶段；模型二包括定义范畴阶段、数据构造阶段、构建情景阶段、选择战略阶段。

五个阶段论。五阶段论有两个模型。模型一包括明确情景域阶段、明确关键因素阶段、分析关键因素阶段、情景生成阶段、情景转化阶段；模型二包括情景准备、情景域分析、情景认知、情景开发、情景变迁。

八阶段论。阶段论有两个模型。模型一包括问题分析、情景域识别、映射、一致性检查、情景构筑、破坏性事件分析、影响分析、情景转换；模型二包括具体情景规划步骤图 4-3 所示。

第一阶段：设定情景；	情景开发	情景规划
第二阶段：生成不确定性、预先确定影响因素；		
第三阶段：消减因素，明确因素范围；		
第四阶段：选择主题，拓展情景细节；		
第五阶段：检查一致性；		
第六阶段：展现情景；		
第七阶段：评估情景规划影响；	战略开发	
第八阶段：开展、测试战略		

图 4-3　情景规划八阶段论模型二

以下以三阶段和两个五阶段为例展开讨论论述。

（1）情景规划流程的三阶段模型

典型的情景规划流程由三阶段论组成，即准备、开发和使用。其中，使用阶段为重点。由于三阶段模型不能将情景开发与战略创新执行力联系起来，因此情景规划实行到这一步骤时，会面临许多严重问题。由于情景情况介绍说明阶段是构造情景开发与使用之间的桥梁，是在很多情景项目中易被忽略的一个重要环节，因此应在三阶段模型中添加“情景介绍说明”阶段。“情景介绍说明”是一个让情景规划参与人熟悉情景的过程，涉及对情景性质细节理解这一关键环节，能使情景开发与情景使用阶段间有一个重要的时间间隔。因此，如果没有好的情景说明会，情景规划实训参与者将在接下来的活动中难以掌握情景规划的精髓。

（2）情景规划实施的两个五阶段论模型

①模型一。该模型将情景规划过程划分为明确情景域等五个阶段（图 4-4）：

第一阶段：明确情景域。

在情景开发过程的初期，应根据研究范畴边界考虑决策相关性，明确情景域。

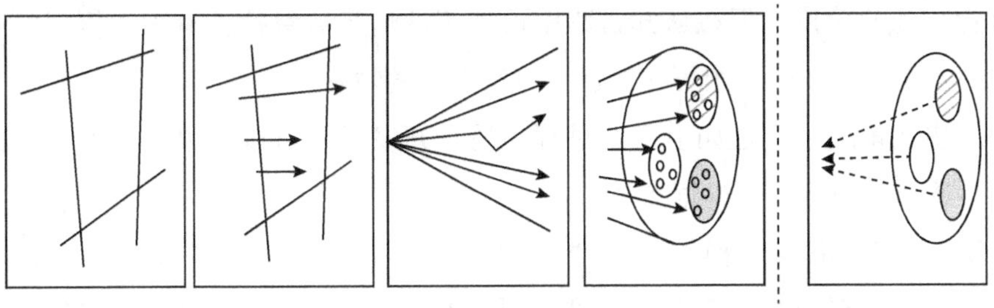

图 4-4　情景开发过程图

需要考虑的相关因素既包括各种宽泛的外部因素，如环境、生态、政治、技术与文化，也包括内部与外部因素的互动关系因素，如系统情景。

第二阶段：明确关键因素。

关键因素是变量、参数、趋势、发展与事件等在情景过程中的关注问题。明确关键因素包括如下两个步骤：第一步，为每一个情景建立坚实的理论基础，进行深度分析；第二步，通过直觉或隐性知识来构建每一情景的基础。

第三阶段：分析关键因素。

依据漏斗模型，分析关键驱动因素需要拓宽情景漏斗。拓宽情景漏斗与其他方法相区别的、体现情景方法特性的过程。在拓宽情景漏斗的过程中，应拓宽并分析每一个关键驱动力，发现哪种情况下可以发现可能未来的显著性特征，使之能成为选择初显情景。

第四阶段：情景生成。

情景生成是依据情景漏斗横截面（即该漏斗的开口延伸到已选择未来影射点），将每一个情景进行独立识别并将所有情景聚合起来的过程。情景生成过程中，要将所有识别因素进行融合并纳入最终情景。在情景聚合中使用的方法具有重大差异性，既可以使用叙事展开的定性方法，也可以使用程式化的定量方法。情景类型与行动逻辑具有对应关系（表 4-4）。

表 4-4　情境类型与行动逻辑的对应

情景类型	等与看	行动	末世来临	及时行乐
逻辑	没有新行动	由很多新行动	外部因素的消极发展	外部因素的积极发展

因此，需要运用一些情景技术划分情景类型。此外，即便在理论上存在很

多可觉察到的情景，但在认知过程中可加工的情景数量往往有限。依据实践经验，一般会形成 4 ～ 5 个可相互区分且有意义的情景。

从狭义角度，经过如上四个过程，情景开发过程可以结束。这四个阶段的核心是选择实施步骤及论据支持。

第五阶段：情景转换。

该过程是对情景加工的进一步描述。应用情景时，还会存在很多可能性，如影响分析、角色分析、战略评估与开发等。

②模型二。模型二包括情景准备、情景域分析、情景认知、情景开发、情景变迁五个阶段。其中，第一阶段的情景准备是情景规划的基础。

在第二阶段的情景域分析过程，每一个情景域由大量影响因素组成，如在有些创意团队中可达 150 个因素，这一过程可应用专门方法（如头脑风暴法、头脑书写法或循环头脑风暴法（6–3–5 法））。依据不同的决策场合，组织能创建三种一般性的情景以便从中选择关键因素：外部情景、内部情景与系统情景。在创建情景的过程中，组织可以应用影响分析法来选出关键因素，在影响矩阵中记录所有外部与内部因素的相互影响。组织还可以使用系统网格法将过程可视化。组织甚至可以在直接影响分析方法外，应用更复杂的间接关系分析法。

第三阶段的情景认知也被称为投影，它是情景创建过程中的核心阶段。在一致性情景开发分析的基础上构建投影束，即根据情景的合理性在一致性矩阵中评价所有的投影。可应用情景软件程序分析上百万个投影束，排除完全不一致的投影。一致性分析的目的是刻画适当的情景数量、将投影束与明确的情景对应（降低投影束的数量）、创建预备情景。

第四阶段的情景开发将依赖于前述合理与一致的投影。在聚类分析的基础上，投影束（即分离聚类情景数量）依赖于项目的差异与未来状况的复杂性，而不是依赖于情景团队的认知习惯。应当注意的是，建立在用户思想基础上的情景要比直觉逻辑方法更有效。这一阶段也被称为“未来映射”阶段，即应用多维尺度法将投影束和情景在未来空间可视化。该阶段还需要情景描述，以便对预备情景进行单独分析。情景描述需在确认破坏性因素或事件的基础上进行鲁棒性（即稳定性）分析与敏感分析完成。

第五阶段的情景变迁可用于决策领域。情景分析在战略管理中的应用始于企业情景在决策领域的效果分析，旨在训练展开情景认知的能力，因此情景分析也被称为“演练未来”。情景分析与变迁分析运用矩阵分析方法，系统分析情景如何影响决策，如何有助于避免不期而遇的失望，明确采取何种行动等。在明确机会与威胁后，图书馆可采取以下三种方式开展战略：以规划为导向的战略（可以预测环境变化）、防御型战略（强调对环境变化进行反应，接受不确定性，目的是应对不可预见的变化）、主动型战略（认为不可预测大范围的环境变化，但可尝试预测事件，并规划预先行动）。图书馆可以按期望的发展方向规划战略，以期规避意外结果的发生，引导目标行动。

（3）情景规划流程的整合模型构建

情景规划方法将各类人员整合到情景规划过程之中，令其认识到情景战略管理具有不同的作用，如支持决策、创建引领性知识、展开未来及交流、模拟战略思想。其中，引领未来发展前景的知识不会立即转换为决策，只有当决策者需要决策时它才是可用的。

如上四种作用集中体现了情景管理法在组织预测中的应用。以四种作用为基础，可以整合为包含三个阶段的模型（图 4–5）：①早期战略预警；②情景创建；③情景辅助战略过程。依据该整合模型，图书馆可以开展具体的情景规划。

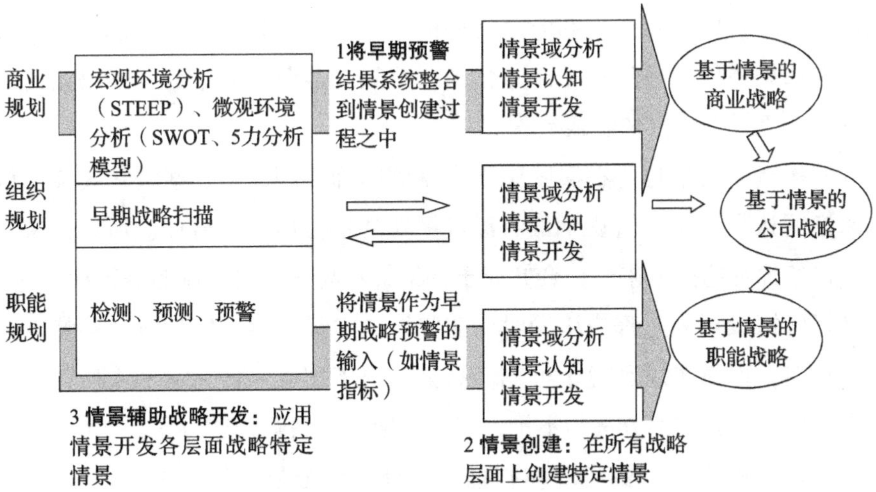

图 4–5　情景规划流程的整合模型

三、图书馆情景规划的具体步骤

1. 一般说明

学者贝尔（Bell）指出，应用情景规划法能使高校图书馆得到可持续发展。目前，图书馆、信息专家们正积极应用情景规划展开图书馆内部规划，帮助图书馆拓展服务职能。为保留图书馆传统的核心价值（如编目与数据仓库构建），图书馆应担当“最早的变革推动者”（Primary Change Agent）这一新角色。为了成为最早的变革推动者，图书馆主管应将情景规划法作为一种战略与学习工具，形成可选择未来（未来有三种：很可能的、可能的以及可取的未来）的思维图像（即设想可选择的未来）。贝尔的情景规划矩阵用“有缺陷的、传统的、科技中心主义的、革命性的”来阐释未来图书馆的各种可能性。

互联网改变了图书馆的空间观念，传统图书馆以物理空间为基础的管理模式注定转向无空间与馆藏概念的管理模式。情景规划能使图书馆服务走出传统的束缚，勇于承担并主动控制风险。目前，情景规划在图书馆领域的研究已从理论研究走向实践探索。但是，良好的情景规划过程应该将传统形态建造过程与系统数学建模结合起来，通过系统地识别与分析内外部环境中关键驱动因素之间的联系平衡图书馆主管与学者之间的认知差异，权衡各种可能性与相关战略，使图书馆主管更好地依据未来情景做好行动准备。基于此，图书馆需要构筑图书馆情景规划的具体实践流程。

人们构造的情景也许在实践中不会得到精确实现，但这些情景突破了可能的未来空间边界，是经过识别的、经过极端情景考虑的混合体。所以，未来学家在审视各种可选择未来时，会倾向于仔细解释与认真对待可能的行动。

良好的情景规划过程应该同时构建定性与定量模型。定性方法的特点是重视故事情节，但情景解释过于模糊，易被习惯于用数字做决策的人所忽视；而定量方法可以克服定性方法的不足，能清晰地解释情景构建过程。

构建情景的定性步骤有环境扫描、关键因素分析、推测生成、情景初选、叙事化情景创建。

构建情景的定量步骤有输入或输出身份识别、随机分析、参数推测、建模、每个情景的生成。

2. 具体步骤

组织情景分析主要依赖于三个方面：①以多种情景提供多个主题；②将线性趋势分析用于未来或多维模型之中；③常运用定性情景构建过程。情景构建通常将日常业务情景进行定量化。定量方法可以采用路径方法、最优化方法、多个代理人的博弈模型等。

第一步：明确驱动力与变量。驱动力分为两类：环境驱动力与机构行动（包括争夺、企业内外部组织，管制机构等）。这些驱动力源于分析数据有很高的解释力。为界定变量，需在情景规划过程中处理时间与情景范围。时间与范围依赖于外部环境的一组要素（如政策变化、产品生命周期与技术更新），或者机构行为分析（如外部竞争者反应、内部组织行动）。无论时间跨度是长是短，有用的情景都与不确定性程度相关，而与决策机构的可预测能力无关。

第二步：建立概念化变量与驱动力数据的框架。

明确驱动力将有助于开发变量因果关系链条或聚类变量的概念性框架。简化的方式是用变量表示极端世界，或两个最高不确定性来构筑情景。

开发概念框架的方法有归纳法或演绎法。归纳法是在数据框架下，允许参与者创建正在涌现的情景结构。演绎法由参与者做出最初推测，然后收集数据来验证框架。归纳法因为难于形成参与人对重要驱动力的一致意见而受到批评；与之相比，预先设定框架的演绎法则更有效。万·德·黑伊登认为，存在开发情景框架的第三种方法，即渐进式方法。当组织不是特别热衷于情景规划，而是更倾向于战略开发时，渐进式方法能让参与者使用未来环境的一致性预测，据此引入情景即扩展使用。如果有几个主导不确定性存在，则渐进式方法能产生类似于归纳法或演绎法的效果。

第三步：开发与检验情景。

这一步设计开发情景与检验情景两个内容。其中开发情景内容可参看本书前述内容。检验情景是运用逻辑测试法检验情景的内部一致性与合理性。逻辑测试包括明确情景的趋势是否与情景选择的时间框架相兼容，或者明确情景彼此间是否存在相互冲突等内容。

情景必须将“过去”富有逻辑地推演至“现在”和“未来”。运用因果链对情景趋势进行关联，可以使组织过去、现在与未来发展的方向大体一致；检验情景是否是“非逻辑”的或应该归为其他情景之中，可以最终创建具有逻辑性演变的情景。

第四步：初始情景的缩减。

虽然没有将情景缩减到 2 ～ 3 个的理论依据，但从实践经验来看，理想的数字是两个情景。万·德·黑伊登指出，4 个以上情景对组织来说是不实际的，但至少应形成两个反映不确定性的情景。

第五步：情景创建。

描述与书写情景需要依赖于参与者经验、情景复杂性水平及参与者开发情节战略的能力。情景创建需要依据高不确定性与高驱动力因素进行轴面的构造，运用创造性思维与战略地图等工具构造并命名多个情景。

第六步：规划实施与效果评估。

按照运用评估方法（如平衡积分卡、数据包络分析法等）方法评估情景战略的实施效果。

参考文献

[1] RON BRADFIELD, GEORGE WRIGHT, GEORGE BURT,et al. The origins and evolution of scenario techniques in long rrange business planning [J]. Futures, 2005(37): 795–812.

[2] STEVE O’CONNOR, PETER SIDORKO：Imagine your library’s future:scenario planning for libraries and information organizations [M]. UK:Chandos Publishing, 2010: 92–110.

[3] Van de Heijden. 情景：战略对话的艺术 [M]. 邱昭良译. 北京：中国人民大学出版社，2007：129–160.

[4] FRANCES A, O'BRIEN, MAUREEN MEADOWS. Scenario orientation and use to support strategy development [J]. Technological Forecasting & Social Change, 2013(80): 643–656.

[5] MAT LINDGREN, HANS BANDHOLD. Scenario planning: the link between future and strategy [M]. UK：Wales. Palgrave. Macmillan, 2003: 1–194.

[6] EFSTATHIOS TAPINOS. Scenario planning: teaching how to anticipate perceived environmental uncertainty within strategy development [M] . UK:Birmingham. Aston University Press. 2009.7: 24

[7] BURT G, VAN DER HEIJDEN K. First steps: towards purposeful activities in scenario thinking and futures studies [J]. Futures, 2003(35): 1011–1026.

[8] ALEXANDER FINK, OLIVER SCHLAKE. Scenario management— an approach for strategic foresight [J]. Competitive Intelligence Review, 2000(1): 37–45.

[9] SVEN HIRSCH, PAUL BURGGRAF, COMELIA DAHEIM. Scenario planning with integrated quantification–managing uncertainty in corporate strategy building [J]. Foresight, 2013, 15(5): 363–374.

[10] 娄伟. 情景分析理论与方法 [M]. 北京：社会科学文献出版社，2012: 28–39; 129–160.

第五章

图书馆情景规划实施保障与注意事项

一、图书馆开展情景规划的可行性

情景与情景构建过程都会产生价值。在两种价值中，情景的价值（第一价值）在于揭示了不可避免或近乎不可避免的未来；而情景构建过程的价值（第二价值）则在于，随着每个情景的分析，组织会发现一些特别强大的变化驱动力——这些驱动力的发现恰恰构成了情景第一价值的产生前提。驱动因素导致的结果有已经发生的事件或已经发展的趋势及不可避免的结果，情景规划领域的先驱荷兰皇家壳牌公司将这些描述为“预定的结果”。

情景规划中的两种价值为图书馆开展情景规划提供了可行性基础。图书馆在情景规划中，应该寻找预先确定的结果（尤其是意想不到的结果），它们常是情景开发过程中新见解的源泉。广义而言，有四种预先确定的结果：人口趋势、经济定律、不可持续趋势的逆转和预定事件。

（1）人口趋势

人口规模和结构的变化趋势是未来几个高度可预测的方面之一。人口趋势虽有不确定性（如寿命的潜在增长），但它存在范畴和边界。人们可能会忽略人口趋势带来的巨大影响，但一旦这一趋势接近临界点，它的影响将非常巨大。例如，婴儿潮将影响图书馆提供的服务数量、类型、间歇性、管理工具等。

（2）经济定律

就像自然学者与工程学者要求更高的速度，但却无法改变物理定律一样，商业领袖们也无法摆脱经济学定律（如需求曲线与价格机制等）。经济定律意味着每一个经济现象与经济行为都有一个预定结果，这一定律也适用于图书馆（如图书馆采购成本与读者需求量之间的供需规律等）。因此，图书馆应在服务中运用情景规划工具来揭示易被忽视的经济定律，产生强大的洞察力，实现类似“你能改变经济学规律”的能动结果。

（3）不可持续趋势的逆转

依据商业规划通常能推断出未来趋势，但这些趋势显然是不可持续的。经济是周期性的，以往的战略规划分析师常以“商业周期可被驯服”为假设前提制定战略，形成了大胆投机的思考范式。相反，情景规划师则以“颠覆性孕育持续性”为假设前提，形成前瞻谨慎的思考范式，旨在扭转趋势的不可持续性。因此，探寻长期趋势能持续多久将是区分、评价各种规划方法优劣的依据。

（4）预定事件

虽然预设行动可能会超出规划范围，但运用情景规划方法能预先确定结果。它体现了这样一个规律：情景必须预先计划的，且刚好不超出规划范围。

图书馆可以通过回顾基本的经济、人口趋势或其他预定的事件来避免一些失误。因此，图书馆即使不明确何时会发生何种事件，也至少会思考如下议题。

①情景可以防止“群体思维”。通常，图书馆内部的权力结构会阻碍员工之间的自由辩论。例如，参加会议的人通常会附和房间里地位最高者的观点；在等级森严的组织里，员工们会等到最高领导发表完意见后才发表自己的见解。这种信息从众效应最终凸显出最高管理者的意见。情景允许组织以一种制度手段来摆脱这个陷阱。

②逆向思维的“避风港”。情景允许人们挑战传统智慧。目前，图书馆馆员有着强烈的现状认知偏见，这是因为以往的财务预算、组织结构、管理惯例等因素支撑了传统战略规划所依据的渐变环境假设。但情景规划不同，它允许人们运用逆向思维，以平和过渡的方式寻求激变环境假设前提下的替代未来，规避不确定性风险。

二、图书馆战略学习、情景讨论会与相关利益者分析

由利益相关者参与的战略学习、焦点小组与情景讨论会是实施图书馆情景规划的保障措施。

1. 战略学习、情景讨论会、相关利益者分析之间的关系

与情景规划相比，传统的战略规划过程将重点放在 2 ～ 5 年中可以控制和管理的变化上，虽然战略规划在组织中扮演着重要角色，但它很少能达到预期效果的活动。情景规划是面向未来的，它不是类似战略规划的一种静态或象征性活动，而是将重点转化，将一个事件的战略规划转移到一个过程的战略规划，形成一种组织学习的战略思维方式。因此，情景规划是一种战略学习工具，可以帮助组织提升学习能力，形成适应不确定变化未来的有效战略。

在情景规划实践中，组织利益相关者参与多次情景讨论会（Workshop）是把握现在、描绘未来，为决策提供支持的有效方法。在性质与功能上，情景讨论会与利益相关者分析是培养个人心智模式与学习型组织的重要手段。两种手段的运用将有助于识别趋势、信号与影响因素，使组织员工与群体获取战略学习能力，进一步满足多方利益相关者的需求。万·德·凡指出，组织与从业者和其他利益相关者的合作将增加提高决策的科学性和专业性。

情景、学习及情景讨论会与相关利益者分析间的关系图 5-1 所示。

图书馆可以根据利益相关者的需求成立情景战略方向工作小组，组织小组成员讨论，细化情景规划项目内容。在促进成员们积极参与小组讨论的方式上，图书馆情景战略方向工作小组可以强化小组成员们的学习能力，实现图书馆馆员与各学院教师、学生、上级管理部门等利益相关者进行战略对话。当图书馆和用户等参与者能够思考高等教育等图书馆以外的趋势时，他们会反思自己的思维模式，从而为基于情景的图书馆内部对话提供不同的思考维度，促使图书馆产生即时性、实用性和面向行动的战略结果。

鉴于图书馆系统的复杂性与多层级性，情景规划师有必要重视多层级的小组讨论与学习复杂性（使学习能够支持多层级战略的有效实施）、重视与识别构

成学习的影响因素及其相互关系。其中，多层级中的层次有个人、团队小组、组织与行业。多层级学习为图书馆提供了一种系统完整的学习理念，有助于指导组织各层次实施战略规划。

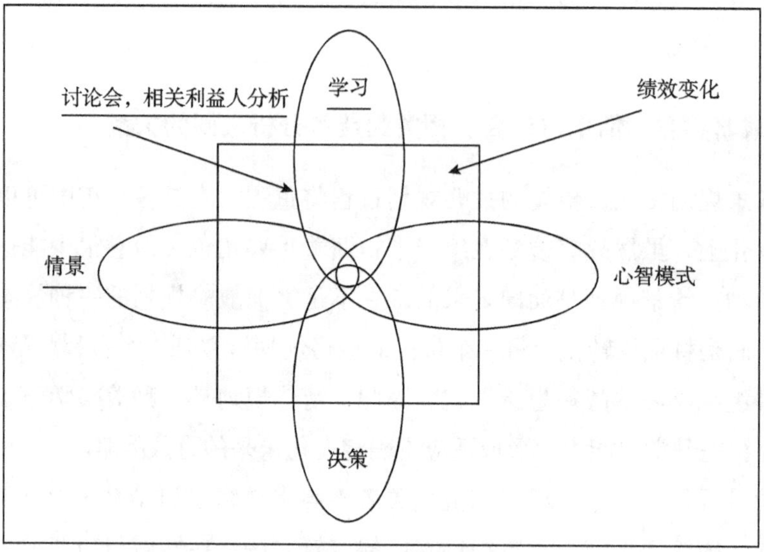

图 5-1　情景规划理论的分区

不过，有案例研究显示，图书馆情景规划小组的成员在小组讨论后担心讨论前后的工作分歧将从思维上的分歧转变为战略方向上的分析（如校园优先事项、可能的未来、过程学习、行动小组反馈意见等）。这种不安表现为：战略方向影响因素中哪（些）个是最重要的；自己是否有能力实现别人对自己的期望；小组讨论是成功的吗，等等。从这些反馈意见中可以发现，讨论小组成员表达的质疑披露了情感脆弱性和对不确定性的畏惧。从另一个角度来看，这种质疑也是令人鼓舞的。因为有勇气与自信去认识与命名自己的不安全感，不仅是成为真正学习者的基础，也是以真实、有意义的方式与他人接触的基础。小组讨论中反映出成员们对自己设问，也反映了对自己职责重要性的理解，有助于为未来指明方向。在团队层面上，讨论得出的意见包括：团队可能想要逃避采取行动的责任与学习行动、面对关键问题时会推脱（如表达我不是领导者，我能做什么）等。因此，为指导图书馆把时间和精力放在适当的位置，团队需要探讨领导力的内涵并让制定的战略方向对资源分配和工作优先级施加影响。针对团队问责问题，图书馆应赋予团队成员真正的责任，帮助团队将注意力放在目标或价值观上，而不在解决方案上。

2. 战略学习与情景规划

随着全球化、资源流动、超级竞争、人口分散性及信息爆炸等驱动因素导致的颠覆性环境快速变化与不确定性增加，组织的战略目标转变为在提高战略学习能力的基础上改进组织适应性。在一定意义上，尽管这些环境驱动因素可能为复杂性组织提供了竞争优势，但它们也会减少组织操控环境的空间，增加组织频繁监测、评估及快速反应的压力，提高预测未来并规划未来的难度。从目前大多数学者持有的观点来看，战略规划的概念是指未来的规划，而情景规划是开发战略的工具，能促进学习，在增加信息、培育洞察力、增强意见一致性方面提供战略的有效性。

很多学者将情景规划方法描述为一种旨在帮助组织多开发战略规划的多层级战略学习过程。万·德·黑伊登等人将战略学习描述为组织对环境系统认知的能力，以及有效阐释认知并依据认知采取行动的过程。战略学习的主要挑战是为精确地认知组织能力及预测战略规划所依存的环境变化。情景战略学习则侧重在预先明确合理性未来范畴的基础上，在学习过程中帮助组织找到适应不确定性未来的方法。然而，组织是具有多层级结构的实体，学者们按照分析的不同层面将学习过程进行了差异化的特征描述。例如，组织学习战略是个人、团体、组织在组织学习行为中展现的战略模式，也是组织与外部行为人之间一种共同参与的创新与探索过程。这些定义阐释了学习战略的广义性，是从内部、规划过程到未经规划的行为凸显模式的解释。

图书馆多层级学习分析中的层次性体现在个人、团队、组织与行业层面，还体现为差异性。各层面相关利益人的学习过程的重点各不相同。构成组织学习多级层面现象模型的因素包括基本因素（即底层决定了高层的结构与功能）与相互作用的过程（即基本因素之间的相互作用）。从基本因素角度，如果仅在某一层级范畴内构筑组织现象理论与模型，会导致人们对大多数组织现象的认识不完全。在相互作用的学习过程中存在“涌现”现象。“涌现”是描述个人层面基本要素经过社会与环境互相作用而产生的更高层级现象，也是唯一、不能退化到底层级的现象。在团队小组层面，情景规划的直接结果是描述了来自规划团队中个人行为所展现出来的团队学习现象。比团队高一级的学习层面将会被嵌入到组织关系、任务、工具与过程之中。

综上，情景规划在图书馆中的应用应该按照多个层级进行表述分析，并能仔细考虑各层级之间的连接问题。具体思考的内容如下。

①定义范畴。任务是明确核心问题与构筑分析框架，使用的工具为框架性检验单。

②认知分析。识别假设与心智模式，使用的工具为360度相关者反馈。

③趋势与不确定性分析。任务为讨论与评价趋势与不确定性，使用工具为影响与不确定性分析。

④情景构建。任务为开发基于不确定性的情景，使用工具为影响或不确定性。

⑤战略定义。任务为开发公司的特定行动的情景规划，使用工具为战略手册。

⑥战略定义。任务为标杆情景，使用工具为情景驾驶舱。

三、构建关系型领导（力）

在组织缺乏机制以适应外部动荡（如混乱、焦虑等），甚至危机的情况下，领导（力）变得非常重要。领导力产生于图书馆情景规划过程中，因为当共享工作的人使用对话和协作学习来创造环境，并跨越不同观点、价值观、信仰、文化的界线来完成工作时，就产生了领导（力）。当各级别的图书管理员和工作人员阅读、讨论战略情景时，以及当图书馆员和工作人员能意识到他们的工作对机构的影响并设想当前图书馆对组织进行变革的具体举措时，领导力就在情景规划中发挥了作用。研究表明，组织文化不是一种永久性的显性现象，而是一种被操纵的资产。因此，图书馆领导者使用情景方法有助于建立组织文化规范和信念，培养新的思维和方法来改变图书馆。此外，认识到图书馆馆长的价值观和信念能够影响组织变革，也是组织实现持久变革与领导力发挥的重要因素。

1. 图书馆领导（力）的相关研究

图书馆在未来几年将继续经历快速变化，图书馆领导（力）的重要性日益凸显。在此背景下，图书馆工作人员应该学会领导变革，积极树立图书馆的领导地位、探索和执行行动计划，以促进和学习“领导力”。2015 年，美国图书馆协会（ALA）通过领导力发展了三个战略方向。自 20 世纪 90 年代以来，许多国家的领导发展计划已规定了国家、区域和机构一级的图书馆馆员制度。

尽管图书馆实践中有很多领导力的探讨，但这些探究往往不被原创性研究、最佳实践或理论所支持。在理论中，尽管人们普遍对领导力感兴趣，也有许多这一主题的研究所和会议项目，但是图书情报领域的领导力研究文献很少。瑞格斯（Riggs）指出，图书馆馆员很少谈论领导力，图书馆和信息科学院校也很少讲授领导力课程，领导力是图书馆专业研究人员近 20 年较为关注的议题。例如，博物馆和图书馆研究所服务机构（The Institute of Museum and Library Services）分别在 2005 年与 2008 年给西蒙斯学院图书馆和信息科学研究生院（The Simmons College Graduate School of Library and Information Science）提供资助，旨在为博士项目中培植信息专业“管理领导力”的研究。学者维纳在关于学术图书馆领导力的文献综述中指出，在图书情报学文献中，很多领导力问题尚未得到解决，需要一个全面的、有凝聚力的、基于证据的研究体系。赫农与施瓦茨提出，需要为学术图书馆建立一个关于领导力的研究议程，不断关注管理领导力及其在实践中的作用。

在图书馆与信息科学的领导力文献中，很多研究都谈及权威职位人士的特质或技能，如公共图书馆和学术图书馆馆长的特质，高校图书馆馆员和学术图书馆馆长的特点和领导风格，服务型领导（仆人型领导）概念的提出。其他一些学者则在关注了有效追随力理论，探究使各级工作人员发挥贡献作用。

如上理论不仅扩展了图书馆领导力的概念，也构成图书馆领导力研究与实践的有效框架。在考虑高校各学院的内部等级时（尤其是当人们认识到图书馆馆员必须形成有一种共同行动的氛围以改变如高等教育庞大体系时），仆人、助手与跟随者概念是缺乏适应环境的狭隘观念，因而对图书馆馆员来说没有积极意义。

依据当代批判的领导理论，作为学术部门联络员的图书馆馆员应该有新的思维方式。过去，图书馆馆员能够与教职员工、学生建立一种仆人式的关系，并对其需求做出回应，但却没有能力塑造他们的期望。在 Web 2.0 环境中，图书馆馆员将在集体智慧中进行更多的对话、从事更多的社交网络工作与投资。图书馆联络员应该把重点放在“发展的合作伙伴、客户和团队关系”上，争取“在与教员和研究人员的合作中超越自我”。兰克斯（Lankes）等人探讨了 Web 2.0 环境、参与式网络的概念和图书馆的会话理论，指出图书馆馆员应发挥更积极的作用。维格纳（Wegner）与泽姆斯基（Zemsky）在 ACRL 召开的学术图书馆技术与变革大会中提出，图书馆工作人员必须视自己为教师的伙伴，提供教师所不具有的各种工具和专门知识。教师和图书馆工作人员之间的工作关系必须是一种结合互补的力量，以产生一种合作伙伴无法单独达到的结果。

考虑到图书馆馆员需要以新的方式思考领导力，以及图书馆文献中缺乏领导力理论的现状，领导力研究应引入概念框架。首先，在图书馆馆员可能在不认为自己是领导者的前提下思考领导力（被学术等级制度和图书馆性别化本质所强化），此时应考虑后关系领导力和无权威领导力概念；然后，把与未来研究有着明显联系的复杂性理论作为一个有用框架来思考系统的变化。

在创建合作型领导力方面，克里·威尔逊（Kerry Wilson）讨论英国国家公共图书馆发展计划（*National Public Library DevelopmentInitiative in England*）的评价结果，尤其是合作领导力实践及其影响。他对计划的内容、机制及其核心目标进行了评价。具体评价内容有：测试图书馆的创新伙伴关系方法，鼓励图书馆与艺术等其他公共和商业部门加强协作。数据显示，该计划是加强公共图书馆合作领导的有效催化剂，它包括开发跨部门的实践社区、集体所有权及决策基础依据等内容。公共图书馆服务对合作机构和界别的独特价值，证明了这项计划的相对合作优势。在社会影响方面，图书馆服务的公共价值可以通过设计服务、提供协作领导等活动提升。在目前由各级政府推动公共服务的背景下，这一点尤其重要。

2. 领导（力）的新概念：后思维和关系

如前所述，领导（力）是以批判理论为理论基础的概念，领导者就是任何可以激活社区去面对挑战和问题的人。

对领导者和领导力来说，依赖是最大的问题之一。在高等院校，学院和大学的学术人员及图书馆馆员一般不会把自己称为领导者。辛克莱（Sinclair）认为，这样做的目的是能在需要的时候逃避采取行动的责任，或学会如何采取行动。辛克莱运用权力动力学指出，人们在急于提升领导力的过程中具有忽略依赖和服从的倾向，而这种倾向恰恰可能是领导力的一部分。当追随者表现出依赖性时，人们会希望领导者来解决问题，会放弃对群体所面临问题的责任。

弗莱彻在关于"领导是一个社会过程"的论文指出，要以不同的方式理解领导力及权力关系。后英雄式领导被描绘成一个动态的、多方位的、集体的活动。它是一个逐渐兴起的过程而不是一个已经实现的状态，这与传统的领导观念有很大不同。这种从个人到集体、从控制到学习、从"自我"到"自我关系"、从权力到权力的转变，是一种范式转变。在领导过程中还存在性别问题，因为在人们的文化中，诸如同理心、社区脆弱性，以及探究和协作的技巧等特质都被认为是女性的特质。阿斯廷（Astin）与利兰（Leland）对高等教育中的女性领导者的研究指出，女性主义培养了一种领导风格，这种领导风格强调倾听和授权他人，而不是等级化的指导行为。

关系领导论视角下的领导力是探讨领导力的"权利"，认为"协作和对话在领导过程中的作用"具有重要价值。德拉斯（Drath）是关系领导论的支持者，指出了在领导过程中协作和对话的价值。他认为，当承认共享工作的人使用对话和协作学习来创造环境，并跨越不同观点、价值观、信仰、文化的分界线来完成工作时，领导力就产生了。

建立领导力的"权力"模型与行使一种新的、更具适应性的权力并不相关。领导力的权利所需要的关系技能、属性和立场（如流动的专业技能、愿意展示和认可意愿、相互依赖或投入的意愿）很可能是作用甚微。兰克斯等人研究了会话理论，思考图书馆和图书馆馆员在社交网络中的协调工作问题，以及个人期望在参与式文化中做出贡献的问题。研究者用"参与式图书馆工作"概念描述权威机构的转变，重塑图书馆实践和理念（如知识是通过对话产生的基本概念，图书馆是知识企业，图书馆是会话企业）。参与式图书馆馆员以对话促进者的身份开展工作。实际上，无论在制定政策、计划还是在选择工具中，参与式图书馆馆员都在丰富、捕捉、存储和传播所在社区的对话。

批判性领导理论基础上的领导力概念挑战了“由领导者负责而追随者受影响”的霸权观点，受到反英雄主义的规范性领导模式的支持。这种规范性领导模式（无论是后意识领导、共享领导、协作领导、集体领导、分布式领导，还是参与式领导）关注的是分布式权力。然而，对于成功地建立和维持长期分布式领导力模型的组织来说，它们依然缺乏经验。基于此，因此批判论学者们可能会质疑这些新理论和组织工作模式的可行性和可取性。在今后的图书馆领导力研究中，需要将研究注意力从位高权重的领导者转移到另一种理论框架——将领导力看作是一种通过将人们聚集在一起进行对话的方式来促进与支持对话的活动。

3. 适应性领导（力）

适应性领导力是专注于高不确定性、快速变革时代的理念，由全球领导力大师罗纳德·海菲茨（Ronald Heifetz）教授首次提出。20 世纪 60 年代末是领导力理论的转折点，该理论不再以领导者为中心，而是以价值为中心。在 20 世纪 90 年代中期，罗纳德·海菲茨等学者重新探究“如何利用领导理论和实践来建立一个更关心公正的社会”这类问题。针对这一问题，有五项道德领导原则：尊重他人、服务他人、公正、诚信、建设社区。然而，领导力研究仍是一个尚未有大量研究成果可供验证的研究领域。

领导力不是人格特质而是一种活动，它着眼于解决难题，而不是传统的以激励员工完成交易型工作任务为目的。他认为组织和机构面临的问题既包括以现有知识和程序解决的技术性问题，也包括现阶段无法解决和无标准程序（即需要通过新试验、新发现及成员的相互协作才能解决的问题）的适应性问题。领导力的本质是解决适应性问题，适应性领导力的概念由此而来。

在图书馆与高校领域，图书馆馆员和教师在教学、学习和学术方面可能持有相差异的价值观。当价值观发生冲突时，过程观下的领导力适应性才是最重要的。依据适应性领导理念，“适应性工作”的定义为：解决价值观冲突所需要的学习，或者减少价值观和现实的差距。适应性工作需要价值观、信念或行为的改变，也需要表露和协调个人或公民内部冲突，从而为人们学习新方法提供了平衡分析工具。

适应性工作需要解决一些相互冲突的价值观和力量，如学术自由、获取新知识、知识认证（谁授权和控制主导话语）、工作保障（晋升和终身职位）、学科的合法性、个人和制度声望、通识教育和学科的具体知识、可衡量的学生学习成果，以及课外学习是否有效等议题。在图书馆系统中，各种力量之间存在向心力和离心力之间的张力。如果某一种力量过于强大，则系统就会失衡和妥协。如果内部力量不和谐，如内部力量中的管理者和工作人员之间存在激烈的内部冲突、缺乏信任，就会把信息交流体系推入混乱和高度危机之中。相反，如果外部力量占主导地位，则外部力量会以过度控制的方式引爆内部。这些外部力量包括压制分歧、不尊重学术传统，以及指挥和控制领导风格。向心力和离心力之间的平衡能创造一种平衡的张力模型，从而创造了一种既不混乱也不过度控制的组织氛围。这种氛围是一个士气高昂、战略方向明确、鼓励冒险，让人们认同整个系统的组织氛围。

因此，针对图书馆领域存在的价值观冲突，如何将图书馆、高校和其他组织带入对话状态会是一个问题。一般而言，人们常根据所持有的价值观来解释问题。价值观的形成与完善是经过与现实问题的摩擦实现的，因此，将竞争性的价值观公之于众是适应性领导力工作的核心。

4. 批判观下的领导（力）

除基于传统理论外，领导（力）应结合现代批判的概念。通过引入后英雄（或后）关系领导（力）的框架，将领导（力）构建为一个过程和一个活动，而不是某个人的特质。这一研究思维是以引入与未来工作相联系的组织变革和复杂性理论为基础的。考虑到图书馆馆员需要重新看待领导力及其角色，图书馆馆员需要加强对未来情景的理解和规划，从而为缺乏领导力理论的图书馆提供概念框架，进而实现如下目的。

①扩大对学术界内各种观点和领域的了解；②图书馆馆员应重点关注从无数可能性中找出与高等教育未来发展相关的趋势；③从学科教员和图书馆馆员所阐述的图书馆未来中，确定图书馆潜在发展方向；④从领导力和变革文献中提炼对该行业具有支撑性的理论框架；⑤支持将面向未来情景的战略规划视为

一个过程或一种组织学习方式的战略思维；⑥提供社区研究案例，因为这类案例更具包容性。

四、陷阱与注意事项

情景规划法虽在业内得到一定的支持，但其固有的主观性与启发性特征令学者们并不满意。情景规划法如要取得学术地位，则要在理论基础、使用前提、方法性能比较等方面进行更多研究。例如，人们如何知道已经得到正确的情景；如何根据情景进行决策等。以下是图书馆等组织在使用情景规划法的过程中可能遇到的陷阱。

1. 常见陷阱

运作与认识方面：除了情景设计中固有的主观性缺陷外，情景规划中还存在过程和内容陷阱。这类陷阱主要与在组织运作（如团队组成、协调人的角色等情景）及过多关注情景（如长期与短期、全球与区域、增值与范式转换等）有关。由于情景规划实施流程是整个情景规划中情景体验的组成部分，在图书馆中进行情景规划时，应对政策扭曲、目光短视与想象力有限等措施有限，体现了情景规划方法本身的弱点。

方法选用基准：所有的预测技术都会在一定程度上受到组织约束。与此相似，情景规划方法选用的基准也并不完美，特别是当图书馆等组织面临高度的不确定性和复杂性时，严格遵守诸如程序不变性和逻辑一致性这样的规范时，需要评价情景规划技术是否比其他技术表现更好。因此，必须仔细考量方法的性质、准确性，以及工作与准确性之间成本收益的权衡。此外，合理的标准还需要包括考虑今后改进方法的能力。

情景规划方法的特性：情景规划方法是与其他规划和预测技术的弱集成。大多数图书馆很难应对一个未来，更不必说多个未来了。通常情况下，预测和规划系统都以单一未来的观点为基础，根据需要通过方差分析、应急计划、滚动预算和定期重新谈判进行调整。

理论支撑：情景规划技术源于实践，但这种实践更多的是基于趣闻轶事而不是科学证明。此外，人们对方法的使用目的与使用条件往往存在很大误解。情景规划法是在不确定性条件下集体学习、重构认识的工具，但很多决策者只愿预测一种情景（而不是考虑多种情景），或者是将情景的理解表面化、静态化，认为只能规划一个确定的未来情景。

具体技术：对情景规划法的一个批评是使用 2×2 矩阵得到四个情景主题的技术。因为在选用其他关键不确定性构造 2×2 矩阵，则会得到不同的情景。所以，矩阵的真实性取决于它是否只是分析未来蓝图的起点，还是网罗一切影响因素的大构架。在这两种情况下，议题关注的将不再是“正确的”情景，而是能否恰当地描绘出可能未来的范围。此外，任何试图简化复杂问题的工具（如情景地图）都会有扭曲，因此一般复杂性不能解构为简单的状态。人们通常所说的情景的艺术，实质就是寻找复杂系统运行的状态分歧点。

情景规划只是更完整的管理系统的一个组成部分。一旦完成情景构建，如何制定灵活的策略和适当的监控系统将成为下一步工作的重点。此时，管理者需要一个简单而全面的指南来彻底驾驭不确定性，强调情景思维要与当前计划和预算体系相结合。在实践中，图书馆往往不能很好地处理不确定性，也不明确如何进行规划。

2. 陷阱的规避

探讨陷阱规避的议题有助于形成一般性原则及一些特别有价值的经验法则，如不要依赖过于宽泛或狭窄的情景集，不要匆忙地舍弃情景，要为缩减数量后的情景命名从错误中学习等。

（1）不要依赖过于宽泛或狭窄的情景集

在使用情景规划过程中，明确可能发生事件的恰当范围，将令人们对可能发生的事件做好准备并形成情景目标。因此，在不确定的环境下，创造“一系列”适度宽泛的情景可能会使组织领导层陷入瘫痪。在某种程度上，虽然知道将会发生什么是一种生存策略，让组织对自己的选择充满信心，但当组织真正面对各种各样的可能结果时将使其不知所措。不确定未来的到来使组织行为将变得更加刚性。在某些情况下，通过情景沟通可以帮助领导者避免愚蠢的决策。

图书馆使用情景时面对的陷阱是产生一种与风险价值模型相似的、让所有赌注都得到保障的自满感。风险价值模型为图书馆提供 99% 的概率预测（即对事件可能造成灾难性影响的概率为 1%），让图书馆觉得他们的业务一切正常，从而导致了一种错误的安全感。因此，创建不能覆盖所有可能性的情景可能会让图书馆馆员与图书馆完全暴露在错误的舒适区。对于这类陷阱，即使是专业的情景构建者和使用者也无法规避。情景集的广度可以通过识别极端事件（即低概率、高影响范围的事件）得到（如从过去 30 年或 40 年进行测试，并观察情景集是否包含了可比较的内容）。显然，这样的极端事件不会是核心情景，但当图书馆在面对一些残酷压力时，它应该知道会做什么。

（2）不要匆忙地舍弃情景

当图书馆面对一系列的情景时，会倾向于选择一个或两个在现实经历过的情景，而认为考虑极端情况是一种浪费。

一般地，最有趣和最有见地的情景往往看起来最不可能在未来实现。因此，情景持有期应该为多久的问题成为一个焦点问题。依据情景的内涵与特点，人们应该以发展的眼光看待情景，因为人们对细节的渴望程度不同，使得有些情景只有几个月的保质期，而另一些情景则可以保存一段时间并可重复使用。情景必须是有生命的东西。随着时间的推移，要使情景能够保持一定的相关性和有用性。此外，应该始终持续拥有一组数量大致相同的情景。

正如情景有助于避免集体思维一样，情景也可以帮助人们避免集体思维。情景规划师往往不愿使用这样的情景：不确定性如此之大，以至于无法可靠地构建情景。因此，当存在着其他完全不同的可能性时，人们不应该认为之前的设想都是合理的。

（3）不要使用单一情景谱系

未来是多元的，有些战略家会错过某些情景或情景元素。因此，情景规划师应该避免将多元情景出现在单一谱图（如“非常好”“很好”“不太好”“非常糟糕”）之中，构建情景至少应该有两个独立变量，否则实际上只有一个情景谱系。

一个情景集应该至少包含四个选项。当有三个情景选项时，人们常会选择中间项，而四种选项会迫使人们更改选择方式。当然，从技术角度来看，无论何种情况，人们都会勾画出许多情景。例如，含有三种不确定性，每种不确定性有三个维度，有一维度有三项内容的组合共为 27 种。由于变量并非完全独立，其中很多组合都不可能出现。通常，可将多种组合归结为 4 ～ 5 个主要情景即可。

（4）为“紧减后的”情景象限命名

在展示情景时，人们常使用 2×2 矩阵，但在情景开发与构建时并不只考虑两个主要变量。在开发情景中，通常需要识别 3 ～ 5 个关键的不确定性。当其中某些不确定性高度相关时，可以将其合并处理；当某些因素不是主要驱动因素时，则可以将其去除。不过，在某些时候在由多种不确定性因素的异常组合所生成的象限，有可能从中蕴藏着洞见性观点。

在分析主要驱动力时，应该有一个关键驱动力。因此，负责权衡并选择驱动力的决策者应该对未来有一个明确看法。为形成基本情况的认知，首先应识别出概率最高的情形。至少，要对确定性程度、替代方案及其弹性有清晰认识的前提下，制定一个可行的方案。

将富有吸引力的名称赋予情景虽然琐碎，但却很有意义。情景将会成为组织战略的一部分，如果情景没有令人难忘的名字，他们很可能就不会被纳入组织战略管理范畴。人们可以借鉴电影片名和历史事件，运用时尚、富有创意的标题，使用 2 ～ 4 个字命名情景，尽量避免冗长和泛化情景标题。

（5）从错误中学习

开发情景是一门艺术而不是科学。图书馆情景规划应该基于创造性思维，考虑运营环境变化。经验学习、情景回顾，错误总结等都是有意义的活动。图书馆等组织和员工越能及时纠正错误（如设计情景太窄或抛出情景太快）并从中吸取教训，就越不容易再次犯错。因此，图书馆要善于倾听不同的声音，纠正群体思维。虽然在日常生活中人们往往倾向于远离或孤立特立独行的人，但情景会促使人们创新并为标新立异者提供思考空间。最佳的情景方案往往建立在创新观点之上，这些观点要么是不明显的，要么是被他人忽略的。该原则意味着，当业务环境发生变化时，某些业务模式会变得陈旧。

3. 注意事项

注意事项包括财务、观念、实施流程、质量控制等方面的内容。

（1）财物方面的注意事项

①总是建立以驱动力为基础的规划模型。以驱动力为基础的模型能够将财务作为结果而不是输入；②其他相关利益人的输入与协作。不管业务逻辑是什么，全员参与要求各相关利益人总是作为输入。相关利益人的输入是最相关情景的重要基础；③一并呈现所有的发现。这样能做到深入挖掘服务内容、服务方式、服务转换、用户需求数据的统计等内容；④改进回溯检验模型。开发模型之后，可以通过回溯测试检验进行微调，将问题集中在能产生最终结果的驱动力之上。

（2）观念方面的注意事项

安妮·玛丽·凯西（Anne Marie Casey）指出，战略规划与情景规划需要员工支持，具体涉及三方面内容：①员工观念的研修；②应用肯定式探询（Appreciative Inquiry）方法；③鼓励员工将情景运用到下一个战略规划中。其中，肯定式探询是搜寻人群间、组织内及其他相关群体世界中的一面，以此实现个人与群体、成员与组织的共同发展。

员工观念的研修（亦称观念静思）是员工支持战略规划与情景规划的第一个内容，是其他两个内容的基础。这一内容需要注意以下事项。

①不能在两天内完成规划工作。很多大公司至少用了八个月甚至两年时间才完成情景规划。例如，壳牌公司在研究商业环境、考虑动态因素等过程中投入了大量时间。情景规划工作需要产生某种观念，但这一过程需要花费大量时间。两天时间只能够大致了解不确定性的领域，启动情景规划。

②情景不是结果。情景与情景系统的目的不是产生情景，其目的是选择创新、生成新的选择。将情景视为情景系列是对长期情景规划的误解，因为它在无意中让行政人员认为情景无非是有趣的故事。

③隔离情景是一种庸常的方式。情景是一种实践工具，应该运用情景来挖掘与评估未来选择。

④将情景规划视为群组活动是危险的。情景的目的是改变决策者如何看待世界的方式。群组活动往往产生平均的、陈旧的、被动的情景，因此，应该将情景小组工作视为是一种输入式的群组面谈活动，将情景规划视为一种需要深刻体验、认真思考、集中精力长达几个月或更长时间的过程。

（3）设计与实施阶段的注意事项

①情景范畴设计中的注意问题。情景在范畴方面存在很大在差异，如时间轴、地理范围、覆盖的主题等。一般来看，为观察因素间的相互作用、开发未来状况的完整图像，在情景设计中应考虑诸多差异性因素，情景技术因此面临着消减复杂性、整合过程的挑战。情景整合过程受情景认知能力限制，因此全局情景开发中能考虑的关键因素不足百个。

②时间轴与观察期划定。情景是按照时间轴宽度构建的。时间轴长度中，短期可达 10 年，中期可达 25 年，长期可达 25 年。此外，从某一时点进行未来静态观察是可能的。人们可以观察到未来某段时间各阶段发展动态。因此，在研究长期议题时，可以划分几个阶段进行研究。

③地理范畴。地理范畴指全球或国际、国家或区域、地域或当地等各个不同范畴。

④主题。主题可以是单一的（如可持续性议题），也可以是部门或社会领域的（如环境、能源、水等议题）。机构情景是某一机构对某一特定领域的关注。此外，主题的划分还可按照微观、中观与宏观层面进行情景议题划分。

⑤集成。在时间、地理与主题情景中，存在细致程度、抽象程度问题，即如果时间、地理与主题的范围较宽，则需要将其高度抽象、概化与集成。理论上，通过不同程度的集成会获得较宽的情景范围。

（4）实践中注意的问题

情景规划在进行到情景使用阶段这一步骤时，会由于割裂情景开发与战略创新、战略执行力间的联系，而引发许多重大问题。因此，情景规划师可以在情景开发与情景使用的中间阶段嵌入一个情景情况介绍阶段，让员工认识到它是在很多情景项目中被忽略的一个有价值的环节，从而构造情景开发与使用之间的桥梁。情景介绍阶段是一个熟悉情景的过程，涉及对情景性质以及细节的理解。它在情景开发与情景使用阶段中形成一个重要的时间间隔，因而这是一个关键的步骤。如果没有好的说明会，情景规划实训参与者将难以在接下来的活动中很好的掌握其用途。

博特与万·德·黑伊登提出了一个能够引导未来研究的三个目标框架：认识形成（感知）、规范（准则）创建、战略选择。该框架说明了为什么情景战略在很多不同类型的组织中得到广泛使用，且能以多种方式极大地支持战略思考与商业发展。对于高级管理者与一般管理工作人员的情景规划实践，Wack 给出四点建议。

①情景本身是不够的。必须结合其他情景系统要素与战略，选择联系在一起。思考竞争者与你要成为的组织类型是思考情景与选择规划的直接必要的补充。

②情景不是产品。它是通往真实选择与深入决策的过程。很多咨询者将情景规划缩短为 2 天，不能进行深入思考。要生成深入观点、新的选择与新战略，需要重新认识局势，这需要实践、犯规与自由度。

③情景真实用户是决策者。情景不是取舍过程。所以他们的目的是改变决策者看待这个世界的方式，因此应在更大范围、更深入的观点下看待情景。

（5）质量控制方面的注意事项

诸多文献给出了独立于具体目标与情景过程类型的情景质量与情景过程评估标准。虽然情景总是假设的，有一定的任意性，但好的情景有如下特征：

①合理性。情景开发至少是可信的（Plausible），而不是或许（Probable）或可取（Preferable）的情景；②一致性。一致性（Consistency）意味着通往未来情景的各种路径一定要彼此一致不能矛盾或缺乏逻辑与合理性。一致性与合理性是评估情景是否可信的决策条件；③可理解性（Understadability）与可追溯性（Traceable）。可理解意味着有足够多的细节，它不包含由其复杂性引致的可理解性损失的过多关键因素；④特殊性（Specification）。情景质量是清晰可辨的，是独特的未来描述；⑤透明性（Transparency）：在情景开发过程，人们会遵循一套完整的假设与选择决策，研究核心问题的关键因素，以及如何定义未来的显著性特征。作为增强可验证性与合理性程度的一种手段，所做假设与决策程序应当公开（如公开谁做的决策，谁执行的决策，为什么以及如何做决策与执行决策等）；⑥主观性。情景代表着认识与判断，因而总是隐形或显性的。这意味着，人们的反思程序要结合其价值观与规范立场，且在描述分析过程中要极大地提高情景的透明度。

由于透明性标准与定性科学的公正标准有关，所以特别重要。这样的过程虽然不可复制，也不可证伪，但过程的自反性可以确保主体间获得相当程度的可验证性。在具有特定目标的个人或团体中，透明性存在差异。例如，对专业人士来说，应用变量列表进行科学介绍是透明的，但对一般公众可能是不透明的，反之亦然。有时专家团体会拒绝以更“受欢迎”方式取得的情景，认为这些情景将缺乏“透明度”。此外，透明性还有如下两个附加特征。

a. 细节性。除了上述广义标准之外，个别学者还提出了更具体的情景质量标准。情景的细节问题可用于研究不同维度与因素间的因果关系，一个好的情景标准是整合各层次情景因素的依据。在整合中，不仅包括纵向整合（即部门之间的因果关系链和（或）主题领域），也包括横向整合（即不同行业和主题的相互作用）。在大多数情景开发过程中，跨学科方法在实现集成中必不可少；b. 科学性。除了上述质量标准外，还有高度科学的倾向。一个好的方案应该是“可读的”，它不应该成为读者理解的障碍。此外，能够制定出具体的方案也很重要。盖·博纳（Ga Bner）提出，“魅力的力量，意味着审美维度，享受品质、悬念和幽默”，意味着提高情景的可读性，增加情景的创造性。

五、实施保障与注意事项的案例分析

本章引入安柏瑞德航空航天大学（Embry–Riddle Aeronautical University，ERAU）亨特图书馆（Hunt Library）远程学习网站的情景规划案例，用以说明情景规划实施保障工具（战略学习、情景介绍说明会、情景讨论会、相关利益人、适应性领导力等）如何在案例中展开。该案例还阐释了情景规划需要如何规避风险（如从错误中学习、不要匆忙舍弃情景等），需要注意哪些事项（员工研修训练的方式、相关利益人参与情景范畴设计、质量控制等）等内容。在整个情景规划过程中，亨特图书馆远程学习情景规划项目详细分析图书馆馆长与情景规划咨询师如何在考虑相关利益人基础上，组织小组讨论、避免失误、总结成功经验，最终证明情景规划是图书馆拓展服务新领域的规划工具，是图书馆管理人员思考未来的新方式。此外，通过对图书馆大型远程学习服务情景规划过程的研究，试图论证情景规划过程在图书馆远景规划中的有效性，以期为其他类似图书馆提供借鉴。

1. 项目背景与研究设计

图书馆远程学习服务是基于高校校外或在线课程发展起来的，它往往不是图书馆长期规划内容的一部分。目前，各类图书馆正开展不断增长的远程学习服务。在这一过程中，图书馆努力超越传统图书馆的形象，使用新的规划工具以重塑图书馆服务。相比实践需求的增长，以往的相关文献、会议报告和学术交流仅仅强调了创新技术与图书馆远程学习服务的作用，很少有人探讨图书馆远程学习服务如何展望未来及如何规划未来的议题。

ERAU 是一所专注航空航天研究和航空工程的专业大学，拥有两个住宿校区和一个大型远程学习项目，可以授予学生航空科学学士学位以及航空科学博士学位。ERAU 位于美国亚利桑那州普雷斯科特市的校区大约有 1700 名学生，而位于佛罗里达州代托纳海滩另一个住宿校园则有约 5200 名学生与大学管理人员。此外，ERAU 最大的校区是世界范围内的远程教育学院，大约招收 25000 名学生，这些学生可以在世界各地的 150 多个中心学习在线课程。

亨特图书馆位于代托纳海滩校园，是世界性图书馆，拥有 36 名图书管理员和技术人员，为代托纳海滩和世界各地的学生提供住宿和远程教育服务。2010 年，该图书馆开启了新的战略规划周期，以确保为这两类用户提供的服务始终以客户为中心，并对其进行创新和改进。在项目的初期阶段，图书馆根据全体工作人员的意见制定了为期一年的战略规划。该规划相当成功，实现了大多数年度目标，并组建了项目工作组，以支持优先领域的创新。紧接着，在 2012—2013 年，为制定未来三年战略计划，亨特图书馆管理团队让社区成员参与一系列旨在展望未来的训练。第一次训练在 2012 年 12 月的一次员工会议上开展，并采用了 SOAR 方法（注：SOAR 方法首先检查组织的优势和机会。虽然 SWOT 也是进行这两部分内容的分析，但 SOAR 与 SWOT 分析不同的是，参与者并不需要像 SWOT 分析一样需要探究弱点和威胁，而只需要分享他们对自己喜欢的未来的期望，并定义可测量的结果）以检查组织的优势和机会，分享员工对未来的期望。由这次研修训练，管理小组明确了三年规划的战略方向，决定制定图书馆的一年计划，而不是面向未来的三年计划。

情景能将未来视为决策者可选择性的习惯范式或思维模式，因此情景规划经常需要外部咨询师或推进者的介入，以便建立一种突破传统思维的能被测试的情境。2013 年春季，图书馆战略规划的项目主任阅读了咨询师琼·考特·内（Jon Edward Cawthorne）博士就如何在研究型图书馆中使用情景进行长期规划的博士论文后，认为情景规划方法可以帮助亨特图书馆的工作人员展望一年以后的未来，因此项目主任与琼·考特内顾问进行了讨论，表示有兴趣将情景的使用扩展到其他图书馆，并请他来引导一个情景训练。

2. 情景训练过程

（1）小组讨论

2013 年 5 月下旬，考特内顾问提出 25 年后图书馆从暗淡到非常光明的三种未来情景，要求亨特图书馆战略规划依据这三种情景进行调整。为保持与项目主任情景修正的一致性，项目主任对如上三种情景进行调整后，顾问重新编辑了新的情景。项目主任和顾问还一起讨论了向图书馆工作人员提供这些情景的具体时间，如决定在其情景研修训练的前一天对管理团队成员进行约见，而在研修当天接待其他参与者。

2013 年 6 月中旬的某天中午，图书馆工作人员和负责学生事务的副校长（图书馆馆长负责向其汇报工作）聚在一起参加了这次研修活动。项目主任和顾问首先对整个过程进行了情景介绍说明，并将每个工作人员随机分配到一个小组，管理团队成员和学生会副主席组成另一个小组。每个小组由一名记录员、一名文化人士和一名演讲者构成，负责报告图书馆主流文化引发的问题。在简短的情景介说明会结束后，研修活动要求这些小组进入图书馆各会议室研修一小时并依据顾问指示做事。项目主任和顾问将到每一组巡回并回答问题。项目主任与顾问在巡回后发现，许多工作人员情绪沮丧，一些人员指出，他们几乎没有足够的时间来阅读和消化这些情景，也不确定如何能在规定的一小时内完成任务。

尽管书面说明似乎清楚明了，但负责图书馆服务业务的副主任指出，他们一开始就意识到有许多问题没有得到解答。尽管他们尽了最大的努力，图书馆服务中心副主任还是在猜测图书馆主任到底想要做什么，并力求与学生事务部门副主任的观点保持一致，但成果并不富有成效。在规定的时间长度内，大家踊跃发言并做陈述，但在规定时间内并没有完成全部讨论。副主任们承认，即便在研修前一天阅读了情景并有机会提前参与讨论，但仍然感到有压力。研修当天的其他非管理团队人员，将会面临同样情形，甚至情形会更加严重。

（2）做出报告

在研修后的一小时，小组重新集合并各自汇报讨论情况。主持人列出了分配给各小组的情景标题及他们投票选出的首选标题。其中的一组选择第一种情景作为首选的未来，而另外两组分别投票选择第二种情景和第三种情景。第六组还开发了第四种情景——该情景是对已提出的三种情景中所有偏好元素的综合。

报告期间的讨论也出现了一些共性评述，显示出各小组意见具有某种一致性。虽然小组都没有共同偏好某个情景，但小组对每个情景中喜欢和不喜欢的情景元素都有很大的一致性。许多工作人员说，尽管工作很忙，但从事的工作让他们感到受到了重视，令他们相信其工作投入对行政工作的重要性。

负责学生事务的副校长在训练中还发现了一个问题，即情景中没有提到未来学生的情景，以及学生用户对图书馆的预期需求可能是什么。讨论期间，有些评论还涉及技术给图书馆带来的巨大变化、在规划中建立灵活性的必要性、图书馆应更好地与教员合作，明确图书馆在 ERAU 社区中影响等议题。

各小组对情景过程的评价则相当负面，很多人反映说他们没有足够的时间来阅读和消化这些情景。工作人员指出，他们希望在小组讨论前一天收到这些文件并且更早地分配任务。其他反馈信息包括：不了解文化人士在小组中的角色；情景设定在过于遥远的未来（即 2025 年），这让很多人无法理解；人们对不同情景有不同评述（如用词、篇幅长短），并容易形成偏见；一些因素（如取消所有印刷书籍，与当地学术图书馆合作）似乎并不可信；在组织小组讨论时，工作表是有用的；给情景命名是有趣的，但很耗时，且欠缺意义。

报告会结束后，项目顾问主持了这一进程的讨论，工作人员对该过程的经验与缺点论述非常坦率。许多工作人员认为应该在小组之中安排管理者。一些工作人员对管理者的未来职位表示怀疑，因为某种情景展望中消除了现有的部门。副主任表示，主任不应缺席最后的讨论。

（3）重写情景

2013 年 7 月初，项目管理团队开会讨论下一步的计划。由于没有增加新的图书馆新战略规划资料，这种做法使大多数工作人员感到沮丧。管理团队决定重新审视这个过程并根据反馈进行调整。亨特图书馆战略规划项目主任给工作人员发了一封信，通知他们7月份将再举行一次会议，讨论各种设想。在此之前，她将拟订第四个方案，以反映之前三个方案中最可取的部分及在工作人员情景研修会中形成的其他提议。她承诺，每个人都将在会议之前收到新情景及如何思考情景规划的资料。

根据工作人员在“情景规划研修会”上的反馈意见，负责人草拟了一个新情景，并将其命名为“一站式商店”。她与管理小组的其他成员分享了草案。针对成员提出的强化文件建议，顾问与工作人员一起制定了一套指导方针，决定将于7月中旬举行会议的前几天发布新文件。

在7月中旬的会议中，工作人员在会议之前阅读了新的情景、展开研讨并在指导页上给出书面的建设性意见，因此这次会议的反应比第一次会议积极得多。工作人员大多支持未来展望活动，且这次展望预测到2018年，而不是原来的2025年。

工作人员热烈讨论了“集中相似服务”及“加强与大学其他部门的合作”议题。最后一类讨论集中在：为实现情景的远景，图书馆在不久的将来需要采取哪些行动。这一论题涉及图书馆需要获得更多的财政支持、增加人员和开发新技术等许多议题。

在这次会议中，工作人员积极参与第四方案的拟订并形成了反馈意见，达到了情景工作的目的。这些反馈补充了先前图书馆战略规划研修中采用SOAR方法所获得的信息。利用两次研修的成果，管理团队起草了新的图书馆愿景、使命及一组与员工共享的战略方向。从该草案中，各部门提出了新的三年战略计划及第一年目标。管理团队还采纳了部门建议，决定于2013年9月确定了新的亨特图书馆战略计划。

3. 讨论与阶段性结论

（1）讨论

最初的情景改编源自考特内顾问在2013年早期第一次会议创建的一套情景。这套情景虽然不是专门为研究图书馆读者确定，但这些情景确实是面向美国研究图书馆协会（ARL）图书馆开发的。亨特图书馆情景规划项目主任和顾问意识到，需要针对 ERAU 进行一些实际改变。由于推行工作没有实现向其他图书馆高级工作人员寻求建议，导致副主任等工作人员对主任所设想的理想未来产生偏差，并使副主任感到沮丧，因为他们并不比工作人员知道得多，不能有效地回答问题。

在第一阶段研修小组会议和报告结束期间，图书馆里主要是消极的气氛。因为在最初阶段，工作人员认为其对图书馆未来工作的投入没有得到重视，因而不仅没有创造一种积极气氛，反而引起了工作人员的一些愤怒和不信任。在此之后，项目顾问和主任建设性地对待了最初的消极反馈，向图书馆工作人员保证他们会考虑工作人员的工作投入并在未来中做出改变。在第二阶段，主任与管理小组的其他成员合作，将中心副主任纳入新方案设计阶段，随后拟订了一个事后证明为非常有效的新方案。最初将副主任排除在外是为了让他们有机会在事先不知情的情况下对各种情况做出反应。虽然达到了这一目的，但也使他们与主任间产生了隔阂。这一结果对管理团队的工作的危害远远大于对情景的积极响应。因此，将副主任列入进程是极为重要的。

从长期来看，图书馆工作人员进入指定小组时才接触情景的做法，会由于资料缺乏、时间限制和主观偏见等原因造成工作人员的挫折感较高。虽然项目主任和顾问不喜欢反馈意见中工作人员的语气，但他们都意识到许多工作人员对方案的具体领域和过程本身非常关切，让工作人员参与讨论是重要的，他们的意见会产生良好的修订。此外，探讨情景的初始过程中产生的负面影响也可能会促使人们对图书馆的未来设想产生更强烈的兴趣。顾问也从中明白，顾问不仅要满足图书馆馆长管理的期望，还要满足图书馆各相关利益人的未来愿景。

情景引导的未来方向可能不符合当前愿景，或者并不是领导者准备发展的特定方向。项目负责人和顾问事先编写了情景，跳过了整个情景规划中的情景构建过程。跳过的情景构建过程恰恰要求工作人员从情景规划开始就明确环境不确定性，明确由这些不确定性导致的未来如何展开四个情景。如果再做一次情景研修的话，顾问认为最好让所有员工都参与到情景构建中来，这样可能会使图书馆更好地理解情景规划的步骤。

（2）阶段性结论

亨特图书馆的情景训练很有建设性。虽然图书馆馆长没在第一次会议之前向工作人员提供资料，也没有把图书馆副馆长包括在计划之内，但结果依然是积极的。亨特图书馆2013—2016年的战略规划被认为是一个重要指南，这一指南不仅面向图书馆工作人员，也面向校园管理人员。此外，经过第一阶段对初始方案的反思，能够强化图书馆工作人员对图书馆规划工作投入的重要性认知。

情景规划运用情景训练工具鼓励参与者跳出图书馆工作人员的惯性思维框架。情景训练可以在组织的任一层次进行，参与者可以只有一名，也可以包含整个图书馆工作人员（如亨特图书馆的全员参与）。亨特图书馆工作人员对如何适应未来形成了一些想法，这些想法是图书馆管理部门和顾问以前所没有想到的。

目前，情景规划方法主要在大型研究图书馆中使用。考虑到大型研究图书馆的资源和任务不同于小型学术图书馆，某些在大型研究型图书馆的有效的方案可能在其他图书馆无法达到预期效果，这一点在该案例中得到了证明。特别是，研究其他图书馆远程学习服务规划的情景可能是有益的。虽然高等教育面临的变化会影响远程学习者的教育，但在帮助图书馆规划新的远程学习服务和改进现有服务方面，情景规划法应该是一种理想方法。

4. 启示与注意事项

（1）思考的价值

对图书馆情景规划师来说，情景规划学习、战略性反思对话在实施情景规划进程中具有重要价值。在该案例中，考特内的情景并非来自高层领导者，也非线性预测。情景规划工作把大家组织到一起，通过学习、反思，拓展了领导者与普通小组成员的思维，形成了比较一致的情景认知，同时激发了批判性思维，提出了创新性的第四情景方案。因此，思考打破了思维惯性，把未来看作是不确定的、多方位的，使人们能够以全新的眼光看待战略选择在不同的条件下发挥的作用。情景规划中激发的未来思维是支持组织学习的重要方法。

（2）情景规划方法及实施效果

相对于传统线性和序列化的战略规划，图书馆情景规划的未来思维是传统战略规划的补充，它从战略角度为图书馆提供了一种思考方式，如可能面临的外部情境、含糊不清的问题、尚未发生的不可预测事件，以便图书馆考虑能采取行动并提出战略方向建议。本案例情景规划的实施效果有：

第一，通过与大学内各类人员的公共对话，图书馆职员放下抵御姿态，认识到改变的必要性；第二，情景规划过程展现了图书馆必须遵循的未来图书馆的可变情景；第三，图书馆所有人员被赋权，情景规划过程为未来导向与公共导向。最后，该过程有助于在特定领域实现未来预算提案、建筑修复、未来员工简介、技能要求描述、技术转移与提供等。

（3）流程设置

目前，高校图书馆的一般员工和管理人员正在积极地重新审视自己的角色和战略方向。在该案例早期阶段，情景规划已具有亨利图书馆战略规划的工作基础，结合了情景工作的具体要求。在2011年2月，经过一年多的论证，ERAU图书馆馆长给工作小组分配了为期6个月的任务，旨在开发2012—2015年战略方向。图书馆战略指引工作小组展开战略规划工作，并与学校及图书馆的工作人员开发情景，思考为图书馆未来可能的行动及建议，未来采取的战略方向。在为期6个月的战略方向确定中，图书馆顾问协助图书馆管理员组建图书馆战略方向工作组，明确工作流程和时间安排，引导组员开展工作。在2011年8月下旬，工作人员继续随时待命。此外，当内部行动小组考虑图书馆的影响时，关注的是教师等学校利益相关者的观点。

（4）参与范围

该案例的研究设计使用了包括三角法在内的多种方法，主要参与者经过了审查和协商。图书馆战略指导工作组（由1名项目管理人员、5名图书馆一般工作人员和2名图书馆馆员构成）参与研究的所有阶段及在正式开始研究之前的筹备工作：计划会议、招募学科教师、参与焦点小组、从调查结果中得出结论。此外，邀请图书馆馆员、图书馆工作人员和学科教师完成由图书馆战略方向工作组开发的问卷调查，确定他们对未来的看法。接下来，与教师一起构建了两个焦点小组，邀请图书馆管理员和图书馆工作人员参加会议和对话并做汇报，深入地理解未来。基于以上活动，图书馆战略方向工作小组收集数据，反思对图书馆的影响，提出行动建议与战略方向。总体而言，亨特图书馆的整套情景规划活动为其战略开发提供了另一种维度。

（5）参与限制和议题界定

该案例有意将这项研究与教师等图书馆之外非管理人员的观点联系起来。由于教师倾向于秉持与大学文化一致的价值观，而管理者倾向于与管理文化相一致的价值观，因此将教师与管理人员这两种观点结合在一起探讨具有重要的意义。在该案例运行过程中，教员参与小组会受到一定限制，这是因为该案例只探究一个样本的机构行动及参与者对研究主题的看法，而不是依据大样本、详细观察和变量度量来形成概括性结论。

图书馆战略方向工作组讨论的接洽方式采用了电子邮件，如通过电子邮件进行调查及提高回应率。从230名全职终身教职人员（尤其是来自四所学院的35名成员的反应），研究小组得到了一个既真实又满意的结果。该工作小组决定，由5名教师和6名图书馆工作人员组成两个跨学科专题小组进一步收集数据，以便作出可信决策。

该案例以问题解决和行动研究为研究焦点，引入了一个机构参与讨论。图书馆战略指导工作小组于开发情景时启动，与图书馆与学校的其他相关利益者参与同时行动，旨在提出未来战略方向的建议。

在提出建议的过程中，让图书馆战略方向工作组和其他图书馆馆员直接听取并积极参与对话极具价值。情景规划师在问卷资料（如开放式评论、观察员参与者完成的焦点小组反思表格、焦点小组现场笔记）的基础上，对情景规划活动进行了内容总结与评述。总结不仅包括对内容的解释，也包括对潜在含义的挖掘。与归纳的内容分析或演绎的内容分析这两种经典方法相比，总结内容分析法更为直观、更具可解释性。有一些评论者认为，相比于焦点小组的数据，内容分析本身是不够的，因为它不能充分考虑讨论中持有不同观点的人之间的互动。此外，使用语篇分析虽然会重点关注焦点小组对话，但考虑到该案例的研究目的（即塑造未来并采取的行动），增加语篇分析是没有必要的。

该案例还涉及领导力、变革和高等教育等议题。很多图书馆文献涉及领导力议题，但文献显示，这一领域的研究仍不够专深，对图书馆职业来说也相对较新。总体而言，图书馆领导力研究缺少原创研究、最佳实践及理论基础的支撑。

项目参与者认为，如将领导力的内涵转向后关系领导的概念框架，则需要一些条件，如理解学术文化、明确图书馆馆员与教师互动、明晰对领导力理解方式等。这些理论将领导力构建为一个过程和一个活动，而不是一个独立的个人或能力。参与者通过回顾图书馆馆员领导力相关文献，可以更好地理解教师观点、整合利益相关者群体在计划工作中的需求、审视图书馆馆员对领导力的理解。

（6）对相关主体的界定

在案例中，还涉及相关人员的地位与角色问题。使用“教师”这个术语来表示不同学科的教师，教师有各自的研究领域，定期与学生在课堂上交流，参与社区（包括校内和校外）活动，提供与其专业相关的服务。许多大学和研究图书馆馆员确实拥有教职和（或）终身教职，但该案例将始终使用“图书馆馆员”或“学术图书馆馆员”一词，以清晰地与“教师”概念相区别。为了描述教员和学生等服务用户，该案例选择了“社区成员”一词。社区成员不是用户、顾客或客户，其“社区成员”表示一种在其他术语中无法捕捉到的相互关系。

（7）案例中的注意事项

运用战略远景描述图书馆未来情景，引导和创建研究型图书馆人力资源和技术转型蓝图。这些情景为图书管理员和工作人员扮演新角色、关注人力资源开发、理解决策过程奠定基础，也关注图书馆主管、校长和人力资源管理者的观点，描述了图书馆未来可能采取的方向。如上案例阐释了图书馆馆员未来可能扮演的角色，强调了当前学术交流模式的不可持续性，以及大学面临的政治、社会、技术和人口等不确定因素。在制定和阐明愿景时，考虑到机构面临的变化，管理者应考虑诸多应对机构不确定变化的方案。这些方案往往在战略规划之前展开讨论，以便让图书馆采取必要的措施，监测图书馆绩效。其中，沟通远景的方法非常重要，其重要性体现于：制定战略远景、教务主管、高级领导团队、图书馆馆员和工作人员，明确图书馆主管在情景战略工作过程中对现有挑战和障碍的洞察。

参考文献

[1] 娄伟. 情景分析理论与方法［M］. 北京：社会科学文献出版社，2012: 358-391.

［2］ VAN DE VEN A H. Reflflection on engaged scholarship. London Business School［OL］.［2018-04-06］http://www.aimresearch.org/uploads/fifile/Presentations/New%202010%20Presentations/VandeVen-LBS-10-1-10.pdf.

［3］ FARREL M. Leadership reflections: leadership development through service［J］. Journal of Library Administration, 2014, 54(4): 308-317.

［4］ FIELS K M. The new ALA strategic directions: advocacy, information policy, and professional and leadership development［J］. . American Libraries, 2015(46): 6-7.

［5］ GABRIELLA KA WAIWONG. Leadership and leadership development in academic libraries: a review［R/OL］.［2019-05-09］. 香港科技大学，2017: 1-18. http://xueshu.baidu.com/usercenter/paper/show?paperid=21a3e8b12e235305ab640cf70e616383&site=xueshu_se.

［6］ O'CONNOR S. Leadership for future libraries［J］. Library Management, 2014, 35(1/2): 78-87.

［7］ SKINNER K, KRABBENHOEFT N. Training the 21st century library leader: a review of library leadership training1998-2013［R］. US: Atlanta. Educopia Institute, 2014: 5-9.

［8］ WEINER S G. Leadership of academic libraries: a literature review［J］. Education Libraries, 2003, 26(2): 5-18.

［9］ HERNON P, SCHWARTZ C. Leadership: developing a research agenda for academic libraries［J］. Library & Information Science Research, 2008(30): 243-249.

［10］ KARA JOSPHINE MALENFANT. Understanding faculty perceptions of the future: action research for academic librarians［D］. ProQuest LLC. US:Los Angeles. Antioch University, 2011.

［11］ KERRY WILSON. Collaborative leadership in public library service development［J］. Library Management, 2018, 39(8/9): 518-529

［12］ 杨文. 适应性领导力在图书馆的应用模式探析［J］. 农业图书情报学刊，2018(11): 162-166.

［13］ JASON MARTIN, JAMES E WALKER. The leadership/followership process: a different understanding of library leadership［J］. The Journal of Academic Librarianship, 2019: 15-21.

［14］ RONALD C JANTZ. Vision, innovation, and leadership in research libraries［J］. Library and Information Science Research, 2017(39): 234–241.

[15] 张莉，王丹. 复杂环境下企业适应性领导行为研究［J］. 管理科学，2009, 22(5): 13–23.

[16] RICHARD E KLOSTERMAN. Lessons learned about planning–forecasting, participation, and technology［J］. Journal of the American Planning Association, 2013, 79(2): 161–169.

[17] GARY BOWMAN, R BRADLEY MACKAY, SWAPNESH MASRANI, et al. Storytelling and the scenario process: understanding success and failure［J］. Technological Forecasting & Social Change, 2013(80): 735–748.

[18] MIETZNER, DANA, REGER, et al. Advantages and disadvantages of scenario approaches for strategic foresight［J］. Technology Intelligence and Planning, 2005, 1(2): 220–239.

[17] CHARLES ROXBURGH. The use and abuse of scenarios［J］. Mckinsey Quarterly, 2009（11）: 1–7

[18] MULLINS M. Tips for strategic scenario planning［J］. Managing Credit, Receivables & Collections, 2013(7): 2–3

[19] ANNE MARIE CASEY, Grassroots strategic planning: involving library staff from the beginning［J］. Journal of Library Administration, 2015, 55(4): 329–340.

[20] FRANCES A,O'BRIEN, MAUREEN MEADOWS. Scenario orientation and use to support strategy development［J］. Technological Forecasting & Social Change, 2013(80): 643–656.

[21] ANNE MARIE CASEY, JONE CAWTHORNE, KATHLEEN CITRO. Gazing into the crystal ball: using scenarios for future visioning of a distance learning library service［J］. Journal of Library & Information Services in Distance Learning, 2014(8): 181–203.

[22] STUART HANNABUSS. Scenario planning for libraries［J］. Library Management, 2001, 22(4/5): 168–176.

[23] BURT G, VAN DER HEIJDEN K. First steps: towards purposeful activities in scenario thinking and futures studies［J］. Futures, 2003(35): 1011–1026.

第六章

案例分析

一、大学图书馆情景规划案例

在颠覆性环境下，受财务预算、技术更新、去中心化、开放获取运动等因素影响，图书馆在信息服务与学术交流中的核心地位发生动摇。另外，各类图书馆在信息服务内容、服务形式、服务水平等方面的差异，更加剧了图书馆之间的替代性。基于此，运用案例阐释情景规划理论与方法在图书馆领域的运用，将有助于从实践层面把握应对不确定性的做法，为图书馆构建适应未来的心智模式、形成学习型组织等愿景奠定现实基础。

1. 案例一：美国堪萨斯大学图书馆情景规划

（1）背景介绍

2011 年 3 月，堪萨斯大学图书馆（Kesas University Library，KUL）受美国研究图书馆协会情景规划工作组学习过程激发，决定将情景规划方法引入图书馆工作人员工作之中，旨在支持开发新的战略规划。在开展战略规划开始，KUL 就将情景规划作为一种有效的、综合的战略工具。KUL 依据 ARL 2030（情景规划）情景用户指导手册与相关材料，根据自身环境的需要进行必要的流程调整。ARL 在国家层面开发与最后确立的情景描述，包含来自高校各领域的专家与独特观点的情景，不仅有效而直接地陈述了工作流，也大大减少局部实施的时间。

基于此，KUL组建了由具有组织发展与领导意识的人员构成的团队。为了扩大员工参与范围，KUL组建了两个工作组。在这一过程中，KUL收获了很多有意义的东西，对情景规划的目的与实践形成了有价值的洞察，同时也遇到了很多预想不到的挑战。

（2）具体分析

首先，在2011年5月和7月，由43名人员参与的图书馆情景规划项目指导小组分别召开情况分析会，进行必要的概念性综述。在项目设计与实施阶段，需要进行合理安排时间这个关键因素。为平衡运营职责与战略开发机会之间的关系，KUL修改了ARL所建议的两天议程，在营造舒适的环境中，进行了半天—全天—半天的会议安排。这一调整有很多益处，既增加了参与的灵活性，又不会给参与者带来太大压力，还使关注度迅速定位，可使第二天议程保有新鲜感。

其次，初步小型会议中的会话有助于确定更加详细的未来规划步骤。在会话中，由员工提出问题并阐释一组情景。这些情景由全体参与者直接参与构建，代表图书馆面临的优势及挑战。KUL还注意到情景构建与情景规划之间存在着彼此不相关联的挑战。构建情景需要大量的脑力工作及透彻的驱动力分析，情景规划的核心是构架出由外向内的思想框架，并在之后的情景战略开发过程中培养所有者意识。

KUL为弥补信任鸿沟加大了情景的变异性与差异性研究。由于缺少基本的智力投资，KUL参与者会受其他人思想的影响和干预，进而产生较大的信任鸿沟。这种信任缺口产生于人们对未来描述有效性的疑虑增加，以及情景应激反应的减少。

在弥补差距和缺口方面，KUL运用训练有素的促进过程与准备过程来弥补这些差距，加大情景的变异性与差异性认知。为形成共同理解的基础，KUL将员工预先分派到专门的情景工作组，要求参与者深入细致地学习。图书馆工作人员基于目前文献进行一般的环境学习，集中收集当前环境下展露出来的未来情景特征。早期情景特征指标蕴含着情景原型的驱动力与当前趋势，在工作人员中可以生成更强的参与性，进而弥合可信性鸿沟偏差。在情景集中归纳过程中，有些参数同时适于很多情景，因而会存在因素相互动态交织的情况。

再次，KUL 通过分享早期指标，发起了持续性的工作小组对话，将多样化的情景嵌入规划工具。至此，KUL 转入深入的情景规划活动之中（即“深潜”阶段）。这一阶段的特点有：

① KUL 工作组的参与者与推进者力争开发稳健性战略。在深潜阶段，每个工作组都开发了多种图书馆潜在的未来。创建稳健性战略过程需要挖掘所有潜在未来的重合点及共同利益信息。这种挖掘试图将参与者的思想锁定在某一共同情景之中，因而是有价值的。

②将对话拓展延伸需要大量的情报工作做支撑。在识别稳健性战略阶段，两组参与者虽面临战略选择困惑，但最终得出了异质性的意向性结果。

③在每组情景战略选择和如何描述方面，每一组提供的细节存在很大差异。导致差异的后果是，当较大团队需要这些资料来识别更多战略选择时，分析战略选择间的联系与差异就存在挑战。在这种情况下，项目推进人应组织开放而诚恳的讨论。讨论对整个团队来说意味着厘清工作组的诸多选择是什么，在推进中形成富有成效的结果。基于材料、需求描述及所有工作组参与人与推进人的建议下，人们形成了一种有别于工作组指南的特别工作流程，即运用圆桌报告技术，向他人获取更多信息。

④圆桌会议流程是有效的。在施行情景规划前，每一工作组会提出稳健性战略选择报告，会存在思想重复与浪费时间现象。通过圆桌会议，可以快速听取各组意见，能更快有效地获取思想精髓，避免了不必要的重复。最后，在大组与小组的互动的基础上，相关人员能够提出一套能描绘未来可能性远景的战略。

（3）结果

当美国研究图书馆协会情景规划项目启动时，KUL 项目组展望了这个从情景规划到开发 KUL 新战略规划的无缝运动。同时，堪萨斯大学也开始了一项综合的校园战略规划活动。为了让图书馆与校园远景的努力方向紧密一致，图书馆情景规划项目组延迟了后续的工作组活动。项目的延迟目标是希望在对堪萨斯大学未来发展方向有透彻理解的前提下展开后续的图书馆情景规划。之后，图书馆在参与校园规划的基础上，产生了将 KUL 情景项目扩展到堪萨斯大学发展的洞见性意见。因此，在等待大学规划的远景意见阶段时并没有放松对情景开发的努力。

战略思考与分析情景在情景规划中非常重要，是对可选择未来的深入挖掘和开发。两者是大学战略规划及图书馆战略规划开发的基础。同时，情景训练能力不仅是最终结果，也存在于过程之中。

KUL 情景规划项目有助于堪萨斯大学战略规划的整体实施。KUL 情景规划项目是在堪萨斯大学战略规划项目的基础上进行的。因此，在堪萨斯大学战略规划完成时，KUL 随后在大学战略规划基础上进行战略规划工作，令图书馆之外的战略规划促进委员会统揽并协调诸多工作组的工作。KUL 情景战略项目工作组也将注意力集中在实现目标与战略上，依此来规划图书馆战略的关注点。

在 KUL 进行情景规划过程中，第一个工作组提出的稳健性议题包括如下情景战略：快速适应变化的灵活性组织；开发新的多元分散的资助模式；为更大范围的用户创建协同与合作文化；重新思考与分配资源、文献与基础设施。

在 KUL 开发情景战略规划时，有两个战略：①强化组织定位。KUL 是快速应对持续改进与灵活变化的组织定位；②增加资金来源。稳定增长现有资金来源，保证新的资助供给、强化公共问责。

KUL 战略行动形成如下情景战略：创建协同和合作文化（包括对堪萨斯大学研究人员需求的学习活动）；强化服务（如加大对出版、数据管理等领域的研究支持，最大限度地进行交叉领域的研究）。

为形成积极效果，工作组在准备情景阶段投入了大量精力。大多数参与者对工作组的评价为优秀与良好，参与者们纷纷反映，在工作组领导与团组讨论良好的平衡对等关系。

整体而言，大多数参与者认为工作组的工作在帮助他们理解目前与未来 KUL 发展方向上是有效的。经过从被动反应到主动参与、从内部到外部的战略思考方式的转变，人们应对由区域、国家与世界所驱动的不可控未来中，配备了更好的处理能力。推进者在准备实施阶段的时间投入是值得的，这种投入对帮助 KUL 创建新战略、迎接未来挑战是有助益的。

（4）启示

KUL 情景规划以 ARL 情景规划手册为指导性文件，并以堪萨斯大学战略规划的大胆设想为基础，从而使 KUL 有了情景规划的依据。

对环境进行了扫描。在扫描 KUL 内外部环境方面，工作组并没有遇到压力。例如，在领导层面，公立大学没有生存之忧；在图书馆馆员方面，存在人员构成问题；在读者层面，存在阅读需求问题等。

KUL 通过情景规划，达成了如下共识：战略规划的一个重要内容是让受政治经济技术等变化影响的图书馆工作人员具有共享意识。这些变化会影响未来用户如何创建与消费学术资料、如何更新替换图书馆服务内容及如何使用图书馆设施。KUL 及其他高校图书馆（如俄亥俄大学图书馆）战略规划过程伊始就与 ACRL 未来情景相适应，并依此明确关注议题与关注内容，促进了后来一系列富有深度与互动的群组讨论，从而创建了图书馆对可能未来的共享意识。围绕情景的后续讨论代表了图书馆馆员与其他工作人员对图书馆最佳实践，在这一实践活动中，图书馆馆员与其他工作人员能够试图理解塑造社会、高校与图书馆未来的诸多外部因素。

在 KUL 情景规划中，体现出共享意识的重要性。2011 年，堪萨斯大学教授发起为 ACRL 进行的互动训练。ACRL 将未来 15 年的技术，教育，学术交流与社会变化描绘出若干个未来情景。每一位大学图书馆馆员与工作人员认真对每一个对 KUL 可能发生的情景及其影响范围进行排序，然后进行深入的互动式群组讨论，用于指导大学战略规划小组创建可能的图书馆未来的共识。在这一过程中，如果没有外部趋势的共享意识思考，则会使战略规划侧重在精炼内部图书馆流程，而不是外向的未来战略服务。此外，互动训练有助于人们对未来与趋势的理解，形成最佳的团队思想与更加稳健的规划结果。

总体而言，KUL 在 ACRL 指导下，对情景构成进行了重新调整，虽结果与 ACRL 大致相同，但最后只采用了两个情景。在情景形成过程中，达成了研究与实践视角从内向外的共识。

2. 案例二：肯尼亚大学图书馆情景规划

（1）一般描述

肯尼亚大学图书馆（Kenya University Library，KUL）进行情景规划项目的目的，是找出信息管理中变化范式的实质、识别关键性挑战、明确如何开展战略管理。在这一项目中，肯尼亚大学图书馆运用描述性研究设计方法，对153名学生、图书馆与教师样本进行描述性统计学与因子分析。

该项目的研究思路为：信息行业的易变性，使得人们在信息管理中应用战略管理变得非常必要。这种易变性具有三个特点：ICT信息通信技术的深远影响；用户行为的范式转换；图书馆战略开发、实施与评价时图书馆员角色的变化。此外，员工福祉与领导力是成功战略的关键因素。

该项目取得的结论为：学术图书馆的战略行为产生于领导行为、系统结构与战略支持政策。项目建议学校图书馆应该具备适当的领导力模型，以便更好地校准员工目标；学术图书馆应该通过战略管理过程中涉及的所有相关利益人共同参与来培植战略行为。该项目还指出，沟通与制度化图书馆愿景、使命、目标、价值、及时绩效评估的必要性。

（2）具体分析

图书馆在过去几年中，一直在高速变换的环境下运行。目前，图书馆正面临通信技术的发展、信息新技术的出现，以及知识管理促进数据、信息、知识向数字形式的快速转变等情景。此外，光纤通信、无线技术与软件开发的跳跃式发展都增加了新的信息存贮、传播与处理方法种类。这些情景迫使很多组织重新检查过去的战略，图书馆也不例外。

在信息技术、用户需求、行业竞争、信息获取、版权等议题不断变化的背景下，学术图书馆对情景展开研究与探讨，但目前还没有探究学术图书馆应该如何应对变化的系统的实证研究。通过观察企业经理以及组织政策制定者的需求，理解他们如何对环境变化进行反应，可以为图书馆情景规划提供借鉴。在全球范围内学术图书馆已经在寻求在变化环境下维持竞争能力的方式。此外，为与消费者预期变化相一致，图书馆应该采用结合外部与内部环境变化，融合创新与创造性模性的管理方法。

该项目试图建立图书馆管理实践、模型、系统与战略行为，加强图书馆馆员在处理复杂变化环境的创造力与创新型。研究发现，图书馆战略主题，如信息获取，技术与图书馆职业正相关于图书馆馆员谈判人与导航员的变化角色。研究指出，随着大多数用户已经意识到这些变化，信息电子化导致用户信息搜寻行为及图书馆馆员角色的巨大转变。在图书馆用户中已经有79.8%的人意识到图书馆馆员角色变化。此外，关键信息的披露程度与图书馆员工持续对话间存在正相关关系。

目前，在肯尼亚大学图书馆存在的问题有：官僚主义、自上而下决策、上层权利中心、对外部意见充耳不闻。在快速演变的竞争性信息行业，过去应用于行业的标准管理模型，已不再适用于技术创新需求与图书馆生存繁荣的适应性需求。

在对话与沟通方面，该项目指出了创新型与创造性有助于培养组织竞争力与持续成功，描述管理战略促进新观念生成的过程。该项目认为，构建信任环境、培养协调性、强调各层面的领导力等是培育创新与创造文化是必不可少的因素。

3. 案例三：英国西英格兰大学图书馆情景规划案例

（1）背景描述

西英格兰大学（University of West England，UWE）是一所 1992 年成立的大学，拥有大约 3000 名教职工和 3 万名学生，其中约 9000 人是非传统学生（即非全日制学习者或远程学习者）。2008 年的研究评估表明，超过 1/3 的西英格兰大学研究成果是世界领先的或国际卓著的。因此，西英格兰大学将英国高等教育拨款委员会（Higher Education Funding Council for England，HEFCE）的质量加权研究资金（Quality Rating，QR）拨款增加了 122%，这是该国 2001 年以前单一最大增幅之一。

西英格兰大学图书馆（Library of West England University，LWEU）展开驱动程序。从 2011 年 3 月开始，由于一些内部与外部因素驱动，LWEU 决定对学术服务团队进行重大重组。这些驱动程序包括：

①少花钱多办事。鉴于 2012 年后资金限制及英国高等教育新本科学费制度，导致图书馆预算在 3 年内总体减少 25%（略低于 100 万英镑）。预算减少对学生的信息服务需求产生了直接影响，图书馆努力保持资源预算，而这些预算缺口必须从人员配置预算中节省。

②优化图书馆学术服务的人员配置结构。这一举措让图书馆服务团队能灵活地提高服务的效率，响应大学不断变化的教师结构。简言之，简化目前过于复杂的团队角色和责任，对员工进行有效部署。

③扩大服务优先级。例如，支持大学研究，阐明图书馆在研究数据管理等问题中的作用，更直接地参与到卓越机构的研究领域，为2014年的研究卓越框架（Research Excellence Framework，REF）做准备并积极响应迅速发展的开放获取运动。

④改变教学模式。要求图书馆向极其庞大的用户群体提供信息素养教学。同时认识到，学术服务团队的工作人员由于能力不足，已经使图书馆服务能力处于崩溃的边缘。学术服务团队是西英格兰大学四个主要团队（包括学术服务团队、客户服务团队、收购服务团队与管理团队）中最大的一个，且与其他三个团队一起工作。此外，还有位于图书馆内的IT团队，由图书馆IT服务部门管理。学术服务团队主要由具有图书馆馆员资质的人员组成，致力于与各院系的联络活动，确保馆藏满足院系学生和教职员工的需求，并确保学生的信息素养技能得到适当提升。学术服务团队还包括支持研究和社区参与等业务服务功能。

在学术服务团队失去了一些人力资源，以及制定了新的信息素养政策（该政策旨在将电子学习嵌入到教学和评估）的背景下，图书馆准备将情景规划专门应用于学术服务团队。由于很多的面对面会议都会得到很好的参与，因此可以通过增加技术、增强学习等方式尝试信息素养开发，重新审视如何改变团队结构以最大化资源。学术服务团队大部分人员由高级员工构成，这些员工之前曾经接触过某些情景工作，因此该团队会对高级管理团队从事的情景业务做出良好反应。

LWEU使用情景规划的因由：利用情景规划来解决如上问题的决定受到如下状况的影响。

①需要应对团队内部的高度紊乱或不确定性。研究表明，在英国高等教育目前正处于不稳定、快速变化的环境中，传统的规划方法过于依赖从过去的表现中推断结果，因此该方法的价值是有限的，它不太可能产生中期或长期的可靠预测。过去不是未来的指南，在不确定性增加的背景下，应该提供一种未来动态而非静态视野的机制。情景规划强调可选择的长期“未来”，因而能够帮助理解业务环境中不确定变化对未来战略的影响。

②需要制定一个包容性的解决方案，鉴于在变更管理中遇到的困难及

LWEU 服务部门内部沟通不畅的现状，学术服务人员将塑造更强大的自己。英国“未来学术图书馆”项目提出了英国高等教育部门在 2050 年的替代未来模式，这一展望引起了热议。早期阶段的包容性解决方案（决定开发三种情景）为创造性横向思维提供更大的空间。情景规划能够运用丰富的细节捕捉各种各样的可能性，可能性通常包括未经或无法正式建模的元素（如新法规、价值转移或创新等）。因此，情景规划中进行的情景分析不仅仅包括客观分析，也包括主观解释。

情景规划试图弥补对变化预测不足和预测过高这两个决策过程中常见的错误。它让人们可以在这两个极端之间制定一个中间路线，扩大设想的可能性范围，防止人们进入幻想。情景规划一般是通过将知识划分为两个领域（①认为自己知道的事情；②认为不确定或不可知的因素）来实现这一点的。第一种领域的知识考虑了过去，认识到知识具有一定程度的连续性，并依此认识到做出某些假设。的能力，第二种领域的知识的主要问题在于对（不）确定性的程度做出明智的判断。

（2）情景构建分析

该项目采用了舒马克概述的开发方法，并对其适当拓展：①设定时间与主题范围。该项目为未来分析设定新的时间框架和主题分析范围；②识别关键的外部和内部驱动因素。该项目运用情景规划，在分析具有高影响力和高不确定性的环境影响后对当前服务提供战略评估；③构建初始情景。该项目的目的是生成一组情景，这些情景共同包含了感知的可能范围。该项目没有采用舒马克推荐开发两个情景（即“最好和最坏的情况”）的做法，而是开发了三个情景。

该项目打算建立三个极端的“情景”，其中每一极情景都有外部和内部驱动因素。这些构建出来的、发生可能性非常小的情景并不代表相互排斥的未来状态，也不是具体的预测。尽管情景代表了极端情况，但这些情景是一致和合理的，情景与指定时间框架是相兼容的；尽管情景没有界定具体的未来，但他们代表了一种“思维三角形”，使学术服务人员能够讨论和突出每个内容中的关键要素，从而能够开发出具有最佳情景契合特征的最终情景（即最佳猜测，指在特定约束条件下，将某时间点下最恰当的未来结构进行分解并重新组合）。在实践中，在不同程度上，每个情景元素都嵌入在最终情景中。该项目开发的三个情景方案及其构成元素如下。

情景 1：逐步调整。

这一情景之下的图书馆具有如下特点：

①学术服务的基本结构少有变化（如学科团队基本保持不变）。

②只有一般的跨学院教师才能参与入职培训。

③没有额外的资源转向数字学习团队，以支持部门发展等。

④图书馆秉持的自愿标准临时性地与院系和其他利益相关者达成一致。

⑤研究型知识库的重点是 REF 支持和增量开发。

⑥一些助理图书馆员继续服务于一个以上的学科领域。

⑦没有开发教学和学习对象知识库。

情景 2：艰难时期。

这一情景之下的图书馆具有如下特点：

①强调快速增加数字学习服务，团队尽可能退出 Y1/Y2（大一与大二学生）面对面教学。

②人力资源被转移到电子学习团队，项目团队的规模也会缩小。

③开发了教学和学习对象知识库。

④ Y1/Y2 面对面教学仅适用于按需驱动型教学。

⑤项目小组专注于教授撰写学位论文的 Y3 学生、PGT（教学研究生）和国际学生。

⑥助理馆员没有跨系工作。

⑦与各学院及其他利益相关者达成明确的图书馆支持服务标准。

⑧快速开发研究知识库。包括全文的增长，新内容类型的管理（如研究数据）和与 REF 的接触。

情景 3：高度动荡。

这一情景之下的图书馆具有如下特点：

①联络 / 外联（L/O）。包括战略性地参与课程设计、收集建设、授权学术人员、阅读策略，搭建合作伙伴关系，协助研究，制定服务标准。

②服务范围教学（SWT）。为未来的学生开发和提供信息、提供信息技能教学、加强参与 UWE 使新生适应高等教育、发展他们的就业技能、根据需要协

调学生联络员的使用。

③（SWT）团队支持所有的项目团队和跨教员角色。

④与各学院及其他利益相关者达成明确的图书馆支持服务标准。

⑤开发了教学和学习对象知识库。

⑥快速开发研究知识库。

⑦项目团队提供办公 / 咨询时间，回答网站注册用户特定主题查询。

在情景中要注意确定与策略相关的主题。但值得注意的是，在不同的情景中，各主题被赋予不同的权重，且多种策略有待评估，忽略这两点将有损战略思维的灵活性。当然，挑战和改变学术服务的心理模型和现有假设也是该过程最有价值的成果之一。

（3）情景规划流程

第一阶段。项目首先建立了“焦点小组”。“焦点小组”最初是为专业人员建立，然后普及到所有普通等级人员举办的一些会议。与此类似，LWEU 图书馆首先在承担情景规划工作的学术服务团队高级职员层面开始组建“焦点小组”。团队的其他成员依据“角色变更原则”文件，在情景规划过程中也有其他角色相对应。“角色变更原则”文件有很大的讨论余地，之后整个小组就有关工作人员作用和责任展开进一步合作。

在学术服务团队的人员构成中，资深教师约占学术服务团队的一半。他们的工作职责是定期与其他教师接触，以便为大学及本地社区内的学生及教师提供服务、馆藏及技能。定期与其他大学教师接触的目的是在大型会议上进行初步的方案规划工作，并在之后举行的三次会议中形成完整的记录，以确保所有高级工作人员都有机会讨论和评述这些方案。

在“焦点小组”会议上，首先将简要介绍情景规划过程并形成方案，以备评论、讨论、反驳和完善。然后，会议要求成员就情景提出引申观点，包括他们特别喜欢和他们认为不可行的方面。在这个过程的最后，是对未来的洞察和一些关键成功因素的认识并将形成共识和凝聚力。在讨论、引发新的想法与审视洞察新想法的过程中，积极性非常重要。正如舒马克指出“因为情景是以可能性呈现的，而不是确定的预测，对于持有不同世界观的人来说，可能性会降低人们感受到的心理威胁”。情景规划目的是鼓励新思维，创造一种氛围，让人们觉得他们可以做出积极的改变。

第二阶段。在第三次会议上，高级工作人员被划分为三个工作小组，分别提出了想法，并据此设计了第二份综合文件。文件将不同阶段不同工作小组的想法汇集在一起，并根据工作小组的不同反应确定了整个团队的工作原则和业务成功因素列表。每一个工作小组都有不同的动态内容，不同内容和方法的输出差异很大，因此将三个小组的文件总结提炼将更加有用。此外，受激励方案激发，每个工作小组（仅包括团队中的两名高级图书馆馆员）对其重新设计，形成了创造的动力。这两名高级图书馆馆员作为团队中两位思想敏锐且备受尊重的成员，不仅想象如何实施想法与发挥作用，也能够在解释其想法时获取极大的信任。因此，相比自上而下的方法，这种方式能够以平和的方式帮助图书馆形成意见和参与支持。

第三阶段。在团队会议上提交并讨论了来自三组高级工作人员的文件；让团队的其他成员参与进来并让他们对新的工作方式提出意见。其核心理念是成立一个核心团队（主要是助理图书馆馆员），负责学习进展及学科领域的一般教学和咨询工作。虽然这些工作人员可能被分配到一个主题领域，从事更专业的教学和收集开发工作，但他们的核心角色具有弥补缺勤的内在弹性，对于确保整个团队采用简化方法、均衡工作量至关重要。

（4）助理图书馆馆员的角色模型

通过前面提到的两位高级职员的领导，将助理图书馆馆员组成一个“核心”或“池”的想法开始形成（见图 6-1）。助理图书馆馆员随后开始采取主动，并讨论对他们可能产生的影响。

与此同时，在图书馆学术管理会议上也有一系列关于“少花钱多办事”的讨论，这在整个过程中成了一句箴言。从某种意义上说，这个短语是同事们理解情景过程中隐含“信息”的一种方式，正如海纳博斯（Hannabus）所描述的：许多认知心理学的作者将分块和脚本知识称为记忆和理解事物的关键方法，使得这种叙事方法非常强大。由于情景规划是一种新的方法，可以满足服务演变需求，因此评估其工作效果非常重要。柯蒂斯（Curtis）提出：把它从一个“有趣的”演练变成更有战略意义的尝试是有挑战性的。情景训练成功的关键是参与人员的素质及他们的开放意愿。

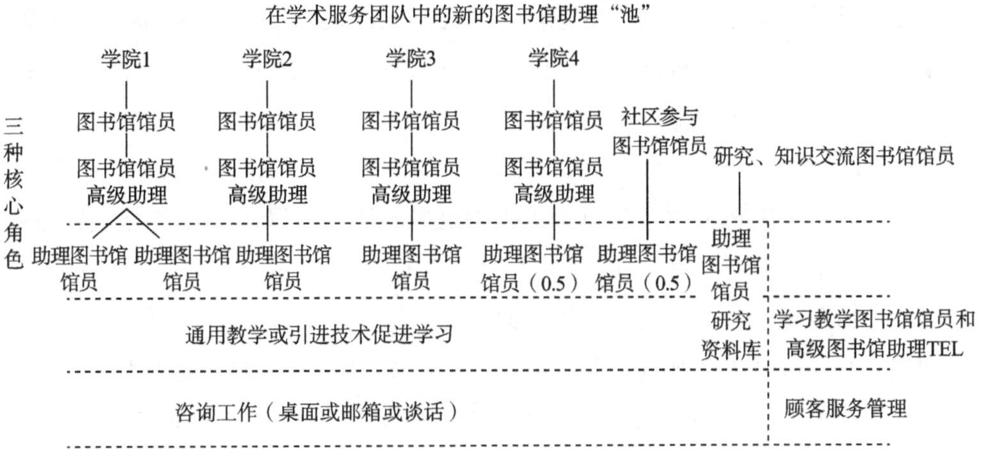

图 6-1 在学术服务团队中的新助理馆员"池"

高级工作人员似乎较容易接受挑战，展示了他们开放思想和接受变革的意愿。如海纳博斯所言，明确情景开发和规划过程在多大程度上激发创造性思维及在何处做出重要决定，会给予人们一种新的乐观态度。

（5）反馈

该项目通过给所有团队成员发送电子邮件的方式来形成来自相关人员回应的后续调查，以了解更多关于参与者对"情景规划"的实际感觉，以及情景在多大程度上激发或抑制了讨论和想法、如何以不同的方式进行等信息。其中一组问题还会包括：采用情景规划方法产生了什么副作用？这些副作用是积极的（如协同工作、信心、兴奋），还是消极的（如怀疑、模棱两可、不确定性）？这个过程在为团队实现效果如何？其中，效果问题最易引起差异化观点，即人们是否应该从一开始就让整个团队成员参与讨论。下面的主题来自于大约三分之一团队成员的讨论。

①在情景规划进程的包容性方面，团队中的高级工作人员参与了三种情景的初步讨论。他们认为，这一进程具有协商性、包容性、创造性和新鲜感。

②在情景规划激发讨论与构建情景的数量方面，对于情景个数，高级工作人员认为一个情景较好，因为"一张白纸总是更难"。有人认为构建三个情景是有用的，因为只有一两个情景会让人感觉是既成事实。另外，有人会拒绝"变化很小的"情景，而另一些人会认为应有一个"更激进的选择"，因为它会让人

们能够以开放的心态看待自己的想法，并允许人们跳出思维定式。这支持了奥康纳和庄赖的观点："情景规划挑战和质疑了现有操作逻辑的基础，使情景规划参与者能够掌握新的选项"。

③在小组人员分配方面，人们普遍认为不能把高级工作人员集中在一个小组中，在讨论中随机分组会为每个人提供更多的努力空间。有人建议，讨论时限和为每个小组指定主持人的做法也是有价值的。

④在情景规划方法产生的作用方面，有人认为情景规划是更具协作性的解决问题方法；可以从之前的工作方式中解脱出来，利用小组的方法来解决问题。这证实了斯塔利等人的观点：虽然有关趋势和未来的阅读可能有助于智能化未来的情况，但这是一种互动练习，可以最好地激发群体思想、关注愿望并带来更强大的规划结果。

⑤在回答情景规划的成功程度方面，一些人员表示评论还为时尚早，而另外一些人则表示情景规划似乎让人们凝聚在一起并形成了一些创造性的解决方案。

⑥在整个团队是否应该从一开始就被纳入讨论方面，高级职员认为该由具有更高层员工参与并以自上而下的方式完成整个规划。如果其他非高级战略责任员工较早地介入其中，可能会产生两种影响：要么是增加了焦虑和不确定感，要么是对整个过程有一种归属感。

⑦在情景过程是否需要引起所有人关注方面，助理图书馆馆员对如上自上而下贯彻情景规划过程的看法却截然不同。有助理图书馆馆员认为，本来希望在早期阶段参与情景规划进程，但自上而下的情景规划流程使自己感觉被排除在最初决策过程之外。此外，来自高级员工的情景规划工作原则是强加性的，容易引起不满。然而，助理图书馆馆员从未怀疑自己的职业角色，因此，从一开始就加入整个团队很重要。

由于图书馆馆员不足以应对极端情景，因此自下而上推行情景规划并不总是理想有效。在情景规划开始阶段就让助理图书馆馆员介入讨论，则会由于一些模糊因素令人产生不安的情绪。

情景过程的所有权问题需要引起人们的注意。即使没有达成共识，参与者也需要"拥有"情景，因为情景是开发替代方案，即"逆向的"未来愿景。但正如韦尔斯（Wells）所指出的，情景规划是一种让员工参与并参与应对变化挑战的机制，人们需要包容是积极的，而不是消极的。

值得注意的是，一旦就团队未来工作方式的原则达成一致并接受了核心或助理图书馆馆员的观点，其他助理图书馆馆员也会受到启发，进而模拟之前的情景或准备选择策略。在这种情况下，图书馆馆员会主动召集会议，设计各种相关利益主体的角色和责任，准备战略沟通与对话，共享学习与集体思想。

（6）结论

在情景规划展开过程来看，在2011年夏天，LWEU进行情景训练以明确行动方向和人员结构。该项目采取以小组形式（该小组将包括整个团队而不仅仅是高级职员）在各相关利益者之间展开情景讨论。

在反馈意见的应用方面，情景规划结论将被用于更广泛的人员配备审查（包括对不同选人员配备决策项的进一步深入探讨）以节约财务成本。随着图书馆服务需要，为了实现节约目标，仍然需要通过采用新的管理方式对整个工作人员结构进行更为彻底的审查。

在环境扫描方面，图书馆在环境扫描的基础上，明确了服务定位与目标采取了改变教学模式、优化人员配置结构、扩大服务优先级等各种措施。同时，环境扫描还为图书馆情景构建奠定了分析基础。

在形成最终方案方面，2012年夏季，情景规划项目举办了一系列专题小组，从所有图书馆工作人员那里收集对图书馆服务价值、图书馆服务的可持续性看法。管理团队依此提出了三种讨论方案，旨在重新调整图书馆的功能。一种观点认为，所有负责前台和联络服务的工作人员可能会更紧密地合作，后台工作人员将能紧密合作。另一种观点认为，“学科馆员”在新结构中，将会发挥更大作用（如收购、编目、数字化、电子资源管理、计算机技术等）。这些方案中基本上为现有结构的逐步调整。不过，“逐步调整”的设想很快就被驳回。参与人认为，如果不采取更激进的办法，不仅不能节约财政开支，也不能进行必要的文化变革。进行意见反馈与共识准备之后，图书馆工作人员达成一致意见，只有采取更激进的方法才能有效。

该项目继续敦促图书馆工作人员就两种更激进的方案提出反馈意见和建议。

这些意见和建议主要经过会议和在线匿名的方式取得。尽管这些反馈意见并不详细，但它们在帮助添加细节、确定具体情景方面将是非常有用的，也是具有挑战性的。同时，这种做法鼓励了工作人员深入思考观点。结果是在第一个选项基础上，对其进行调整，增强了可行性。

二、特定学科与业务的图书馆情景规划案例

1. 案例一：美国健康科学图书馆

（1）总体描述

研究目的与环境扫描：在国际学术医学复兴运动（ICRAM）的未来情景之下，将其作为一个为健康科学图书馆设想合理的未来发展方案的潜在起点。该图书馆由来自健康科学图书馆协会（AAHSL）董事和AAHSL/NLM成员的4～7人为一组，共计15组的教育研讨会中，开发了5个可信的国际学术医学复兴运动情景。参与者创造了15个关于健康科学图书馆馆员所扮演的角色、图书馆实践中使用的具体情景，以回应技术、学术交流、学习环境和医疗保健经济的变化。

研究展示，健康科学图书馆受到许多因素的影响，包括经济压力、课程设置和方法、医疗服务和学术交流业务模式的变化。未来可能会包含国际学术医学复兴运动情景元素，尽管要素并不全面，但如果真正实现了将会影响健康科学图书馆的发展。健康科学图书馆协会小组在他们构建的情景中确定了共同特性，希望其他研究小组能发现思考学术健康科学图书馆未来的有用情景并从中吸取经验教训。在研究中还得到的关键信息与政策启示。

在关键信息方面：①影响新联盟、关键合作伙伴和客户实践的信息；②减少图书馆数量是可能的；③与利益相关者联系是必要的；④团队合作将变得越来越重要。

在政策启示方面：①资源所有权、人员配备和培训方面存在主要挑战；②交叉培训具有重要性，但期望图书馆工作人员能够胜任图书馆服务于所有领域可能是不切实际的；③图书馆需要变得更“商业一些”。

（2）背景分析

大多数卫生保健领域的领导者都熟悉传统的规划模式（如年度计划或战略规划），但为了在不确定环境中预测多种可能未来并改进决策制定，领导们转向了“情景计划－规划”或情景思维。情景规划的目标不是预测未来，而是通过拓宽未来可能带来什么的想法，来进行更有见地的对话。这一目标要求人们更深入地思考现在和呈现不同的未来，帮助领导与团队成员思考当前和未来的不稳定性驱动因素，更好地进行短期务实的决策和长期战略规划。情景规划方法的基准之一是全球业务网络（GBN）方法。尽管在应用技术上有很大的差异，但最常见的方法通常采用八个步骤（图 6–2）：确定焦点问题、识别关键因素、确定环境驱动力、明确关键不确定性、运用情景逻辑——最不确定的和重要的力量、开发情景、检查情景的含义、确定监视的早期指标。

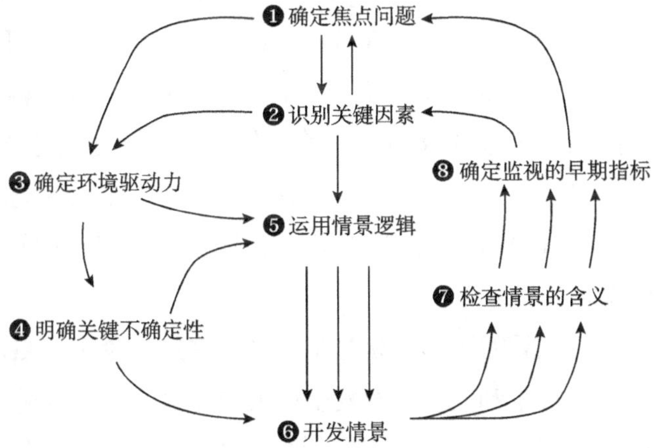

图 6–2 项目情景规划的八个步骤

①项目研究背景。2005 年，国际医学复兴运动使用情景规划方法创建了 5 个情景，描述了 2025 年学术医学的面貌。第一个是 ICRAM 的“学术公司”情景（Academic，Inc.），将研究和教学转移到私营部门，私营部门被视为变革的主要推动力；第二种是 ICRAM 的“改革”情景（Revolution），预示医学院的终结。在这一情景下，医学的教学、研究和质量的提高都将在个人层面中进行；第三个为 ICRAM 的“公众视角”情景（In Public Eye）。在这种情况下，学术医学的成功将来自如何取悦病人、公众、媒体；第四情景为 ICRAM 的“全球学

术伙伴关系”（Global AcademicPartnership）则预见了消除全球贫困差距将是最重要的议程项目。第五个为ICRAM的“充分参与”情景（Fully Envolvement）是目前最接近预期的情景——学术医学界认识到积极接触公众、现实主义者和政治家的重要性。

这些情景跨越了二十年，且一个比一个更具未来主义色彩。它们情景不是预言，而是一系列关于未来的可信故事。《国际医学复兴运动报告》中一些主要国家的学术医学组织认识到，决定学术医学未来的许多因素都在它的控制之外，健康科学的领导者和组织必须紧跟世界变化。

目前，情景规划已被学术图书馆和公共图书馆所使用。琼·吉塞克（Joan Giesecke）描述了情景规划是如何被用来帮助学术图书馆成为学习组织，重新制定公共图书馆的战略计划，并解决战略性和广泛的问题（如未来图书馆专业人员的角色）。然而，情景规划并不是健康科学图书馆使用的一种通用方法。

②健康科学图书馆协会（AAHSL）。AAHSL由142所美国和加拿大医学院的图书馆主管组成，隶属于美国医学院协会（AAMC）和其他图书馆协会。AAHSL一直关注职业未来的议题，尤其在促进学术健康科学图书馆精益求精、确保下一代健康从业者接受信息，寻求技能的培训方面兴趣更甚。例如，在19世纪80后期，AAHSL工作队构建了未来远景，协助成员图书馆在急剧变化环境中提升领导能力。

工作组在1987年曾发表了一份内部报告，重点讨论了AAHSL成员图书馆的环境和需求。在技术和卫生保健发生巨大变化之际，这份报告是一份实用指南和实践清单。之后，在技术变革，尤其是网络普及及持续医疗改革背景下，工作组于2003年在原报告基础上形成了一份成功的发展报告：《建立在成功之上：描绘学术健康中心知识管理的未来》（*Building on Success: Charting the Future of Knowledge Management within the Academic Health Center*）。

③项目目标与研究方法。健康科学图书馆审视、检验情景规划的主要目标是：评价情景规划是否可以作为一种可能有益于AAHSL及其成员的方法。从理论文献角度，情景驱动规划是一种技术，它为管理者在当今不确定的环境中展望未来提供了一种灵活的方法。通过使用情景规划技术，管理者可以开发情景或故事来设计可能的未来，而这些未来可以用来设计策略以推动图书馆或协

会向前发展。文献还表明，情景驱动的规划是一个有用的工具，可以识别关于图书馆未来的假设，描述管理者对未来的心理模型，然后利用这些信息审查和更新图书馆。

2005 年，AAHSL 指定了一个未来情景工作组来整理情景规划的理论文献，并就如何最好地将情景规划理论要义传达给 AAHSL 成员提出了建议。工作组提议举办一个讲习班，对这种方法进行阐述，并向成员传授拟订方案的实际经验。工作组和 AAHSL 年度会议计划委员会在 2007 年 11 月规划和筹备了一个华盛顿特区的情景规划研讨会，并邀请了内布拉斯加州大学图书馆系主任、《图书馆情景规划》一书的作者琼·吉塞克出席会议。

工作组一共有 15 个工作小组，每个小组由 4 ～ 7 名 AAHSL 董事和 NLM/AAHSL 成员组成。在划分小组的基础上，以每个小组为单位进一步研究 ICRAM 情景对学术健康科学图书馆的影响。

在每个小组对工作环境都有重要进展、驱动力与趋势方面认知的基础上，团队开始审核驱动力，列出驱动健康科学学术图书馆变化的驱动力清单。正如所预料的那样，由国家主要学术医学机构确定的变化驱动因素，与其他健康科学组织或各部门提出的建议有许多共同之处。在这方面，AAHSL 与健康科学成员图书馆的状况也如出一辙。但是，在学术交流模式、从印刷信息向数字信息的转变，以及 NLM 作为记录图书馆的角色等方面，则是健康科学图书馆所独有的。

在变化的驱动力方面，驱动力一般包括关键的环境力和趋势。其中，趋势是事件方向的变化，通常是长期的变化。有时，趋势发生得很慢（如贫富差距）或者很快（如增加的带宽），且增加或减少可能是季节性的。这些驱动力塑造了图书馆的未来，也常常成为图书馆处理重大问题的原因。

（3）情景的由来

项目工作组要求 15 个团队使用由 5 个 ICRAM 情景之一确定的环境设置，为学术健康科学图书馆开发附带有故事线索的情景。每个小组还需要确定对价值、工作人员和资源的影响；注意趋势、挑战和应对、赢家和输家；考虑到关键的合作伙伴关系等内容。研讨会结束后，将这些元素组合成 5 个不同的故事情节或聚合情景。最后，这些情节线、挑战和响应的含义及与情景相关的进化变化被总结成一个矩阵表。

对于学术健康科学图书馆，如下情景与 ICRAM 的情景具有一定的对应性。具体对应关系如下：

①图书馆公司（学术图书馆繁荣作为一个利润中心）= ICRAM 的学术，公司。②进化与改革（整合临床、研究和教育服务）=ICRAM 的改革。③迪士尼式的图书馆（成功来自于取悦公众和媒体）= 在公众眼中的 ICRAM。④全球化（全球健康权益信息获取）= ICRAM 的全球学术合作伙伴。⑤充分参与（所有利益相关者积极参与）= ICRAM 充分参与。

经过充分的情景开发，项目工作组形成了符合逻辑的完整故事，即情景。在每个独立的情景中，形成情景的许多驱动力量都可以作为主题或情节来表现。在挖掘驱动力的过程中，有如下发现：驱动力分析的目的是让读者沉浸在以特定驱动力为特征的背景中；情景风格可以是非常有创造性的，由专家或有洞察力的人提出的观点特别有价值；形成情景的挑战在于，要保持每个故事的一致性以及强烈的自我认同，且每个情景都是有差异的。通常，在开放情景中会出现相同的战略选择与行动步骤方案，这些方案提供了探讨目标和战略选择的手段。在这些方案中，一旦焦点问题得到回答，即体现出方案的价值。

好的情景具有故事线并有勾勒出故事主线的动力。例如，在为图书馆开发情景时，AAHSL 成员关注的是这样的问题：如果利润是主要动力，图书馆会如何改变。在这种情况下，创业动机将驱动价值和人员配置决策。此外，当相关利益者的参与成为主要动机，则需要引入交叉培训。动机驱动力将产生独特的情节线——识别趋势、挑战、反应和演化。这些情节线如何融入情景规划过程将取决于驱动力及最重要、最不确定的核心要素。例如，为每个情景确定了关键伙伴和资源。虽然每一个因素都被认为是重要的，但人们对每一个因素的确定程度都有不同认识。

（4）具体情景分析

在多次讨论过程中，会存在很多模糊性的和缺少一致性的问题。研讨会营造了一种愉快的氛围，让团队成员全面系统地展开研究。这种方式虽然不能消除不确定性，但它确实有助于社区成员共同思考未来、明确方向。正如下面的 AAHSL 情景所示，人们已经对重要因素和大多数不确定因素达成共识。

情景1：图书馆公司。

学术健康科学图书馆协会在该情景中看到了许多有意义的启示。协会认为，图书馆馆员一方面在协助培训、共享信息方面发挥重大作用；另一方面，图书馆馆员也依赖数据来证明他们的存在。在利益驱动环境下，政府资金将会减少，学术卫生保健部门的资金来源将从政府转向私营领域。在这种情况下，私人慈善图书馆基金会的赠款将成为重要的资金补充来源。

此外，图书馆越来越多地展开用户满意度调查，并将重点放在结果度量上。AAHSL 团队不确定病人的安全问题是否会全面渗透到图书馆，也不确定管理者是否会看到图书馆馆员在提高安全性方面发挥关键作用。随着竞争的加剧，规模较小的机构会被规模较大的机构同化，规模较小的学术卫生科学图书馆可能会合并成规模较大的机构。在这种情景下，具有高级商业学位的企业家精神和图书馆员将受到高度评价。

情景2：进化与改革。

在这一情景下的情景表明，基于知识的信息数据库将变得越来越重要，这些信息数据库支持临床、研究和教育服务的集成。现有的 AAHSL 图书馆将通过提供专业或“精品”服务来应对挑战。图书馆为了生存，需要教育学生首先学会学习，然后让学生发挥在实践中学习的关键作用。集成过程中的团队合作与协作也至关重要，但是团队之间难以达成一致意见的现状将导致图书馆服务难以更新和多样，而变化与多样化在很多领域（如信息开发和教育共享）是一项宝贵资源。

参与者提出，如今有很多家出版商采用销售订阅方式推广期刊与数据库，团队成员不确定虚拟图书馆将支持哪种先进的学习和通信技术，也不确定信息推进者在鼓励医疗团队采取措施方面的作用。AAHSL 团队不同意消减图书馆协会（特别是地方和区域级别的协会）。他们指出，卫生保健收集、图书管理员技能和服务多样性将是未来服务的关键，不过，尚不知是否存在一个适当的组织模式以鼓励和资助这种多样性。

情景3：迪士尼式的图书馆。

在这种情景下，取悦公众是最主要的动机。随着图书馆在培训的作用式微，AAHSL 团队成员越来越关注外联服务。许多人通过 NLM Go 网络接受社区推广、社交网络和健康信息素养，地方项目和公共图书馆的合作将进一步扩大。协商能否达成一致取决于图书馆大小及母机构业务规模的广泛程度。某些机构会有一个实体图书馆，但许多机构会有小型图书馆。在这种情况下，图书馆馆员可能会更加担心他们工作的存在必要性。另外，公共关系部门对图书馆提供的服务类型有其他看法，认为应该更多地关注满足病人而不是教师的要求。参与者不确定受监管的健康信息会怎样变化，但他们相信信息供应商会采取大型公关活动以打击对其产品的负面看法。

情景 4：全球化。

为了实现全球化的公平医疗服务，AAHSL 成员认为，随着组织在各领域信息类型的增多，健康科学图书馆馆员和图书馆能够使用全球医学图书馆网络是至关重要的。基于这一情景，AAHSL 成员建议图书馆可能需要包括多种语言的馆藏，但不确定图书馆是否会提供电子翻译服务。这些情景还表明，将公共图书馆、学术图书馆和健康科学图书馆区分开将变得越来越困难。为了改善全球卫生状况，全球研究小组无疑将致力于改善公共卫生、推动新的信息提供模式、促进全球信息授权。

情景 5：充分参与。

在第五种情景之下，为实现更大的专业相关性并使公众相信使命的价值，图书馆、信息技术和医疗专业的人员将会合并。图书馆馆员必须推销自己并取悦用户。知识管理在创造未来财富方面将变得重要，提高信息工作者（如图书馆馆员）的公众形象至关重要。其他策略包括培训用户使用不同的信息工具、开发其他直观信息工具及提供更多的增值服务。

此外，更多地使用通信技术是重要的。团队不确定是否会回归某种形式的图书馆广播节目（会以互联网播客的形式回归），但研究小组一致认为，随着数字知识信息资源变得更加“用户友好”，可能会造成医疗部门图书馆难以为继。信息专业人士将有机会来定义其角色和贡献。届时，工作和休闲之间的界限将变得模糊。

（5）结论

图书馆馆员正面临现实困境，即如何在遵循某种行动计划的同时，引领图书馆度过一个不确定的、不断变化的环境。目前，管理人员已经尝试了许多技术，包括战略，长期、短期规划，危机管理，重组，签署和全面质量改进。尽管采用了技术形成最终报告，但常会面临最终报告被束之高阁的窘境。

图书馆馆员可以运用情景规划工具分析影响图书馆各种因素间的相互作用，设想图书馆的未来世界，探索其可能的未来。人们勾画的未来情景可能不会按照人们描述的那样真实存在，但现实的未来可能会包含勾画情景中的一些元素。AAHSL 勾画的未来情景似乎是可信的，因为它们构造的情节主线及塑造情景的主要力量和趋势都包括如下一些共同的主题。

①传统图书馆的组织结构将会改变，公共服务和技术服务将不再作为单独部门存在。对公共服务和信息技术人员进行交叉培训，并将这些人员统称为“咨询师”，人们所熟知的工作类别（如参考与目录图书管理员）将不复存在。②仅有馆藏资源是不够的。情景支持将情景规划环境下的资源用于研究和学习工作流（如 Myspace、eportfolio、内容管理系统）。

③图书馆将减少图书馆内的物理收藏。新的医学院图书馆为减少馆藏和支持服务需求的空间一般减少了 50%。许多拥有大量印刷品的 AAHSL 图书馆正在集中迁移到数字格式将更有效地利用馆藏空间。

④对终端用户来说，元搜索既复杂又容易。目前，存在很多这样的矛盾现象，人们对此不断提出质疑，如科学信息发现都是从谷歌开始的吗？世界上最大的科学出版商的大多数同行评议在线期刊，其功能与免费提供的 Scirus，CiteSeer 和 getCITED 相似吗？还是与汤普森 ISI 的科学网相似？

⑤内容的信息粒度增加。目前，人们很容易找到一个表格、一个事实、一个引语、一张图片和一首歌曲等细粒度信息。这些都来自于过去聚合的，单一的内容，如书籍、期刊文章、政府报告、唱片和 CD、电子病历（EMR），以及高度信息整合。虽然图书馆服务将在多大程度上纳入电子病历尚不清楚，但它们对医疗保健产生重大影响。

AAHSL 和 ICRAM 工作小组试图在各方案中找出共同特点，以便吸取教训。ICRAM 活动于 2003 年由英国医学杂志发起，《柳叶刀》和其他 40 个合作伙伴对认为学术医学正处于危机这种普遍观点进行了回应。AAHSL 参与者的评论表明，研讨会很受欢迎。几位 AAHSL 主任表示，他们将使用这种研讨来解决图书馆内的具体问题。

AAHSL 主任观察到，在学术医学和 AAHSL 的情景中有以下几点结论。

①需要更多的努力来联系各利益相关者（公众、医生、病人、用户）；②所有这些都需要更全球化的思维；③教学、研究、高质量的临床护理和提供服务将继续是重要的，但期望个人能够胜任所有这些工作可能并不现实；④团队合作将变得越来越重要；⑤所有人都需要变得更商业化；⑥机构和图书馆类型的范围可能会变得越来越多样化；⑦思考未来，寻找更好的可预测性的方法将变得越来越重要。

AAHSL 目前没有进一步开发这些情景或发布额外的情景规划材料。希望其他团体发现有助于思考（可能的、可能的和更好的）未来驱动力，形成变化列表（包括情景、对价值的潜在影响、员工、资源、赢家和输家、关键伙伴关系等），以“改变自己，改变世界”。

2. 案例二：新南威尔士大学学术图书馆组织变革

（1）背景介绍

该项目将运用一系列的情景规划技术、工具和实验方法对学术图书馆进行组织变革。该项目认为，情景建模技术在开发组织未来方向的共同理解方面是有效的。组织需要关注文化和个人问题，使组织能够经历重大变革。因此，该项目确定了在实现情景之前图书馆需要重点关注的三个问题：技能开发、管理实践及图书馆结构。在此之后，未来的组织变革研究将涉及确定组织变更实施方案，以实现组织未来情景。该项目运用了情景规划的一般原则与通行做法，指出业务规模和实现周期将取决于变更规模。

新南威尔士大学是澳大利亚主要的研究型大学之一。它成立于 1949 年，是一所专业技术力量雄厚的综合性大学，目前约有 3 万名学生和 5000 名教职员工。新南威尔士大学图书馆在 20 世纪 60 年代发展迅速，成为澳大利亚主要的学术图书馆之一。这座图书馆在它成立的前 30 年里，有两位知名的澳大利亚图书馆馆员监督它的发展：约翰·梅特卡夫（John Metcalfe，1960—1966）和艾伦·霍顿（Allan Horton，1966—1988）。

考虑到新南威尔士大学历史相对较短，新南威尔士大学图书馆（Library of New Wales University，LNWU）既没有资源，也没有空间来形成大量馆藏，艾伦·霍顿决定 LNWU 将主要致力于向用户提供信息服务。依照霍顿的见解，

LNWU 是发展专业的、以学科为基础的特殊图书馆。几十年来，LNWU 由许多独立的特殊图书馆构成，人力资源并不充足。各特殊图书馆，除提供馆际互借服务、期刊、图书外，其业务和服务方面高度自治和灵活，形成了各自的做事方式、独立分类及开架系统。特殊图书馆模式不仅限定了差别化的图书馆服务，也限定了图书馆人员的业务能力提升。在霍顿提出图书馆发展模式后的 20 年里，图书馆对这个模式进行了不同程度的修补和渐进式改善，但从根本上说，该模式一直没有改变。

LNWU 出于以下两个理由（即一般理由与特别理由）提出图书馆模式改变的必要性。

在一般原因层面，必要性来自于图书馆馆员都熟悉的环境力量、技术与财务影响等。例如，在过去的 10 年中，学术图书馆的角色已经被网络取代，对稀缺信息资源的间接获取已被去中心化和无处不在的信息资源所取代。学术图书馆不再扮演门户角色，也不再控制信息供应。除了少数图书馆例外，学术图书馆在机构中不再具有标志性地位。再如，在严峻的财务环境下，学术图书馆在发挥为学术研究、教学服务的作用日渐艰巨。学术图书馆服务成本是昂贵的，“在财政压力和技术革新并存的时期，资金不会继续流向图书馆，除非学术图书馆员能更好地为未来的图书馆提供一个清晰的图景”。

在特殊原因层面，一般意义上的环境影响（如财政、技术、组织等）有其特殊的表现。特殊图书馆模式诞生于澳大利亚高等教育经费的黄金时期。特殊图书馆结构的开发是为了支持内容数字化及基于打印的服务模式，该模式强调用户、工作人员和资源之间的现场物理交互。在这种模式下，图书馆用户服务的优势以重复系统和自治过程为代价；因为特殊图书馆模式没有足够的灵活性来迎接新挑战，利用资源配置实现创新、研究和发展将日渐困难。随着时代变迁和技术发展，与其他学术图书馆一样，LNWU 面对的挑战有：LNWU 的参考文献、流通量和书架数量都呈下降趋势，图书馆的预算承受着巨大的压力，原有特殊图书馆组织结构越来越受到质疑。

（2）情景规划的主要过程

阶段一：形成新故事。

这一阶段的初期要与图书馆工作人员公开磋商，旨在为 LNWU 建设一个新的未来。磋商会议在2002年8月举行，在优先发展的未来方面没有达成一致意见，不过，在不应该维持现状方面工作人员达成共识。这一阶段形成的共识为，由不断变化的信息环境、信息技术所带来的服务挑战导致图书馆面临四个主要问题（即工作人员技能、技术基础设施、服务模式、混合图书馆馆藏构成）。此外，LNWU的建筑空间越来越像一个仓库，学生互动和学习空间位于书架边缘，这一现状使图书馆空间运用成为图书馆面临的第五个问题。

阶段二：创建情景。

该项目运用咨询会议生成的数据，创建了三个对比鲜明的情景。

①“不是现在，而是”情景。这个情景描述了当前现状与渐进式变化。

②“走向看不见的数字图书馆”情景。数字图书馆物理空间占用少，是图书馆的主流选择。

③“学习村”情景。这个情景考虑了支持学习活动的图书馆空间布局，并朝着数字图书馆服务的方向迈进。

2003年2月，教师和学生代表讨论了如上情景。其中，“学习村”情景最吸引群体。“学习村”情景是一个丰富的概念，它可以改变图书馆物理空间、更好地支持学习，能够适应图书馆工作人员和学生的学习需求。基于此，2003年5月举行了一个图书馆学术委员会论坛，概述了需要改变和支持“学习村”类型的情景。在这个阶段，论坛不是要精确地界定未来，而是提高未来意识并引发讨论。

阶段三：理解情景的含义，形成新的未来轮廓。

为实现未来情景，图书馆需要更好地确定努力方向及其对图书馆工作人员或用户的影响。因此，促使图书馆思考未来情景及将如何实现成为这个阶段探讨的主题。

在2003年下半年，LNWU成立了一个“情景小组”，任命两名顾问指导该小组。该小组肩负着为图书馆定义未来情景和编写情景影响报告的双重任务。“情景小组”成员还包括图书馆以外的部门工作人员，如副校长（负责教育及素养提升）及教学单位高级职员。该小组于2003年11月向图书馆高级管理人员提交了一份报告，其中包含了至2007年图书馆未来的“工作情景”。“工作情景”试图摆脱特殊图书馆原有模式的设想，勾画出一种不同结构的组织。它不注重细节，只描述一个可能的未来，人们将围绕它展开讨论并形成建议。报告中探讨的主要议题包括：馆藏资源整合、服务地点的合理化布局、用户体验、强化数字服务，将工作重点由图书馆扩展至大学等。

该报告描述了情景及其影响，谨慎地探讨了图书馆如何实现情景所描述的未来。报告所涉问题分为三个领域。

①对工作人员的影响。在未来，员工需要提供更外向的关注点和服务，而不被图书馆物理空间所束缚。显然，技能发展、灵活性和适应性是需要考虑的影响因素。

②对服务和设施的影响。图书馆需要成为人与图书交互的空间。情景描述了对馆藏资料的控制，以及由馆藏导致的空间节约。数字服务需要资源，图书馆需要向在线服务迈进。

③对图书馆与用户及合作伙伴关系的影响。图书馆需要更好地与大学整合，用主动的学院式服务改变以往被动的服务姿态。

该报告得到了图书馆高级管理人员的好评。接下来，图书馆面临两大挑战：如何才能取得足够多的员工支持？将如何实现这样一个重大的转变？

（3）组织过程与关键事项

组织过程。2004 年初，情景影响小组和高级图书馆工作人员举行了几次会议，以设计组织变更的几个阶段。为此，成立了若干工作组，讨论如何在执行中应对变革影响并制定原则（即变革进程应尽可能具有包容性）。原则中的包容性将为工作人员提供参与的机会，也为学习和开发工作人员提供了机会。该项目面临的挑战是为改革得到足够的工作人员支持。这一挑战进一步产生了设立图书馆未来小组的构想（该小组由图书馆的高级管理人员和全体工作人员选出的 8 名工作人员组成）。该小组的作用与执行工作方案密切相关，但不负有执行责任。它的作用是支持工作人员通过改革进程，并就优先事项和问题向高级管理人员提供咨询意见，使图书馆能够向前推进情景工作。图书馆未来工作小组的成立让员工应对转变带来的挑战。

图书馆未来工作组还设立了“情景工作日”。“情景工作日”是以工作情景为主题、为所有员工设立的一个特别活动日（这一天被命名为“好日子”）。工作人员在情景工作日将以小组形式展开工作，由主持人带领小组成员讨论对工作方案的意见、图书馆当前的优势和弱点，以及对图书馆需要解决哪些问题的看法。从小组中收集的数据中，最终使LNWU工作人员发表了1375份声明。

图书馆未来工作小组应用组织分类法对这些报告陈述内容进行分类，其中包括：文化、策略、结构、系统。工作人员也对这一过程做出了贡献，每个人都给出了对图书馆现状更改建议的前十项表述。初步分析显示，文化和体制问题是阻碍组织战略和结构开发的主要原因。具体内容有：

①文化。文化反映了由工作场所的主导群体所决定的行为准则。反映文化的典型评述包括：不同的、分裂的、有偏见的、权力、信任等。这些反馈反映了人们对变化的担忧、对与他人关系的反思。

②策略（战略）。策略包括旨在实现一组特定目标或预期结果的计划。反映战略评价的常见表述有：缺乏图书馆的全局性思维、多主动少被动、需要一个总体计划。反馈意见显示，工作人员对图书馆是否具有推动本组织向前发展的管理技能没有信心。很明显，人们还没有理解工作情景中的主要主题。

③结构。结构描述如何配置资源，它经常以组织结构图的形式展现。反映结构的常见陈述包括：地域性、隔离、不一致的服务。显然，大多数工作人员认为，目前的结构需要改变。

④系统。系统描述了完成工作的过程（过程通常是显式的、一致的，不依赖于特定的个体）。反映系统的典型评论包括：每个特殊的图书馆都有不同的做事方式、缺乏质量控制、令人困惑的选择序列集合。图书馆结构的特殊性决定了具有不同的系统和过程。

设立“好日子”（即工作小组讨论的日子）的目的是让员工发泄情绪，表达消极和积极的观点，表达他们对变革的关注或兴奋。工作小组面临的下一个挑战是找到重点，确定哪些活动将促使图书馆向前迈进，需要承认和攻击哪些障碍。

在消化和讨论了大量的数据和讨论之后，图书馆未来小组确定了“大日子”的五个关键问题。

①图书馆模式。多年来，特殊图书馆的概念一直是LNWU服务提供模式的基础。工作人员发现了专业化和一体化之间的紧张关系。工作情景强调集成，这代表了特殊图书馆模式将面临的重大转变。

②图书馆管理。员工期望更好的管理和沟通。

③员工成就与机遇。工作人员认识到工作方案中的机会；员工希望为实现未来做出贡献。

④馆藏布局。馆藏布局与系统相关。图书馆的馆藏布局复杂，每个特殊图书馆都有不同做法。

⑤信息技术管理与系统。信息技术管理与系统也与系统有关。在线系统的复杂性需要更多具有 IT 技能的员工来改进服务。

2004 年底，LNWU 要求员工们就所最关心的三个问题进行投票，结果是员工对前三个问题（即图书馆模式、管理与人员）更为侧重。依此，大学图书馆馆长负责解决图书馆的结构和模式问题。

图书馆未来工作组就如何处理管理措施及员工发展提供意见。为高级工作人员举办了一系列管理实务讲习班，为期两年，讨论诸如有效沟通、责任和责任等问题。为了坚持包容性原则，所有工作人员都反复参加了交流讲习班。图书馆未来工作组在协助工作人员应对变化方面发挥了关键作用。

（4）具体情景分析——新南威尔士大学图书馆的“学习村”工作情景

2007 年，人们在 LNWU 的任何一个角落都会发现一个吸引人的、受欢迎的空间。LNWU 现在占据了肯辛顿上校区图书馆综合大楼的主图书馆，肯辛顿下校区的法律图书馆和帕丁顿的美术学院图书馆。这三个图书馆提供的有利于学习的环境，其他设备（包括 IT 设备）、学习空间、集体自习室、灵活的扩展空间和信息技术基础设施都是高质量和现成的，优秀的 IT 支持是可用的。主图书馆和两个分馆主要成为本科生和研究生的活动和学习空间。图书馆每天都开展各种各样的活动：如学者与图书馆馆员向学生讲授课程、举办研讨会或进行有趣的展览等。

①主图书馆进行了重大整修。主要内容有：每天 24 小时、每周 7 天开放；有咖啡店和自动售货机（包括文具和 IT 用品）；很多区域被改成了书栈，读者的大部分活动都是在俯瞰图书馆草坪的建筑中进行的；服务网点得到合理化布局，不需要其他服务点寻求信息和援助；在书架上找书不再令人困惑；用户体验感增强，满意度增加。在所有图书馆中，低使用率的资料都被送到一个由悉尼研究图书馆合作管理的存储设施中。用户需要的材料在 24 小时内从仓库交付给他

们。期刊文章从商店以电子方式发送。

②图书馆数字化运作顺畅。学生通过学校的门户或 WebCT 进入图书馆。每周 7 天，每天 24 小时提供数字服务。例如，学术人员可以在任何时间、任何地点以任何方式提交和跟踪馆际互借信息；他们可以提交课程预定列表并获得版权建议；所有用户都可以获得各种形式的在线帮助：常见问题解答、在线聊天服务、在线教程。其中，在线交易（如续借、预订物品、预订房间和设备等）都是无缝连接的。

③信息服务人员已与学术人员建立更紧密的联系。这使他们能够成为学科专家：他们了解本学科的研究、教学和学习需要，并与教职员、本科生和研究生密切合作；他们参与课程设计、馆藏建设、识别数字内容和支持研究。学生与图书馆工作人员一起参与学习和教学，获得优秀的信息技能。学习中心现位于图书馆内，为学生提供协作及综合服务。所有课程都有一个必修的信息技能内容。学习和教学单位也设在图书馆内，使教学人员与图书馆工作人员在一个共同的教学空间平台举办研讨会。

④信息管理支持服务。图书馆的员工已经熟练地处理日益复杂的信息类型和格式。无论是否拥有资料的版权，图书馆努力满足社区的信息需求。图书馆的馆藏管理部门负责处理日益多样化和复杂化的信息，该信息是在免费网站上购买、授权或识别的。图书馆已开始建立一个由新南威尔士大学建设的在线研究资料库。

⑤密切合作。LNWU 与其同行和社区建立了密切的合作关系。LNWU 与 CAUL 和 U21 等组织合作，使用户能够在学术交流、数字化、基准测试和合作存储等领域实现创新。校友和社区成员在合作互利中成为 LNWU 新的支持者。

综上，LNWU 已成为一个一体化的图书馆，为用户提供物理和虚拟的无缝服务。图书馆在大学的继续教育和学术中起着重要作用。无论是在线和现场图书馆是吸引学生的重要资产之一，亦是衡量图书馆服务质量的重要指标。

（5）持续变革与组织新结构

持续变革（Change Keeps on Happening）。管理变革是一种花费大量时间来进行规划并迅速执行变革的方法。这样做的效果有很多优势和缺陷。例如，一方面可能会实现一些内部改革，但另一方面可能会在无意中强化现状的发展黏性性。

管理变革最主要的优势在于产生一种向前演进的趋势。由图书馆管理变革引致的重大变化往往体现为技术服务领域的重新组织。这是因为，在引起管理变革背后的原因中存在着与工作情景相关的关键因素。这些关键因素驱动着图书馆迫切需要在数字服务方面培养技能和能力，改组三类业务（即数字资源、物理资源、供应商和财务服务）以取代传统的对专著与期刊技术服务。如上业务重组，将减少分配给印刷材料的资源，而将这些资源重新分配给数字资源和数据资料库，反映了混合图书馆所需要的资源支持。LNWU 花了两年时间进行业务重组方面的变革管理。在这个过程中，从整体来看，LNWU 学到了很多关于如何处理变化过程及满足相关利益人需求的办法；从局部来看，图书馆信息技术部针对图书馆数字服务能力进行了小规模重组。

管理变革主要的不利之处在于员工面对思潮变化所产生的对抗情绪。员工甚至可能会对管理变革有恐惧之感。对此，LNWU 在这些年同时进行了一个空间的总体规划，运用一些小的变化将“学习村”从理念带入实体生活。例如，通过改善工作区域环境，为图书馆用户引进更好的计算设备、增加用户对图书馆外观的关注、帮助工作人员看到目前变化和未来表现等内容，在某种程度上抵消了内部组织变革造成的抵触情绪。

新的图书馆结构。大学图书馆馆长在 2005 年对图书馆的信息服务进行了一次评估，旨在设立一个特殊图书馆模型。由于过去两年来的情景对话和讨论已经在图书馆工作人员和学术界建立了必须改革的共识，因而该项任务是合理的。“学习村”情景已经激发了人们对图书馆未来的思考和讨论，勾画了一种策略，LNWU 目前需要实现它的结构。

在 2006 年中期，LNWU 在多次尝试之后，公布了新的图书馆构成方案。该方案由一个主图书馆及两个小型特殊图书馆构成，是为图书馆运作而设计的一种特殊图书馆模式。2007 年，图书馆建成了主图书馆这一最大设施，外加法学院和美术学院的两个小型图书馆。

LNWU 的正式结构现由三大部门组成：信息服务、信息资源和图书馆信息技术。2007 年，信息服务部的重组完成了变更过程。

信息服务中心（The Information Services Department）成立了四个部门，从而取代以前五个特别图书馆及负责流通和上架服务的用户服务部。其中被取代的两个部门，会以新的方式提供如下持久的图书馆服务。

①学术服务部门（Academic Services Unit）。其作用是根据新南威尔士大学的学习、教学和研究任务提供有效和可衡量的学术服务。它由外联和服务小组组成。外联小组负责学术联络和外联工作；服务团队则负责提供信息技能、专业参考和支持研究的服务，此外，学术服务部门还有一个传递中心。

②客户服务部门（Client Services Unit）。这个部门负责为新南威尔士大学图书馆所有站点的用户提供物理服务。它有三个团队：接待服务团队提供基本参考服务、信息和借阅服务；访问团队将负责维护对所有站点的馆藏访问，并提供通用的导航程序；客户设施团队将确保高标准的设施和空间展示。

为配合创新及数码服务的发展，LNWU 还成立了两个新的部门：①服务创新部门。该部门的重点是创新，并就引进新的服务、改变现有服务和关闭不再需要的服务提出建议，以满足用户需求。为此，它特别注意信息环境开发、利用市场研究技能发现新机会，使 LNWU 在其信息服务中形成最佳实践。同时，它还提供服务创新和改进的专家意见，以及专家分析服务；②服务开发部门。该部门将为在线和物理环境开发产品，其作用是建立和提供一致的、高质量的服务、信息产品和内容，供图书馆工作人员和客户使用。该部门的大部分工作是开发一致的和有吸引力的在线产品和服务。LNWU 计划举办少量的面对面信息技能课程，以支持团队开发和维护在线教程。

（6）结论

该项目是基于之前开发的工作情景展开管理变革的案例。经过管理变革，图书馆信息技术基础设施建设显著增强：三个特殊图书馆的馆藏正被整合成主图书馆，图书馆数量明显减少；超过 10 万件物品被送往合作的存储设施之中；机构研究资料库得到大幅增加。

当然，要衡量该项目是否成功还需要一段时间。因为组织重组本身并不能保证对大学图书馆所面临的威胁做出充分反应。重组仅仅是一个重建与用户关系的平台。在传统图书馆服务进行根本性改革中资源的重新分配会面临许多困境，如缩减参考服务和面对面的信息技能教学。对于 LNWU，这将是一个长期的变革过程。

在战略与情景规划的进程中（图 6-3），在初期阶段，人们认识到，需要一段很长的时间来达成一致意见，并使工作人员和用户为变革做好准备。在末尾阶段，将发生主要的重组，且该重组的执行会相对较快。当然，重组还需要对处理个人、文化和系统问题进行多年的准备。

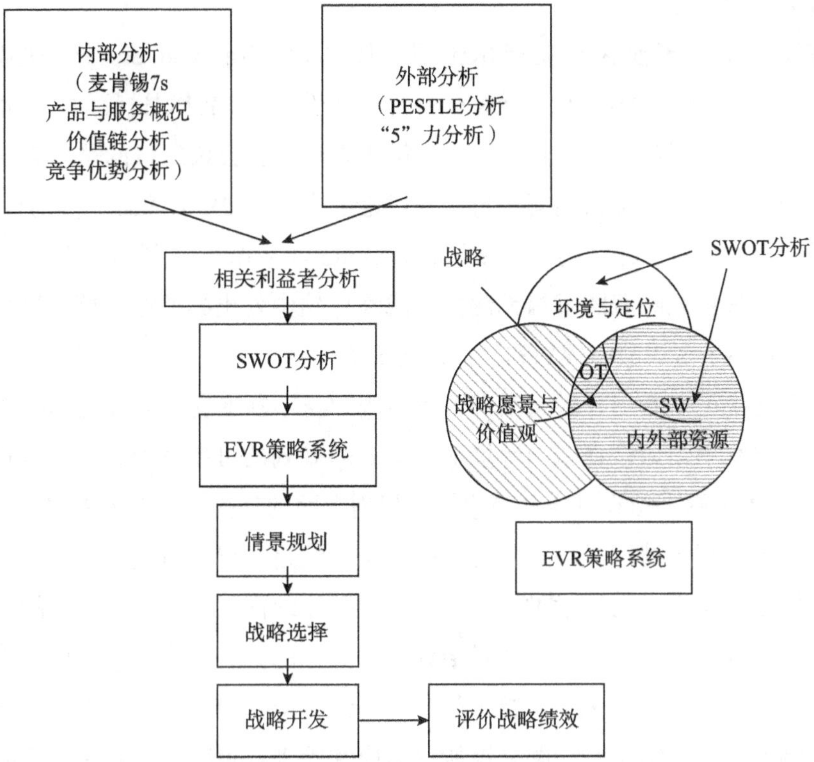

图 6-3 管理组织的设计与变化：探索战略规划与情景规划

三、公共图书馆情景规划案例

1. 案例一：国家图书馆情景规划

国家图书馆是代表国家的文化宝库，它有责任保护国家记忆并记录过去和未来。尽管职责可能有所不同，但它通常涉及以印刷和数字格式收集国家印鉴及其保存和编目服务、提供参考服务、向其他图书馆和用户提供借阅服务，以及促进国家文化政策和承担领域内的领导作用。国家图书馆的共同使命是收集、记录、组织、保存、永久保存，并以纪录片的形式提供获取本国文化遗产和知识成果的途径。它们也往往是由政府资助、对公众开放并作为未出版材料的国家档案馆。国家图书馆具有地方、国家和全球的作用和责任，必须在全球、国家和地方条件形成的格局内可持续地运作下去。

（1）一般描述

该案例源自于澳大利亚威尔士国家图书馆（National Library of Wales，NLW）馆长安德鲁·格林（Andrew Green）关于制订战略计划进程的一次培训会议。NLW 于 2007 年发布了它的未来三年战略计划。会议的目的是审查该计划的制订和执行过程。会议期间，与会者讨论了实施 NLW 的障碍，特别是 NLW 的资助机构威尔士国民议会（National Assemblyfor Wales）削减对其拨款的影响。削减预算将意味着图书馆无法实现战略计划中列出的所有目标。这导致要在不确定环境下考虑战略规划和目标设定价值。

从案例中可以看出，国家图书馆战略规划与不断变化的环境之间存在相关关系，国家图书馆应该在新的环境下提出战略规划的可持续模式。该项目通过调查 14 个国家图书馆在制定和使用战略规划方面的经验，确定了能够在不断变化的背景下实现可持续战略规划的关键因素。经过调研，得出三个结论：①数字革命给图书馆带来的挑战过于复杂，不能孤立地面对；②复杂性挑战与新技术的结合方式、展示信息方式及联结利益相关方的方式是密切相关的；③创新和学习必须融入组织文化中，组织应该由忠诚、全身心投入和积极进取的管理人员来领导。如上结论对于图书馆能够适应和管理环境变化、确保在不断变化的世界中继续保持生命力是必要的。

（2）环境扫描

国家图书馆除具有图书馆公共服务的一般性质外，还具有促进国家文化政策和承担图书馆领域内领导作用的特殊职责。因此，对国家图书馆环境的扫描有助于明确其一般与特殊属性所决定的环境不确定性与复杂未来。依据安德鲁·格林的观点，国家图书馆所处环境正发生难以置信的变化，进而给国家图书馆带来压力。这些压力包括社会、经济和政治变革，文化、商品和服务的国际化，国家认同，数字技术变革，以及知识的起源、共享和存储的新模式。安德鲁·格林进一步指出，决定国家图书馆未来历史的5种变革力量是社会、技术、用户行为的变化、数字保护技能和知识。

①社会变化。国家图书馆从一个保留在象牙塔内供学术研究的地方，变成一个欢迎各界访问者和使用者的地方。与许多其他国家的图书馆类似，NLW已经通过虚拟和实体开发来应对扩大信息访问、信息发现、信息体验的社会需求变化、扩大了提供在线阅读书籍和期刊的能力、翻新了阅览室并创造了一个展览空间、投资教育和推广活动、开设了一家商店和餐馆。

②技术变革。技术进步也对国家图书馆及其职能产生了巨大的影响。大规模的数字化项目使得数以百万计的书籍可以在网上阅读，数字存储库中虚拟信息的存储正变得像物理书架一样为图书馆所熟悉。图书馆本身正在进行数字化项目，或与谷歌图书和开放图书馆项目（Google Books and the Open Library project）等倡议合作。除了实体存储材料外，澳大利亚威尔士国家图书馆还提供对远程存储的数字内容访问。

③用户行为的改变。来自期望发现和使用信息的用户压力影响着国家图书馆。“谷歌一代”或“百度一代”希望免费的文本搜索、开放的资源访问和个性化的服务。用户希望掌上电脑、手机等Web设备能支持相关信息传递。Web作为社交网络工具的发展意味着用户不仅希望访问信息，还希望通过添加自己的内容，集成来源不同的数据及共享和操作数据流来创建新资源并与之交互。

④数字保存。保存数据是国家图书馆面临的另一个挑战。保存是一项复杂活动（包括博客、wiki和网站在内的数据），它涉及在创建数字信息时或在创建数字信息附近执行程序。如果不这样做，技术变革将导致硬件和软件过时、比特衰减和无法解释数据。这些挑战需要在技术基础设施、获得和实施新技能、开发工具和新过程方面进行大量投资。

⑤技能和知识。虽然新技能的发展对国家图书馆继续发挥关键作用，但不能忘记传统的编目技能和馆藏保存功能。图书馆员所面临的挑战是“观察、倾听、思考、分析、合作、分享、测试和尝试，如何运用真正的领导技能，展现出不断重塑自我的真诚意愿”，面对挑战图书馆馆员可以继续将寻求知识的人与过去积累的知识联系起来，以促进个人和社会的进步。

国家图书馆和图书馆馆员面临着满足其用户未来信息需求、提供和保存信息及保持可持续性、相关性和可见性的挑战。图书馆必须在削减成本和提高效率的压力下提供创新的解决方案和服务。图书馆实施的战略必须对这些挑战作出回应。

（3）战略规划方法选择

有效的战略规划和实施是概述国家图书馆应对这些挑战的核心能力。尽管已经出版了大量关于战略规划和管理的文献，但是没有一个公认的战略定义。自从战略规划在20世纪50年代作为协助组织活动的工具而被采用以来，人们对战略规划的态度已经演变和改变。不同时期采取了不同的战略规划方法。这些方法被分为十种不同的流派和三种不同的方法：规范性（也称为说明性）方法、探究性（也称为描述性）方法及综合性的方法。因为综合方法是前两者的综合，因此，国家图书馆战略规划方法的选择主要对前两种方法的主要特点进行选择。

①规范性方法（说明性方法）。战略规划的规范性方法侧重制定战略的过程。这一进程的重点是对组织内部能力的评价和对组织运作的外部环境评价。广泛使用的SWOT（优势、弱点、机会、威胁）方法是目前用来评估组织内部环境的分析工具。

对组织运作的外部环境评价，实质上意味着对组织市场“地位”的评估。这一市场地位推动了组织面对当前和未来竞争对手的战略开发。此时，需要采用演进的规划方法（如情景规划）来承认未来的不可预测性及其对组织运作的内部和外部环境的可能影响。演进规划方法中的情景规划方法，可以提供想象不同类型的未来以形成创造性思维并帮助组织学习。这种方法通过暗示未来存在各种可能性来改进决策，并根据当前信息和趋势生成未来可能性。

②探究性方法（描述性方法）。战略规划的描述方法侧重于战略计划是如何制定的，而不关注其实际内容。这种方法侧重于描述对战略形成的影响（包括愿景、个性和外部力量的影响）。它承认组织文化对战略形成的影响和学习的贡献，认为利用组织能力可以积极方式改变、适应、应对不断变化的环境。这种组织学习的过程会导致战略逐渐显现，而不需要深思熟虑的行为来创建战略。

③战略规划混合方法。战略规划混合方法试图整合各种战略管理方法。混

合方法建议各组织在经历稳定时期和变化时期所采用的战略要适合具体情况。战略规划需要结合未来情景进行具体的操作。结合第三章情景规划方法中关于规范情景与探究情景的论述，目前在实践中使用的情景方法（尤其当情景开发目标为开发战略时）通常是探究情景方法与规范情景方法相结合的混合方法。在实践中，该项目采用了第三种混合情景战略规划方法进行分析。

目前，在已有的文献以及实践项目中，研究国家图书馆战略规划的研究较少。在这些研究中，莱恩（Line）与邓隆（Donlon）是较早专门研究国家图书馆的两位学者。唐纳德·里格斯（Donald Riggs）《图书馆管理者的战略规划》出版于1984年，但它涉及的是一般的战略规划，而不是专门针对图书馆的战略规划。1991年，教科文组织资助了一份关于国家图书馆在新信息环境中作用的报告，但与战略规划没有具体联系。1997年，新西兰国家图书馆研究部编写了一份关于11个国家图书馆战略管理的研究报告，在国际图书馆协会联合会（IFLA）会议上发表。该报告强调了信息和信息技术全球化给图书馆带来的风险。报告警告说，国家图书馆可能不仅要与私人机构或其他类型图书馆竞争，甚至还要与其他国家图书馆竞争。在面对这些共同挑战的背景下，该报告指出，有效地制定和实施国家图书馆战略变得越来越重要；研究项目的结论与战略重要性的结论相一致，但图书馆在全球信息世界中可以合作而非竞争。

（4）调查问卷发放与反馈意见

调查采取问卷调查的方式进行。发放调查问卷的目的是收集有关国家图书馆在战略规划方面经验的资料，调查问卷中设定的问题主要是引出定性回答，并进一步确定共同的主题、障碍和推动因素。调查一共分三个部分，每一部分的目的是提供该组织和反馈者的资料；第二部分的目的是提供战略规划进程的一般资料：主要战略文件的性质、通过日期、审查情况和作业期限、出版方法和包容性；第三部分旨在引出计划制定和实施的信息。

调查项目将所有的国家图书馆都包括在内，依据维基百科和图书馆协会和机构联合会（Federation of Library Associations and Institutions，IFLA）发布的图书馆名单信息与各国家图书馆进行联系。通常，这些信息以电子邮件地址及一些在线联系表单形式出现。由于时间有限，项目并不对只有邮寄地址的某些图书馆展开查询与联络调查。

项目组向77个国家图书馆发送了说明调查目的的电子邮件，收到下列国家图书馆的回应：奥地利，澳大利亚，伯利兹，英国，哥伦比亚，塞浦路斯，丹麦，荷兰，摩尔多瓦，新西兰，苏格兰，瑞士，特立尼达、多巴哥和威尔士等国家图书馆。由于一些受访者要求对回答保持匿名，因此项目除了引用具体案例之外，将所有数据进行了匿名化处理。此外，从反馈回来的信息内容来看，五项回复的信息内容与其组织的主任办公室有关；四项内容涉及战略和规划；其余内容则包括参与数字图书馆、管理和问责制以及国家和国际合作等。

在创建和实现战略规划方面，所有受访者都把他们的主要战略文件称为战略计划，认为制定战略计划的主要动机是为了响应政府与商业要求。反馈意见中还涉及交付和评价、全球因素影响等内容。9个答复国说，包括财政、基础设施和工作人员在内的资源的提供与计划的执行有直接的联系。两名答复者说，二者之间有间接的联系，一名答复者说，二者之间没有联系。7名受访者表示，全球经济衰退影响了他们实现战略目标的能力。两个机构表示，外部伙伴关系减缓了交付速度，三个机构表示政府的优先事项。

（4）结论

通过对问卷调查结果的分析，得出以下有效的战略规划关键点：

①组织中不同角色的人员参与战略规划。

②战略规划在时间跨度上可能有所不同。

③数字格式是交付信息资源的主要格式。

④规划通常在企业或政府的要求下制定。

⑤规划可以证明重大变化。

⑥内容主要通过内部讨论和高层领导者决定。

⑦具体的目标通常包括在规划中。

⑧经济环境是实施的障碍。

⑨立法要求和政治制度可能会阻碍执行。

⑩利益相关者的参与和咨询是实施的关键。

⑪ 领导力作用至关重要。

⑫ 资源与计划执行之间存在联系。

⑬ 监控并不总是一致的。

⑭ 经济衰退、伙伴关系和政府会影响计划的实施。

⑮ 利益相关者缺乏所有权可能成为实施的障碍。

此外，研究还涉及澳洲国家图书馆（2009 年）、英国图书馆（2008 年）、荷兰国家图书馆（2006 年）、苏格兰国家图书馆（2008 年）、新西兰国家图书馆（2007 年）及威尔斯国家图书馆（2007 年）已出版的策略计划，并确定了几个主要主题：①明确愿景和使命陈述；②生成计划的原因多种多样；③通过使用各种工具和方法来决定内容；④有些目标是具体的，有些是开放的；⑤环境因素会以不同的方式影响计划；⑥创新；⑦合作与协作；⑧通过业务效率来维持和发展组织；⑨环境扫描和变化驱动力的识别；⑩用户体验；⑪ 在各级员工、领导和管理方面进行投资；⑫ 将计划用作决策、确定决策优先级；⑬ 大多数计划与运营计划相关联；⑭ 评估。

通过对问卷调查结果和出版计划分析，可以发现各国图书馆在战略规划方法和所面临挑战方面有许多共同点。例如，它们都必须在有限的资源框架内运作、与伙伴合作、开发灵活的服务、接触新的受众，以及与利益攸关方进行接触。目前已识别出的障碍有：不确定的经济环境、合作伙伴间的合作及政治环境。参与的利益相关者和支持活动的领导者都是项目推动者。人们对调查表进行了特别调整以协助图书馆对外部因素做出反应。在提供决策优先次序框架外，各图书馆都认为能应对不断变化的环境。因此，优先次序框架在协助各组织开展业务方面没有内在价值。例如，澳大利亚威尔士国家图书馆的战略目标之一是扩大受众，并“保持门户开放”，但由于财政拮据，它在周六被迫关闭。因此，这些计划的价值似乎仅存在于优先次序之中。

存在问题：这次战略规划应同时兼顾情景开发与战略开发。该案例侧重了战略开发，忽视了从环境扫描中把握重要的环境驱动力，从而使国家图书馆战略规划的战略开发实际上缺乏面向未来的适应性基础。

2. 案例二：赫尔辛基城市新图书馆情景规划

（1）研究背景

社区和使用者的参与，是创造符合未来需要的最新图书馆服务的重要途径，而协同设计（Co-design）方法为人们重新定义图书馆提供了新的可能性。一个设计良好、用户友好的图书馆可以明确社区的特性，明确它的多样性及其内容。围绕共同目标与公民合作，是创建更安全、更健康、更幸福、更包容的社区和城市的重要一步。

赫尔辛基城市图书馆一直以顾客为中心，然而近年来读者的想法发生了转变。在过去，以顾客为导向意味着以小组形式和设计目标对公民进行调查。在现在，以顾客为中心意味着图书馆用户自己参与规划和决策，直接影响服务和组织的流程。图书馆环境下的协同设计是知识共享和解决方案创建的过程。它由这样一种信念驱动，即每个人都是有创造力的，当提供给人们知识和工具时，每个人都可以为规划做出贡献。

赫尔辛基城市图书馆是赫尔辛基城市的一部分。它的根本服务宗旨是提高公民的福祉和改善生活品质。但是，在当今有着模糊导向的、日益复杂的世界里，人们需要考虑城市的社会基础设施就像人们需要考虑电线和交通系统的硬基础设施一样（如社区是否有开放的、可进入的图书馆这类公共场所等）。

在智能手机、防火墙、数字用户权利和实时数据的新时代下，随着大型网络书店和开放获取运动的兴起、泛媒体内容生产和充满活力的 DIY 文化的出现，图书馆可以发挥媒介者、推动者和连接器的关键作用。在此背景下，探索图书馆在如何成功担负该角色、如何创造条件促进人、技能和知识之间的联系、如何促进有意义的战略对话对社区产生施加重大影响时，需要重新解释图书馆与周围的社区用户和客户进行交互的问题。服务设计和协同设计方法为相关分析提供了可能，社区和使用者的参与，是创造切合未来需要的最新图书馆服务的重要途径。

在芬兰，图书馆服务是使用最多的一种文化服务，其中 50% 的市民每月至少使用一次图书馆，20% 的市民每周使用一次。芬兰是世界上少数几个拥有自己的《图书馆法》的国家之一，该法规定了公共图书馆的工作任务和官方指导方针，强调图书馆的社会作用。

芬兰赫尔辛基图书馆最初是为用户提供教育服务的场所，目前已变成了配备多媒体设备的公共活动室，为市民提供书籍、文献与创新服务。市民们可以在创客空间（Makerspace）使用3D打印机、借用缝纫机、将自己的磁带数字化、在工作室制作视频简历或者把自己的活动带到图书馆的舞台上等。与此同时，许多图书馆员都在设想，除了阅览室、社会服务中心、创新实验室、创客空间、儿童午后俱乐部外，人们能把公共图书馆的概念扩展到什么程度，图书馆在功能和资源有限的约束下，能够担负支持哪些服务和功能、价值观和社会责任，解决这些问题的措施之一是用户的广泛参与。通过给予公民表达意愿的机会并赋予他们贡献权力，可以更好地满足社区的需求。当人们经过更深入的洞察、为未来做好了更充分的准备时，可以理解服务投资是改善客户体验的重要因素。用户参与共同设计的举措为图书馆成为社区集体生活场所提供了新的可能性，因为共同目标与公民合作是创建更安全、更健康、更幸福、更包容的社区（公共空间项目）的重要环节。

赫尔辛基图书馆正在转型成为社区中心和“第三空间”，这对公民社会、民主、公民参与和形成地方意识都很重要。赫尔辛基新中央图书馆将2018年12月6日（芬兰的第101个独立日）称为公民参与的新摇篮日。赫尔辛基图书馆成为文化中心，激活各种媒介，收集并分享故事、技能和知识。任何人都可以尝试和学习新事物，与他们的同龄人见面，分享经验。新中央图书馆希望将图书馆空间运用于不同的用途，因此邀请顾客以图书馆为平台，运用一组资源（服务、数据、工具、工作室、工作区和其他空间）来展开独立创新试验。在未来，图书馆正在成为“小市政厅”，它不断地邀请公众参与的工作，居民可以在这里找到影响城市和参与城市决策的信息。

为了实现这个“第三空间”的新角色并超越它，图书馆需要让自己沉浸在参与式的变革中，做出在不推翻图书馆功能和服务的前提下，增强其功能和服务。

（2）协同设计意味着组织和文化的变革

赫尔辛基市立图书馆秉持以顾客为中心的理念由来已久。然而，近年来读者们的想法发生了转变。以顾客为导向过去意味着以小组形式和设计目标对公民进行检查，但现在图书馆用户自己参与规划和决策。其目的是进行真正的参与过程，即直接响应服务、参与组织过程。

在图书馆环境下的协同设计是指一个协作的知识共享和解决方案创建的过

程，由一种信念驱动，正如在其他领域中发现的那样，每个人都是有创造力的，当提供适当的知识、工具和设置时，每个人都可以为设计做出贡献。第一，赫尔辛基城市图书馆的参与式办法的目标是更好的客户体验，第二，赋予公民权利并加强其影响力；第三，将图书馆发展成为城市中开放的第三场所和有意义的社会基础设施。通过与开发团队、工作人员、促进者和管理人员直接交互，共同设计的实践允许公民成为服务改进的积极部分。共同设计提供了一组可以在开发过程的各阶段使用的方法，特别是在构思或概念化阶段。与用户合作确保了他们在服务和解决方案的知识开发、创意生成和概念开发的包容性，这些服务和解决方案的最终目标是更好地为这些用户服务。共同设计是将公民的日常经验、知识和想法引入决策过程的一种手段。它基于这样一种信念：用户作为自身经验的专家，会提出不同的观点，为规划和服务开发提供信息。

①确立信任关系。通过让参与者面对面地围坐在同一张桌子周围，进行共同设计有助于在不同参与者、网络和合作伙伴之间建立信任。参与式方法还促进了不同伙伴之间的创造性合作。例如，影响服务开发或决策过程但在日常工作中不一定遇到对方的单位和部门。通过开发网络、社区和伙伴，与未来伙伴建立牢固的关系。在不同合作伙伴、客户和社区的共同设计和参与下，挑战共识和约束。

②促进分享。人们通过参加各种类型的培训活动共享经验、教训和最佳实践。在实践中，让图书馆受益的协同设计方法常包括试验方法和工具。人们通常认为，当有一组工具可供选择时，人们将能以有意义的方式运用它们。但是在图书馆服务中，需要将方法集成并运用到正在进行的实验、项目和日常工作之中，否则工具或方法是没有价值的。此外，如果协同设计项目由外部机构领导，那么最终结果会更难预料。

③服务设计面临巨大挑战。与大多数公共部门组织一样，人们在可持续地嵌入服务设计方法和实践、提供持久利益方面面临巨大挑战。斯图亚特·G.贝利（Stuart G.Bailey）解决了在公共组织中应用设计方法的复杂性。他把组织吸收设计思想和方法的能力称为设计准备，认为设计准备是一种嵌入设计意识和潜力的度量，但是如果要以一种可持续的方式改变工作行为，设计准备还需要

成为设计实践，并在组织内逐渐发展。

④创新设计流程。在组织开发设计流程和实践中，需要在组织自身和日常业务方面进行一定程度的创新。例如，在图书馆各部门，人们应该能够将系统、内部流程和集成等转移到客户经验吸取的重点上来。像赫尔辛基图书馆这样的大型组织在变革实践中需要时间，也会经历挫折，因此服务设计团队需要输入长期策略并通过短期项目提供价值，以成熟的员工管理方式应对抗拒心理，克服团队合作能力的缺乏。由于不熟悉迭代开发和基于试验的学习方法，组织文化可能会阻碍人们进行试验和寻求创新解决方案等共同设计活动。

⑤培训具有价值。培训是有价值的，但如果不鼓励员工继续应用技能和工具，或不获得奖励，就很容易退回到以前的工作习惯。此外，图书馆管理人员在提供日常服务压力很大，他们通常没有时间思考转变做法。因此，要向管理人员提供足够的时间和空间，认识和理解共同设计及用户为中心的方法。此外，要实现文化变革，还必须得到各级管理人员的支持。

（3）梦想活动

①开放思想。赫尔辛基中央图书馆的参与式规划活动始于向市民公开征集“图书馆梦”。为提高公众对中央图书馆项目和理念征集的认识，活动首先在公共广告空间和图书馆进行海报宣传。由芬兰文化名人在这些图书馆或数字图书馆海报上表达其对图书馆梦想，如在中央图书馆网站上的“梦想之树”口号是“未来图书馆源于梦想”。2012—2013 年，市民们一共描绘了 2300 个图书馆梦。

户外活动和网络参与是一种新的开放思想，邀请公民阐述梦想和想法来影响规划，并通过数字平台让所有人都能公开看到所有的梦想，很好地配合了市场推广与参与式规划的启动。如“梦想之树”在视觉上形成冲击，为公民参与创造了一个简单的参与渠道。

在世界设计之年期间，图书馆服务参与了一系列城市活动，支持了 2012 年赫尔辛基的“梦想运动”。图书馆策划人员和图书馆馆员开设了一个中央图书馆的临时地点，以配合当地的街头艺术节、世界设计之都展馆系列活动、渴望爆发、制作者集会活动等诸多未来图书馆活动。在所有这些活动中，图书馆之梦的信息都是从感兴趣的参与者那里收集的。30 多间分馆张贴了已填妥的图书馆梦想卡及活动海报。与人近距离接触形成双向互动，获得了网络参与所不能提供的参与者梦想背景的知识。用图书馆馆员的话说，这些互动产生了“更高质量的梦想”。这些活动还为图书馆策划者与不访问现有图书馆的新群体建立了联系，这些群体包括图书爱好者、年轻人、开放数据爱好者、设计师、潮人。他们还引导与重要人物的互动，如名人。

为了能够利用这些资料，参与策划人员从图书馆工作人员中挑选了8人参加为期两天的“梦想工作”，对2300个图书馆梦想的海量数据进行定性整理和内容描述。该团队确定了数据中重复出现的主题，对这些主题进行了排序，并将每个内容集群的描述分为三个部分：一般描述、量化总结、形成8个主题说明。8个主题为各分馆在2014年制定试点项目提供了基础，并在图书馆规划中纳入参与式预算。

赫尔辛基图书馆提供了赫尔辛基市民有机会共同决定如何花费10万欧元的年度预算费用。基于中央图书馆的梦想，该项目团队在上一年从城市居民中收集了8个试点项目。这些旨在发展中央图书馆内容和服务的试验项目都已预先编入预算。居民也有机会提出项目或修改这8个“现成的试点项目”。在最后一个阶段，他们投票决定哪些试点项目应该实现。市民可以在网上投票或在3个工作坊中的任一一个实地投票。

图书馆形成了合作伙伴关系与决策方法的工具箱。方法工具箱将帮助市民解释数据的预算可视化。此外，图书馆还将网络与研讨会讨论分析结果公布于众。

②图书馆承诺在2013年启动四个试点项目。四个试点项目分别是城市工作坊创客空间概念、家庭和儿童故事书生日派对、空间拓展和馆藏、失物招领文献项目。这些项目将保持在10万欧元的框架内，使参与者能以更便捷、更便宜的方式参与。试点项目是图书馆在一年内快速实现部分梦想实验的具体承诺，也是从实验中学习、使概念得到提升的具体举措。

参与式预算项目是芬兰第一个大规模的试点项目，得到了媒体的积极关注。它不是单纯的公共咨询，而是由公民来决定预算的分配，具体的决策权也被分配给了公众，得到了参与者、图书馆工作人员和媒体的一致好评。参与式预算还提供了一个机会，可以将从公民那里收集的梦想数据提炼、进一步发展和具体化为可访问数据，将其转化为八个试点项目。当然，工作坊的气氛并不总是有趣的、轻松的，有时参与者需要进行热烈讨论以达成一致意见。工作坊的参与者（他们的背景各不相同，从家庭主妇到电脑程序员，从城市活动家到文学爱好者）是这座城市最有能力、最热心的图书馆用户。

（4）开发者社区：中央图书馆的朋友

2014 年秋季，通过积极的“寻找参与者”营销活动（如由赫尔辛基最大的报纸发起网络活动，并在脸书上进行了多次活动），一个名为“中央图书馆之友”的开发社区成立。网站上，该项目的申请表由 6 个问题组成，旨在测试参与者对项目的投入程度，了解个人技能的关键背景信息，以及他们对图书馆未来的看法。参与者来自赫尔辛基的不同地区、不同背景，项目按照预先制定的标准选出 28 名成员。参与者来自不同的居民区，有不同的种族背景、多方面的兴趣、技能和能力，年龄从 22 岁到 69 岁不等，代表了图书馆多样化的客户群。

参与式公共项目为市民提供了一个机会，帮助他们从自己的视角设计和开发未来的图书馆功能、服务和内容。中央图书馆目前的规划正进入概念、运营、服务和内容的详细规划阶段，以期让市民参与专业讨论、迎接图书馆未来挑战。

该项目的协同设计旨在实现知识共享和方案创建的协同过程，项目的目标如下：①测试各种服务解决方案和概念假设；②寻求客户的洞见，了解当前服务中哪些工作得好，最迫切的开发需求是什么，以及应该如何解决这些需求；③为实验项目寻找全新想法和见解；④关注客户需求的发展方向，以及如何通过拓展市场来创造更好的客户体验；⑤识别具有特殊能力的兴趣用户，并与他们一起开发特定的服务和功能。

（5）主题工作展开

参与者们围绕以下四个主题展开工作：①中央图书馆——实验学习的空间，21 世纪公民技能；②中央图书馆——社区共享图书馆；③中央图书馆——书籍、游戏、电影、音乐——故事如何打动人们；④中央图书馆——面向赫尔辛基的各类居民，为移民和游客提供服务。

在为期三个月的工作中，参与者们定期会面并为特定的挑战提出解决方案。参与者们的参与方式、手段、参与渠道都经过精心策划。同时，项目组努力倾听参与者的需求，随时准备对议程进行修改，对反馈意见和市民意见做出回应。2015 年 2 月，该项目的最终结果被呈现给副市长、项目经理和建筑师。针对专业人士的问题，参与者们为图书馆规划师提供了一些服务理念和解决方案，为建筑师提供了一系列的答案和意见，提供了客户需求知识，提出哪些服务是重要的、哪些是应该被优先考虑的。

（6）结论：管理现在还是探索未来

近几十年来，图书馆通过不同类型的意见调查、问卷调查、民意调查和焦点小组收集用户洞察意见。虽然这些传统的咨询和研究工具能够捕捉人们的言行信息，但是服务设计和联合设计方法从不同的角度了解世界，帮助发现真正的信息。例如，进入图书馆 30% 的用户说他们总是借阅文学名著，但从实际购物篮中看到只有 5% 的人这样做。人们需要挖掘表面的信息，创造新的认知的方式。

参与者们可以大致区分参与的两个目的：①让公民成为信息采集者，明确现在与过去的情况；②让公民成为新未来的共同创造者。这两种方法都是有用的，可以带来良好成果。有意义的共同创作和共同设计不仅仅是倾听意见和收集想法，还是关于创造真正共享的过程，帮助人们在所有人都重要的事情上做出更好的决定。例如，对于那些没有能力上网或使用技能的人，网络服务可以教会人们图书馆如何提高数字素养；对于那些正在找工作的人能够告诉人们图书馆如何帮助他们重返工作生活。因此，要实现满足公民需要和创造更好地服务的服务宗旨，设身处地的深刻思考是至关重要的。

一直以来，人们很擅长改进如何做正确的事情（通过创建平稳运行的流程），但并不一定擅长如何做正确的事情（解决公民的实际需求）。与许多其他图书馆等公共组织一样，人们没有采用共同设计、创新或开放开发的正式流程。其原因在于，管理者专注于预算、运营和业务；员工虽然是高技能的图书管理员、信息专家、教师或教师，但没有多少员工接受过培养创造力、创新或设计的培训。

成功的开发工作和协作设计需要开放的协作过程、迭代、积极的用户参与、可视化、原型化、测试和试验。赫尔辛基城市图书馆正在进行协同设计，试图在展开情景设计过程中培养工作人员的能力。

3. 案例三：图书馆联盟 SOLIENT 情景规划

（1）背景

SOLIENT 是由美国非营利的组织联机计算机图书馆中心（Online Computer Library Center, Inc., OCLC）演化而来的图书馆联盟组织。与 SOLIENT 类似的组织还包括 PALIENT、NELIENT 等组织，共同为 OCLC 提供不同地域范畴的支撑与营销服务。SOLIENT 运用情景规划来掌握成员图书馆的未来需求情景，以便提供针对性的服务。

SOLIENT 会员参加讨论的方式是通过电子邮件发出邀请。会员在会晤前，参加单位会收到三个以上的情景。未来 3 ～ 5 年的情景不考虑图书馆特定类型与规模。讨论组不到 20 人组成，通过下列程序讨论并获得反馈意见：

①介绍所有参与者、研讨目的以及情景规划背景。

②所有人被分成三个小组，讨论每一个情景并回答问题（3 ～ 5 年内图书馆的情景会是什么？ 3 ～ 5 年内图书馆的情景不会是什么？有什么缺漏事项？图书馆情景中没有包括 3 ～ 5 年内的哪些变化？）

③小组汇报讨论结果。

④小组重新讨论 SOLIENT 在帮助图书馆达成理想未来方面能做些什么？

（2）SOLIENT 构建情景的基础

SOLIENT 构建情景的基础是在公共图书馆面临两个发展趋势（资助图书馆经费越来越紧缩；图书馆在市场中的位置不断式微）下，SOLIENT 构建情景的基础为图书馆与社区之间的相关性情景呈现的三种类型：强相关、稳定相关（服务越来越虚拟）、弱相关性。在这三种情景下，图书馆面临的外部环境、服务内容、人员调整等具有如下特点。

情景一：强相关情景。

在这种情景下，图书馆预算降低，但用户会继续利用图书馆提供的服务。对大多数人来说，个人在购买图书、电脑、e-book 等设备上的费用很高，因而对个人获取数字内容形成了巨大障碍，从而导致以下四种情况：

①图书馆成为内容与服务的源泉。随着数字资源的数量与重要性增加，图书馆将自己定位为数字内容的源泉。与此同时，政府与其他服务机构不断应用

网络，使图书馆也成为服务的源泉。

②图书馆成为用户聚集的场所。图书馆购买的纸质资源会越来越少，而购买的数字资源数量越来越多。图书馆物质设施成为用户聚集的场所，如社区中心、团队研发空间、学习中心等，为当地社区与教师等高需求资源群体提供学习项目。

③图书馆成为合作伙伴与投资回报的评价者。图书馆还是社区服务与教育的重要合作伙伴，承担日常评估工作，以确保服务需求及手机数据具有投资回报。

④图书馆强化资源利用效率与社区功能。图书馆员工将集中在公共服务领域，裁员对技术服务领域造成了沉重打击。在直接向用户提供服务的同时，图书馆不得不增加资源并简化程序化的后端活动，技术服务的减少被增加的顾客创造和顾客捐赠的内容所抵消。图书馆在社区中的服务作用被视为服务资源而非信息资源。

情景二：稳定相关情景

在这种情景下，图书馆继续作为信息资源提供者为社区服务。

①图书馆资源内容与浏览方式越来越虚拟化。用户使用的图书馆资源越来越虚拟化，是越来越需要远程获取图书馆虚拟资源与服务，这样的需求使图书馆目录与网络也变得更加友好。图书馆文献资源虚拟化与浏览方式的虚拟化除杂质与报纸外，还可以在线要求以按需印刷（POD）的方式在实体图书馆获取纸质版材料。

②图书馆实体空间被大量释放出来。随着图书馆持有的实体物越来越少。图书馆的建筑空间被更多地释放出来，图书馆服务的增长最大领域在于虚拟活动的扩展，如在第二人生或提供在线研讨会和在线课程。

③在线团队将变得非常流行。它的在线图书群非常受欢迎，图书馆赞助的其他虚拟俱乐部也是如此。

④图书馆员工需要的技能会快速发生变化。尽管没有开发员工技能或更新技能的资金资助，但由于对虚拟服务的重视，让图书馆越来越依赖志愿者来补充员工的数量与技能的不足。新生代与年轻一代的参与热情将通过社会化标签与其他 Web 2.0 工作，帮助图书馆进入虚拟舞台。与此同时，学习风格与服务

预期对图书馆提供预期服务的能力造成了压力。

情景三：弱相关情景

在这种情景下，很多国家的阅读人群每年的阅读时间不断下降；网络、手机、电影、可视化移动设备成本骤然下降。

①数字内容获取门槛大大降低。有些数字内容可以在任何时间、任何地点无偿地获取；技术进步让互动教育在家里、课堂、宿舍等地点变得可获得。发行、服务手段的门槛也大大降低。

②图书馆与数字资源不再相关。大学领导者将资源重新分配至其他被迫切需要的领域中。图书馆被资助的程度不断下降，印本日渐陈旧，图书馆员工数量稳步下降。图书馆建筑成为冗余建筑。

③用户对图书的期望呈现螺旋式下降。无论人们使用与否。图书馆成为图书的存贮之地。图书馆志愿者主要由退休者构成，这些忠诚的支持者热爱图书，将尽力保持图书的良好状态。图书馆见着成为大型活动的主办地，如市长宣布某项活动或新的人事任命。

④图书馆成为历史遗迹。图书馆员工持续对文献资料进行编目，提供远程数字资源服务。由于图书馆用户基础不断削弱，因而图书馆的很多附属部门不断萎缩（如图书馆咖啡厅等）。图书馆提供公共的电脑及小组研究空间，但这些空间的使用频率不高。图书馆被视为与博物馆一样的有价值的历史遗迹，用户对图书馆期待很低。

（3）SOLIENT 构建的三个情景：情景 A/B/C

基于以上三种一般情景，SOLIENT 结合联盟图书馆的特殊性，形成如下三种情景。

情景 A：将图书馆搬到家门口。

在这一情境下，图书馆为了直接实现服务目标，需要重新配置员工、馆藏、空间等资源。图书馆员工尤其关注前台运营，确保图书馆尽量与社区信息需求相关。图书馆还重新评估不能直接服务用户的业务，将重复性业务与常规流程外包出去。同时，图书馆与非图书馆的合作增加，以更好地满足社区用户广泛的信息需求。例如，学术或研究型图书馆与指导、咨询、技术服务部门合作为学生提供学业指导、专业咨询以及技术支持服务；公共图书馆与当地政府与企业合作，共同介入社区服务。

馆藏文献既是模拟也是数字的。对于大多数用户来说，图书依旧重要；数字化资源通过 POD 方式提供纸质格式。图书馆更加关注有价值但利用率低的馆藏资源的存贮成本，寻求工作场所以外的设施存储馆藏资源。

成本作为图书馆决策的首要因素，是管理图书馆治理制度的驱动力。为满足社会问责的期望，图书馆会评估绩效，不断地将资源投资到能获得用户反馈与取得社区投资收益的领域。

在服务、技术、馆藏、建筑以及员工方面，这一情景有如下特点。

①服务。服务设计要满足特定社区用户需求。

②技术。通过使用技术，重新设计传统图书馆的功能，不断降低成本，支持用户服务。

③文献资源。开发资源，满足用户即时需求，满足馆际间互补资源的互借。

④建筑。面向社区与服务。

⑤员工。掌握适应性技术，是服务管理、评估以及承包项目的专家。

情景 B：灵活柔性的实体与数字图书馆。

自 2010 年以来，图书馆馆藏的实体规模不断下降，数字成本上升，图书馆成为拥有多种载体资料（如纸质材料、音乐、艺术、视频、数据库、互动游戏等）的场所。原生数字资料与模拟资料并存。图书馆逐渐成为数字资源的存贮库。目前很多图书馆比较大的用户群体依然不如实体图书馆进行合作、研究空间以及社交、社区服务等。尽管许多图书馆用户尚未注意到图书等大部分信息资源已经都实现了数字化这一现象，很多用户群体仍然来到实体图书馆，寻求协作工作和学习空间、社交和社区服务。

在这一情景下，首先，图书馆财务购买力受限，图书馆将采取数字传递服务战略。虽然对大多数图书馆来说，将印刷资源大规模地转换为数字资源仍然面临经济上的挑战，但对于即时使用和高价值文献资料来说，进行数字转换是可行的。数字化资源与技术让图书馆资源扩展到国际领域。其次，图书馆要对重要的员工资源做灵活安排，确保有专家为具有不同学习风格及服务期待的新生代与年轻用户群体等广泛用户提供最佳服务。随着技术进步及用户需求期望的改变，图书馆将把财物投资于重要资源。再次，图书馆对实体图书馆依然重视，但会意识到服务内容的提供场所将会发生在社区家庭与办公室。因为图书馆开展的教育项目可以以面对面和远程网络两种方式提供的，用户将对从图书馆获取的内容和从网络上免费获取的内容不加区别，但用户能够评估两者内容的差异。

在服务、技术、馆藏、建筑以及员工方面，这一情景有如下特点。

①服务。服务主要是以数字形式向当地与远程用户提供服务。

②技术。技术是图书馆服务的基础，能够获取图书馆信息资源与文献。

③文献。馆藏文献主要为数字形式资源，印本以其他模拟格式的资源正被转换为数字形式。

④建筑。保持实体形式，作为员工的物理基础、为本地用户提供服务的社区中心，以及驱动向所有用户提供服务技术资源。

⑤员工：运用前瞻性技术技能，成为信息技术领域的社区领导者。

情景 C：协作性与用户驱动的图书馆。

在这一情境下，首先，图书馆定位于满足用户个性化服务需求。用户在图书馆服务中将起到更重要的作用，成为从信息服务设计与传递到文献资源选择与组织等图书馆运作内容的积极参与者。其次，图书馆与谷歌、雅虎、百度等搜索引擎的紧密结合将促进其与大学合作。用户通过这种整合机制发现图书馆资源，而不是将图书馆作为唯一的信息来源渠道。再次，通过网络搜寻服务，图书馆与全球资源目录虚拟地联结在一起，引起图书技术服务发生改变。此时，图书馆获取很多新的待加工资料，无需将内部员工资源投入到传统的编目服务工作之中。编目将更多地使用国际组织规定的元数据标准，确保应用网络搜寻发现图书馆资源。图书馆馆员通过谷歌、雅虎查询所有图书馆文件，很容易找到目录并实现馆际互借。国家、区域网络支持图书馆馆际互借、创造标签与大众标记（Folksonomies），将促进以定制化方式服务用户。由于资源是应特定用户要求、以按次收费的 POD 方式获得的，定制化服务在文献获取采购中非常显著。

在服务、技术、馆藏、建筑以及员工方面，这一情景有如下特点。

①服务。主要为数字形式，用户参与设计与传递；图书馆是提供信息服务的合作者与促进者。

②技术。技术由图书馆开发，将内部流程流水化，支持用户与图书馆之间的合作。

③文献。主要为数字化资源，购买较少，租赁较多；文献选择与采购决策直接由用户驱动。

④建筑。维护图书馆技术设施，提供协作性社区的工作场所。

⑤员工。运用前瞻性技术技能，建构用户社区的合作。

参考文献

[1] JENNIFER CHURCH-DURAN, DEBORAH LUDWIG. Bringing scenario planning home to KU [J]. Research Library Issues: a QuarterLy report from ARL, 2012(3): 1-28.

[2] DAVID J STALEY, SCOTT SEAMAN, ELIEEN THEODORE SHUSTA. Futuring strategic planning and shared awareness: an Ohio library's case study [J]. The Journal of Academic Librarianship, 2012, 38(1): 1-5.

[3] STEVE O'CONNOR, LAI-CHONG AU. Steering a future through scenarios: into the academic library of the future [J]. The Journal of Academic Librarianship, 2009(1): 57 ~ 64.

[4] PAUL MAKU GICHOHI. The strategic management practices in academic libraries in Kenya: the case of USIU Library [J]. Library Philosophy and Practice(e-journal), 2015: 1-18.

[5] PETE MAGGS JACKIE CHELIN. Scenario planning for an uncertain future? [J]. Library Management, 2013, 34(8/9): 664-676.

[6] RUSSELL F KORTE. Applying scenario planning across multiple levels of analysis [J]. Advances in Developing Human Resources, 2008, 10(2): 179-197.

[7] LOGAN LUDWIG, JOAN GIESECKE, LINDA WALTON. Scenario planning: a tool for academic health sciences libraries [J]. Health Information and Libraries Journal, 2010(27): 28-36.

[8] ANDREW WELLS. A prototype twenty-f irst century university library: a case study of change at the University of New South Wales Library [J]. Library Management, 2007, 28(9): 450-459.

[9] M at Lindgren, Hans Bandhold. Scenario planning:the link betweenfuture and strategy UK : Wales.Palgrave. Macmillan, 2003: 1–194.

[10] SHULER J A. Creative destruction: academic libraries and the burden of change [J] . Journal of Academic Librarianship, 2005, 31(6): 593.

[11] SALLY MCINNES. Strategic plans and national librariesplanning within a changing context [J]. ALEXANDRIA, 2011, 21(3): 41–54.

[12] BURT G, VAN DER HEIJDEN K. First steps: towards purposeful activities in scenario thinking and futures studies [J]. Futures, 2003(35): 1011–1026.

[13] NICK FIELD TRAN. Reinventing the public value of libraries [J] . Public Library Quarterly, 2018, 37(2): 113–126.

[14] VIRVE MIETTINEN. Redef ining the library: Co–Designing for our future selves and cities [J]. Public Library Quarterly, 2018, 37(1): 8–20.

[15] LANGERGAARD L L. Understanding of users and innovation in public sector context [M]. UK: Edward Elgar Publishing, 2011: 203–226.

[16] MATT FINCJ, JAFAEL RAMIEEZ. Scenario planning in public libraries: a discussion [J]. Public Library Quarterly, 2018, 37(4): 394–407.

[17] STEVE O'CONNOR. Imagine your library's futu [reM] . UK:Cambridge:Chandos Publishing, 2010: 170–179.

[18] STEVE O'CONNOR. Imagine your library's futu [reM] . UK:Cambridge. Chandos Publishing, 2010: 180–183.

[19] JONE CAWTHORNE. The future of university research libraries: using scenarios to envision [J] . New Organizations Article in Advances in Library Administration and Organization, 2015(33): 43–88.